Erfolgreich mit Geld und Risiko umgehen

Monika Müller

Erfolgreich mit Geld und Risiko umgehen

Mit Finanzpsychologie
bessere Finanzentscheidungen treffen

2., überarbeitete Auflage

 Springer

Monika Müller
FCM Finanz Coaching
Wiesbaden
Hessen
Deutschland

Ergänzendes Material zu diesem Buch finden Sie auf http://extras.springer.com.

ISBN 978-3-662-53164-8   ISBN 978-3-662-53165-5   (eBook)
DOI 10.1007/978-3-662-53165-5

Die Deutsche Nationalbibliothek verzeichnet diese Publikation in der Deutschen Nationalbibliografie; detaillierte bibliografische Daten sind im Internet über http://dnb.d-nb.de abrufbar.

Umschlaggestaltung: deblik Berlin
Einbandabbildung: © vege/Fotolia

Gedruckt auf säurefreiem und chlorfrei gebleichtem Papier

Springer ist Teil von Springer Nature
Die eingetragene Gesellschaft ist Springer-Verlag GmbH Berlin Heidelberg
Die Anschrift der Gesellschaft ist: Heidelberger Platz 3, 14197 Berlin, Germany

Vorwort zur 2. Auflage

Die wirklich wichtigen Entscheidungen in Unternehmen, Organisationen und in der Politik treffen auch 2016 immer noch Menschen mit Ratio, Intuition und Gefühlen. Geld und Risiko stehen bei vielen Entscheidungen im Zentrum. Zwar sind Zahlen, Daten, Fakten dank Google und Co. jederzeit im Überfluss vorhanden, aber der Mensch selbst bestimmt, wie aus einer Fülle von Information eine wertvolle und wirkungsvolle Entscheidung wird. Doch wie kann ein Mensch – oder ein Team – bestmöglich über Geld und Risiko entscheiden?

Das Buch zeigt, dass bei Finanzentscheidungen mit vergleichbar gutem Zugang zu Daten, das Bewusstsein für die eigene Wahrnehmung und die persönliche Beziehung zu Geld und Risiko als Navigator für Entscheidungen, den Unterschied zwischen Gewinnern und Verlierern macht.

Die spannenden Interviews in der Mitte des Buchs sind im Zeitraum von August bis September 2011 entstanden. Die persönlichen Angaben aller Interviewpartner stammen aus dieser Zeit.

Nehmen Sie gleich einen Marker und einen Bleistift beim Lesen zur Hand. Denn dieses Buch verhält sich wie ein Finanzcoach: Es stellt Ihnen Fragen, mit denen Sie Ihre „Aha"-Erlebnisse schon beim Lesen festhalten und in Lösungen wandeln können.

Monika Müller
Wiesbaden, im Juli 2016

Vorwort zur 1. Auflage

- **Warum es dieses Buch gibt**

Unternehmer treffen täglich Entscheidungen. Sie machen dabei vieles richtig, meist intuitiv und manches auch unbewusst. Doch genauso viele Unternehmen schlingern, scheitern, werden aufgekauft oder verlieren zeitweise ihre Kraft. Erfolg und Misserfolg stehen im Unternehmen immer im Kontext von Entscheidungen über Geld und Risiko - Themen also, die den Unternehmer und die Unternehmerin von Beginn an begleiten. Obschon das Wohl jeder Firma davon abhängt, wissen wir doch erstaunlich wenig über Geld und Risiko. Was genau ist Geld? Wie wirkt es in uns und unserem Unternehmen? Wie können wir mit Risiko gut umgehen?

Geld hat eine psychoaktive Wirkung. Wenn wir es – im wörtlichen wie im übertragenen Sinne – berühren, einnehmen, ausgeben, löst es Gefühle, Gedanken und Verhalten aus. Wie Geld zu so viel Einfluss kommt und was wir für die Steuerung eines Unternehmens unter diesen Bedingungen lernen können, davon handelt dieses Buch.

Mein Weg als Unternehmerin war von vielen Ereignissen und Entscheidungen begleitet, für die ich dankbar bin. Doch einiges wäre leichter gefallen oder besser gelaufen, hätte ich das, was ich heute weiß, schon in der Gründungsphase kennen gelernt.

- **Vertrauen, Mut und das richtige Wissen**

Mein erstes eigenes Coaching-Unternehmen habe ich 1993 gegründet, als ich noch in Anstellung war. In den ersten Jahren hatte dieses Unternehmen noch keinen klaren Fokus. Mein Wunsch war, irgendwann einmal komplett selbstständig zu arbeiten. Ich hatte Beamtenstatus, war also lebenslang mit Geld versorgt, doch mich bewegte immer wieder der Wunsch nach persönlicher Weiterentwicklung. Ich spürte, mein volles Potenzial kam noch nicht zum Tragen. So begann meine Suche nach einer Idee, mit der ich den Absprung in das eigene Unternehmen wagen würde. Die Idee sollte absolut innovativ sein, etwas, was noch keiner vor mir gemacht hatte. Dafür war ich bereit, Risiken einzugehen. Ich hatte keine konkrete Vorstellung, was passieren würde. Trotzdem wartete ich zuversichtlich und geduldig ab. Ein weißes Blatt Papier lag auf dem Schreibtisch bereit. Meine Familie – keine Unternehmerfamilie – beobachtete mich mit Staunen, aber wohlwollend und versprach mir Unterstützung.

Mit dem Börsenhype Ende der 90er Jahre kam die Idee. Immer wieder las und hörte man in den Medien »Börse ist Psychologie«. Das ließ mich wohl aufhorchen, doch diese Aussagen kamen meist von der betriebswirtschaftlichen Fakultät. Psychologen hatten zu dem Thema damals wenig zu sagen.

Und ich? Bis zur Gründung meiner zweiten Firma, FCM Finanz Coaching, wusste ich von Banken nur, wie die Schalterräume aussahen. Unter meinen früheren Kunden waren keine Banken. Und trotzdem stand eines Tages wie aus heiterem Himmel das Wort »Finanzcoaching « auf dem weißen Blatt. Wie frisches Wasser aus einer Quelle, die sich öffnete, sprudelten die Gedanken in den nächsten zwei Wochen rund um diesen Begriff aus mir heraus. Ein Wort, das ich noch nie gehört hatte, löste eine nicht enden wollende kreative Phase aus. Die Geschäftsidee kam intuitiv, wirklich erklären konnte ich mir nicht, wie das passiert ist.

Schon zu Beginn dieser Reise war mir klar: Zusätzliche Kompetenzen für die Entwicklung meines Unternehmens waren nötig. Eine Existenz hatte ich; die war also nicht zu gründen. Ein Buchhaltungsworkshop vielleicht? Ein Führungskräftetraining? Die Frage, was ich wirklich brauchte, um eine gute Unternehmerin zu sein, war nicht so leicht zu beantworten. Meine Intuition sagte: ein Teamarbeits- und Teamcoachingworkshop. Das war es, was mir noch fehlte! Mir schien diese Eingebung sehr logisch, denn als Unternehmerin musste ich meiner Vorstellung nach sehr viel mehr von Teamarbeit verstehen als in meiner Funktion als Leiterin einer kleinen Abteilung in einer Institution. Jetzt hatte ich nicht nur einige direkte Mitarbeiter, sondern auch Lieferanten, freie Mitarbeiter, Kooperationspartner und Kunden, mit denen ich im weitesten Sinne ein erfolgreiches Team bilden und gestalten musste.

- ### Wenn Geld ins Spiel kommt
Dazu kam nun auch noch Geld ins Spiel. Es war bislang automatisch »von oben« gekommen. Doch jetzt war ich es, die das Geld verhandeln, einnehmen und wieder verteilen durfte. Die Verantwortung für all diese kleinen und großen Entscheidungen zu übernehmen, schien mir spannend, und doch hatte ich das Gefühl, dafür noch einiges lernen zu müssen. So kam es auch: Honorare, Budgetierung, leistungsgerechte Entlohnung, Zielvereinbarungsgespräche, Kredite. Was war das Richtige für mein Unternehmen? Das hatte ich doch gegründet, um nun endlich alles so machen zu dürfen, wie ich es wollte. An wem sollte ich mich orientieren? Ich hatte Ideen, mir kamen Zweifel, und ich traf eine Entscheidung über Geld nach der anderen.

Was mir damals fehlte, waren das Wissen und ein klares Bewusstsein dafür, wie ich und andere Menschen mit und ohne Geld am besten arbeiteten. Intuitiv habe ich viel richtig gemacht, und natürlich auch das ein oder andere falsch. Doch erst die intensive Suche nach Lösungen für meine Klienten und Kunden brachte mir im Nachhinein Erkenntnisse, für die ich schon bei der Gründung dankbar gewesen wäre.

Eine spannende Forschungsreise begann, die sich bis heute in meiner Coachingarbeit und in zahlreichen Gesprächen über Geld und Risiko fortsetzt.

- Meine Leitfragen für dieses Buch sind:
- Wie entwickeln sich gesunde Unternehmen?
- Welche Rolle spielt dabei die finanzielle Risikobereitschaft der Menschen?
- Welche Rolle spielt Geld im Leben von Menschen und Unternehmen?

- ### Wie dieses Buch Sie weiterbringen kann
Dieses Buch soll Unternehmern, Managern und Fachkräften in Unternehmen aller Branchen und ihren Coaches und Beratern Denkanstöße und Impulse liefern und ihnen Handwerkszeug für Veränderung an die Hand geben. Es soll Aufschluss geben über Maßnahmen, die zu einer gesunden Entwicklung von Unternehmen beitragen.

Voraussetzung dafür ist ein klares Bewusstsein für die grundlegende psychologische Bedeutung von Geld und Risiko für Unternehmen. Damit dieser Prozess schon beim Lesen beginnt, werde ich Sie immer wieder zum Mitarbeiten auffordern. Das Buch wird Raum für eigene Gedanken geben und bietet Fragen, die zur Reflexion anregen.

- ### Danke
Auf meiner Reise bin ich wesentlichen Erkenntnisquellen und Erkenntnisträgern begegnet. Einen habe ich eingeladen, für dieses Buch mit mir zu sprechen: den Geldforscher Peter Koenig. Von anderen werde ich Ihnen Bücher und Artikel vorstellen, wie z. B. das Buch »Vom Gelde« von Argentarius und von Schmölders »Die Psychologie des Geldes«. Auch meine Interviewpartner, die Sie in diesem Buch kennen lernen, haben durch ihre Offenheit zum Gelingen beigetragen. Einige Entdeckungen und Erfindungen, die ich Ihnen vorstelle,

durfte ich dank meiner Klienten und Kunden während des Coachings selbst machen. Ihnen verdanke ich die spannendsten Stationen auf dieser wunderbaren Reise.

Ein großer, liebevoller Dank geht an Volker, meinen engsten Vertrauten und Lebensreisebegleiter. In tiefer Liebe widme ich das Buch meinen Eltern. Meiner Mutter gilt ein besonderer Dank – sie war meine Quelle.

Monika Müller
Wiesbaden, im Juni 2012

Inhaltsverzeichnis

Unternehmen und Finanzentscheidungen

© Springer-Verlag Berlin Heidelberg 2017
M. Müller, *Erfolgreich mit Geld und Risiko umgehen*,
DOI 10.1007/978-3-662-53165-5_1

Jeder Coach bringt in sein Coaching ein eigenes Bild von Unternehmen mit. Mein Bild möchte ich hier vorstellen: Es ist subjektiv, es ist dynamisch, und es verändert sich in jedem Coachingprozess ein bisschen. Mir ist wichtig, dass Sie wissen, welche Brille ich aufsetze, wenn ich später über Finanzpsychologie und Finanzcoaching von Unternehmen und den Menschen im Unternehmen spreche.

In diesem Buch geht es um die Wechselwirkungen zwischen der Person des Unternehmers und dem Unternehmen mit den Faktoren Geld und Risiko. Ob Unternehmer, Manager oder Führungskraft, wer über ein klares Bewusstsein für die grundlegende psychologische Bedeutung von Geld und Risiko verfügt, trägt zur gesunden Entwicklung eines Unternehmens bei. Diese Kernbotschaft zieht sich wie ein roter Faden durch alle Kapitel. Die Grundlage der gesamten Betrachtung bilden die genannten Wechselwirkungen, die ich aus verschiedenen Blickwinkeln beleuchte.

Übersicht zum Aufbau dieses Buches
- Theorie (▶ Kap. 1):
  - Wie ist Unternehmertum definiert?
  - Wie erklärt die Psychologie Finanzentscheidungen?
  - Welche Aussagen trifft die Psychologie zu Geld und Risiko?
  - Möglichkeiten für Sie zur Selbstreflexion
  - Erste Hinweise auf neue Handlungsmöglichkeiten
- Praxis:
  - Die Sicht von Experten in Interviews (▶ Kap. 2)
  - Zwölf wichtige Erkenntnisse und Botschaften (▶ Kap. 3)
  - Einblicke in mein Coaching anhand von Fallbeispielen (▶ Kap. 4)
  - Das »Workbook« zur Selbstreflexion (▶ Kap. 5)

1.1   Gründer, Unternehmer, Unternehmen

Der Unternehmer ist auch Diener einer übergeordneten Idee.

Unternehmer sein ist eine Lebenshaltung. Ein wesentliches Element dieser Haltung ist der Wunsch, über die eigene Familie hinaus bleibende Werte zu schaffen. Man könnte auch sagen, manch ein Unternehmer möchte sich in gewisser Hinsicht unsterblich machen. Das macht er, indem er Ideen, die für andere Menschen die Lösung eines Problems, die Verbesserung einer Lebenssituation darstellen können, durch das Nutzen vorhandener Ressourcen – auch Geld – in die Tat umsetzt. Diese Haltung ist ein inneres Bedürfnis, das aus einer Quelle gespeist wird, die außerhalb des Egos des Unternehmers liegt. Der Unternehmer stellt dafür im Laufe der Lebensphasen seines Unternehmens seine eigenen Bedürfnisse unterschiedlich stark zurück. Er ist in gewisser Hinsicht also auch Diener einer übergeordneten Idee. Das ist nicht immer ganz leicht für Mitarbeiter, Familie und Partner. Wichtig ist, dass der Unternehmer wachsam bleibt für den

Unterschied zwischen sich und seinem Unternehmen. Wer zwischen sich als Person und seinem Unternehmen nicht mehr trennen kann, der wird sein Unternehmen in persönlichen Krisen – Krankheit, Tod eines nahen Angehörigen, Scheidung – mit ins Unglück reißen. Wem die Trennung gelingt, der kann, wenn seine eigenen unternehmerischen Kräfte schwinden, dem Unternehmen erlauben, seine Kraft zu behalten. Auch die umgekehrte Gefahr besteht: Unternehmer, deren Unternehmen scheitern, können dadurch selbst in existentielle Identitätskrisen stürzen.

Unternehmer sein und bleibende Werte schaffen, ist eine Haltung, die in der Person des Gründers schon existiert, bevor ein Unternehmen gegründet wird (Stier & Becker, 2010). Der Unternehmer ist die existenzielle Quelle für das Unternehmen. Doch je mehr auch die Menschen, die für ein Unternehmen tätig sind, diese Haltung mit-leben, desto lebendiger, gesünder und nachhaltiger wird dieses Unternehmen sein. Unser Umgang mit Geld und Gehaltssystemen kann diese Haltung fördern oder zerstören, aber nie herstellen. Sobald der Unternehmer diese Haltung unbewusst verliert, entzieht er sich und seinem Unternehmen langsam die Lebensgrundlage. Unternehmenskrisen sind die Folge. Meist spielt dabei die Beziehung des Unternehmers zu Geld eine bedeutende Rolle.

> Wenn das Unternehmen scheitert, sollte die unternehmerische Kraft beim Unternehmer bleiben – mit und ohne Geld.

Der Unternehmer und Gründer nimmt auch über sein Ausscheiden oder Verkauf des Unternehmens hinaus eine zentrale Rolle in seinem Unternehmen ein. Er ist und bleibt die Quelle der Vision, der Ideen, die den Sinn und die Aufgabe des Unternehmens bestimmen – und zwar so lange, bis er diese Rolle bewusst an eine andere Person übergibt. Die Einführung und Verwendung anderer Begriffe, wie Existenzgründer, Startup, Entrepreneur, Selbstständiger, Freiberufler, Ich-AG neben dem Begriff Unternehmer, hat konzeptionelle sowie steuer-, finanzierungs- und unternehmensrechtliche Hintergründe. Zur Vereinfachung werde ich überwiegend die Begriffe Unternehmer und Unternehmen benutzen.

1.1.1 Rollen im Unternehmen

Trotz der Bedeutung und der Verantwortung, die mit der Rolle des Unternehmers einhergehen, braucht ein Unternehmen für dauerhaften Erfolg weitere Kompetenzen. Woran kann sich ein Gründer von Anfang an orientieren? Woran erkennt ein langjähriger Unternehmer, wenn es um die Rollen geht, die Schieflagen in seinem »Haus«? Bei meinen Coachingprozessen nutze ich das Unternehmensmodell von Schumpeter (Wikipedia, Stichwort: Theorie der wirtschaftlichen Entwicklung; Gerber, 2001, jüngst ausgefeilt von Merath, 2010). Das Modell ist gut geeignet, allen Personen eine Orientierung für ihren Platz im Unternehmen zu geben (Abb. 1.1).

Die zentralen Rollen in Unternehmen sind einfach und klar: Unternehmer, Manager und Fachkraft (Übersicht). Das Modell ist intuitiv verständlich. Auch die sich daraus ergebenden Konflikt- und

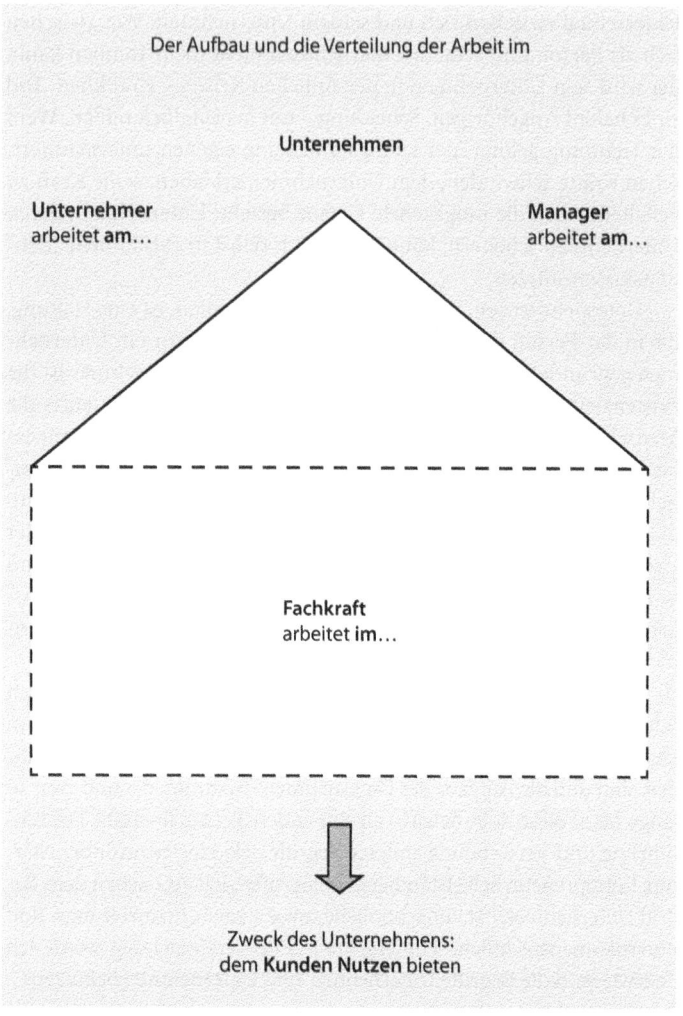

Abb. 1.1 Die Aufteilung der Arbeit im Unternehmen und am Unternehmen

Reibungspunkte sind für alle offensichtlich und können im Alltag berücksichtigt werden. Voraussetzung ist: Alle kennen das Modell.

Der Unternehmer lebt Träume und entwickelt Visionen

> **Die Rollen und Aufgaben im Unternehmen (in Anlehnung an Merath, 2010)**
> **Unternehmer: (»Visionär«)**
> ━ lebt Träume und entwickelt Visionen
> ━ ist die Energiequelle des Unternehmens
> ━ legt die Werte des Unternehmens fest
> ━ ist in seinen Gedanken weit in der Zukunft
> ━ beobachtet das Unternehmen und den Markt
> ━ gestaltet und kreiert Produkte für die Zukunft
> ━ trifft Entscheidungen für die Zukunft

Manager: (»Regler«) gießt die Visionen in eine Form (Plan)
- forciert und trifft Entscheidungen (Ziele) und setzt sie durch
- steuert und sorgt für optimale Aufgabenerledigung
- schafft die notwendige Ordnung und Klarheit
- entwickelt Systeme und Regeln, Prozesse
- legt Abläufe, Strukturen, Standards fest und
- kontrolliert die Umsetzung

> Der Manager entwickelt Regeln und Prozesse

Fachkraft: (»Tuer«) der Macher im Sinne von tun, umsetzen
- will und kann Dinge selbst und mit anderen tun
- erledigt Aufgaben schnell und auf direktem Weg
- arbeitet in der Gegenwart für den Kunden
- reagiert auf Ereignisse (nicht auf Regeln)
- denkt lösungsorientiert und pragmatisch
- entwickelt Lösungen und Lösungsvorschläge

> Die Fachkraft erledigt Aufgaben schnell und auf direktem Weg

Der Unternehmer ist und bleibt (!) in seinem Unternehmen ein Pionier, ein Entdecker von Möglichkeiten, die er evaluiert und deren Umsetzung er anstößt. Damit ist er oft auch die Ursache von Veränderung. Er arbeitet *am* Unternehmen. Der Unternehmer mit dem Blick nach außen und weit nach vorne. Der Manager arbeitet ebenfalls *am* Unternehmen: Er schafft Ordnung im Hier und Jetzt, entwickelt Systeme und Regeln für die gestellten Aufgaben und übergibt sie dann vollständig den Fachkräften. Diese wiederum arbeiten *im* Unternehmen und sind für die Umsetzung der Aufgaben zuständig. Sie reagieren auf Ereignisse im Alltag und fühlen sich schon einmal von vorgegebenen Regeln gestört. Für Manager und Fachkräfte sind die Kunden und deren Bedürfnisse leitend. Der Unternehmer hat darüber hinaus den potenziellen Nachfolger frühzeitig als seinen Kunden im Blick. Ein sensibles, achtsames Zusammenspiel aller lässt das Unternehmen gedeihen.

> Unternehmer und Manager arbeiten am Unternehmen, die Fachkraft im Unternehmen.

Der Unternehmer führt das Unternehmen visionär in die Zukunft; seine Aufmerksamkeit ist nach außen gerichtet. Damit sind seine kognitiven und persönlichen Fähigkeiten – intuitiv geleitete Aufmerksamkeit, Neugier, Offenheit und Beobachtungsgabe – die Schlüsselqualifikationen für diese Rolle und die Gründung eines Unternehmens (Stier & Becker, 2010).

Soll ein Unternehmen überleben und wachsen, müssen also offensichtlich weitere Qualifikationen und Fähigkeiten in das Unternehmen Einzug halten, etabliert und gepflegt werden. Diese bilden sich in den Rollen Manager und Fachkraft ab.

Bei der Gründung übernimmt oft eine Person alle Rollen. Will ein Unternehmen wachsen und dabei gesund bleiben, ist aber auf Dauer die »Zellteilung« für das Überleben unausweichlich (◼ Abb. 1.2). Warum? Damit ein Unternehmen gesund wachsen kann, sind die Schlüsselqualifikationen des Unternehmers in jeder Lebensphase wichtig.

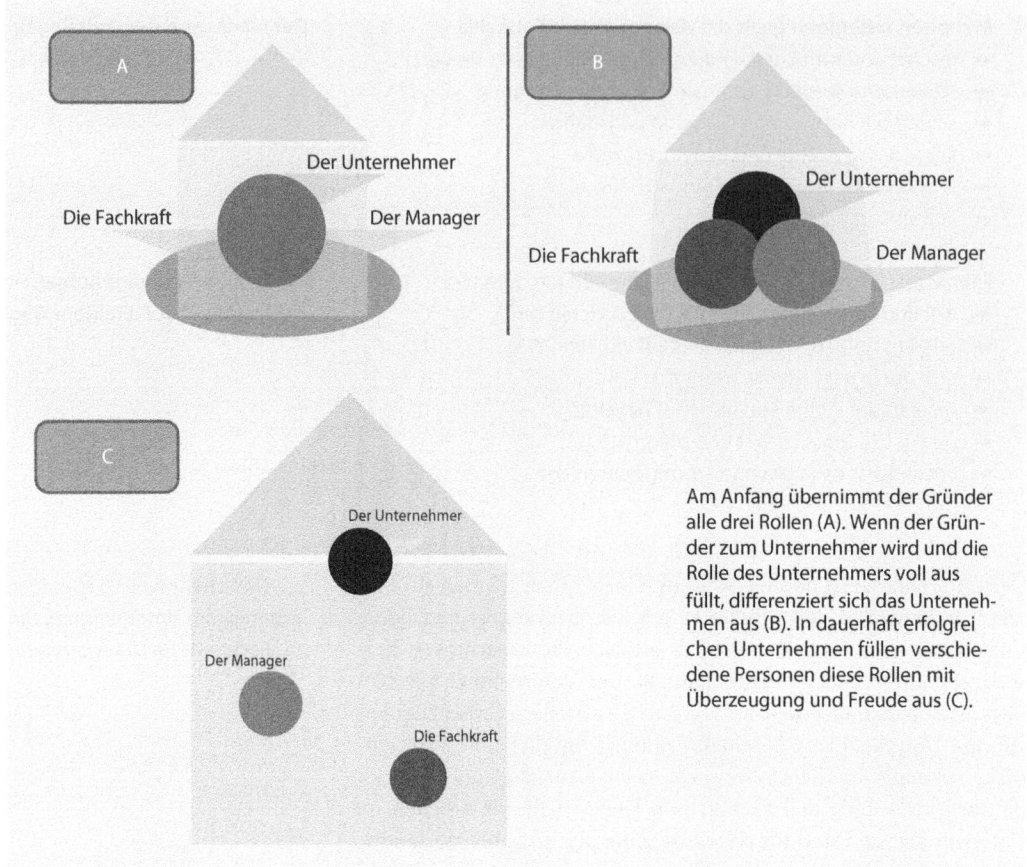

□ Abb. 1.2 Die natürliche »Zellteilung« im Unternehmen

Sie dürfen im Alltag nicht permanent von der Übernahme anderer Aufgaben, die Manager und Fachkraft erledigen müssen, überlagert werden. Der Unternehmer ist daher gut beraten, von Beginn an eine mentale Trennung und Verteilung der Rollen auf seiner inneren Bühne vorzunehmen.

Besondere Aufmerksamkeit erfordert der Wechsel von der Rolle des Gründers in die Rolle des Unternehmers.

Ganz besondere Aufmerksamkeit erfordert der Wechsel von der Rolle des Gründers, die an eine bestimmte Unternehmensphase gebunden und oft dem »Mädchen-für-alles-Syndrom« verbunden ist, in die Rolle des Unternehmers. Sobald er eine Möglichkeit sieht, sollte er alles daran setzen, genügend Zeit im Alltag als Unternehmer zu verbringen. Ziel der Personalauswahl muss möglichst früh die Besetzung der Rollen durch verschiedene Personen sein, die den Aufgaben von Manager und Fachkraft gewachsen sind und die sie im besten Fall auch gerne übernehmen.

Ein Unternehmen, in dem kein Manager im konstruktiven Sinne erlaubt und etabliert ist, verliert die Kraft, weil Disziplin und Regeln entweder übertrieben eingefordert oder permanent ignoriert werden.

Menschen in Unternehmen inflationär zu Managern zu machen, nur weil es die Karriere erfordert, auf der Visitenkarte eine wohlklingende Bezeichnung zu haben und natürlich mehr Geld fordern zu können, hat die Aufgabe verwässert und der eigentlichen Bedeutung des Managers geschadet. Gleichwohl bleibt auch die Rolle des Managers nur dann kraftvoll, wenn auch er seine Beziehung zu Geld und Risiko reflektiert. Entwicklungskrisen bleiben dem Unternehmen dadurch nicht erspart, aber einige typische traumatische Erfahrungen wie sie Gerber (2001) und Merath (2010) beschreiben, schon.

Platz für Ihre Gedanken:
Welche Rolle nehmen Sie in Ihrem Unternehmen ein? Sind Sie Unternehmer, sind Sie Manager oder sind Sie Fachkraft?

_____

_____

_____

Nehmen Sie diese Rolle mit voller Überzeugung ein? Wenn ja, was trägt dazu bei?

_____

_____

_____

Wenn nein, was hält Sie davon ab, die Rolle mit voller Überzeugung einzunehmen oder in eine andere der drei Rollen zu wechseln, die Ihnen mehr entspricht?

_____

_____

_____

Wer übernimmt die anderen Rollen? Ist die Verteilung in Ihrem Unternehmen klar?

_____

_____

_____

Je nach Unternehmensform (Einzelunternehmen, Familienunternehmen, Franchise, Multilevel, Konzern, alternative Lebens- und Wirtschaftsgemeinschaft etc.) und Lebensphase des Unternehmens ist von allen Akteuren eine gewisse Flexibilität beim Einnehmen der verschiedenen Rollen gefragt. Den größten Sprung macht eine Fachkraft, wenn sie die Rolle des Managers oder gar die des Unternehmers übernehmen möchte. Eine besonders große Herausforderung an ein System stellt sich, wenn wie z. B. beim Multilevelmarketing viele Unternehmer zusammenarbeiten. Auch die Weiterentwicklung vom unternehmergeführten Unternehmen zum Industriekonzern oder hin zu einer modernen Form der Unternehmensführung wie z. B. das Führen ohne Budgets und mit flexiblen Zielen (Pfläging,

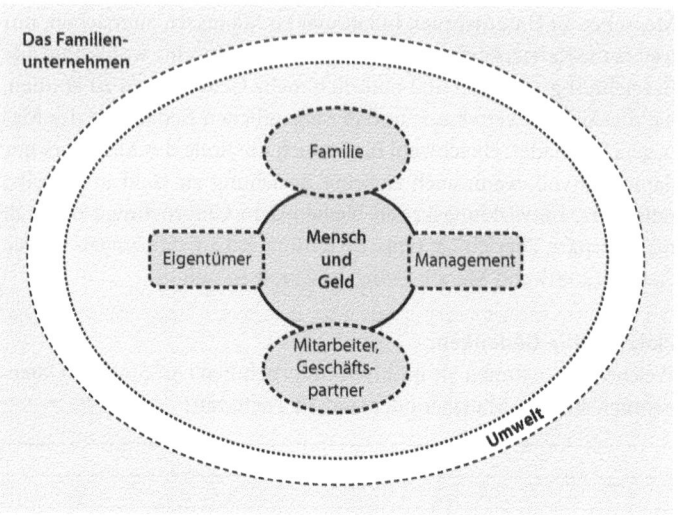

Abb. 1.3 Das Familienunternehmen und Geld

2011) stellt alle vor die Herausforderung, sehr bewusst und achtsam die Aufgaben der Rollen auszufüllen. Auch in komplexen und chaotischen Situationen, wie bei einer Fusion, kann ein Besinnen auf die Rollen Orientierung geben.

Meiner Beobachtung nach beschreibt die Rollenaufteilung eine natürliche Ordnung, die einem Unternehmer zu jeder Minute des Tages wichtige Orientierung geben kann. Auch ein Freiberufler darf seine Zeit nicht ausschließlich als Fachkraft verbringen, sondern muss einen nicht unerheblichen Teil seiner Zeit als Unternehmer tätig sein. Und ohne Manager – oft eine Officemanagerin – würde der Betrieb eines Steuerberaters, eines Arztes oder einer Rechtsanwaltskanzlei nicht recht laufen. Diese Rolle sollte bewusst nach den Kriterien in Abb. 1.2c besetzt und von allen akzeptiert sein.

- **Spezialfall Familienunternehmen**

Familienunternehmen sind nicht die Ausnahme, sondern die Regel. Dennoch sind sie etwas Besonderes. Ein Familienunternehmen hat eine eigene Struktur und deshalb auch ein besonderes Verhältnis zu Geld. Aus diesem Grund lohnt es sich, das Bulleye vorzustellen (Abb. 1.3; mod. nach Pieper & Klein, 2010, S. 309), ein Konzept von Pieper und Klein, das sich mit der besonderen Struktur von Familienunternehmen beschäftigt. Die Autoren unterscheiden in ihrem Modell vier verschiedene offene Systeme: das Familiensystem, das Managementsystem, das Eigentümersystem (Kapital) und das Businesssystem.

Alle zusammen bilden das Familienunternehmenssystem und sind bei Pieper und Klein noch eingebettet in das fünfte, das Environmentalsystem. Familienunternehmen sind in besonderer Weise in ihre Umgebung eingebettet, gerade weil meist ein Teil der Familie auch am Ort des Unternehmens lebt. Man beachte: Zwischen allen Systemen fließt Geld, und an einer Stelle in dem Gefüge ist Geld auch Eigentum. Das Eigentümersystem kann sich aus Mitgliedern der Familie, der Mitarbeiter, des Managements und sogar der Geschäftspartner zusammensetzen. Die Auswirkungen der jeweiligen Zusammensetzungen und die sich daraus ergebenden Unterschiede auf Entscheidungen im Unternehmen sind bedeutend. Die Interviews (▶ Kap. 2) in diesem Buch geben dazu einen sehr facettenreichen Einblick.

Die Führung und Mitarbeit in einem Familienunternehmen ist aufgrund der Interdependenz der Subsysteme komplexer und komplizierter. Das Familienunternehmen ist von Natur aus auf Stabilität und weniger auf den schnellen Verkauf angelegt. Die ältesten Firmen, die wir kennen, sind Familienunternehmen. Doch die natürliche Verbindung alleine genügt nicht, um Erfolg oder Misserfolg zu erklären. Die Diskussionen in modernen Familien sind transparenter, mutiger, emotionaler und dadurch intensiver geworden, was für die Qualität der Entscheidungen ein Vorteil ist.

> **Die natürliche Verbindung in Familienunternehmen alleine genügt nicht, um Erfolg oder Misserfolg zu erklären.**

Insgesamt kann man bei Familienunternehmen von einem Gefüge ausgehen, das von allen Beteiligten – besonders auch dem Fremd-Management – ein hohes Commitment verlangt. Werte haben in einem Familienunternehmen eine hohe Bedeutung. Sie können sehr versteckt oder unausgesprochen sein. Wer sie nicht beachtet, geht ein hohes Risiko ein. Wer auf wenige, zentrale Werte und Regeln bauen kann, besitzt ein stabiles Fundament und eine exzellente Orientierung für Entscheidungen.

> **»Die Risiken sind gigantisch in einem Familienunternehmen. Wenn man die Werte übergeht, kann man einfache Investitionen zum Untergang des Unternehmens hochpuschen.«** (H. Schlenker, Olympia Apotheke, ▶ Kap. 2)

Für das Finanzcoaching ergibt sich in allen Situationen eine spannende Frage: Woher kommt das Geld, über das gerade entschieden werden soll? Vom Investor, vom Kunden, vom Mitarbeiter, von der Mutter oder vom Unternehmer selbst? Der Ursprung des Geldes bestimmt die Wirkung, und das in jeder Lebensphase des Unternehmens.

1.1.2   Entwicklungsphasen eines Unternehmens

Das Denken und Forschen in und mit Modellen macht mir Spaß und hilft im Coaching, komplexe Sachverhalte einfließen zu lassen. So habe ich bei der Arbeit an diesem Buch ein praktisches, neues Modell entwickelt.

Das *FCM-5-Phasenmodell der Unternehmensentwicklung* ist ein Modell mit besonderem Augenmerk auf die Person und die Rolle des Unternehmers (◼ Abb. 1.4). Es enthält alle natürlichen Veränderungen eines menschlichen Organismus wie auch eines Unternehmens. Nach jeder Phase – ähnlich wie im Modell Spiral Dynamics (Wikipedia, Stichwort: Spiral dynamics) beschrieben – wechseln sich das Ich (Unternehmer) und das Wir (Manager und Fachkräfte) als Haupttreiber der Prozesse ab.

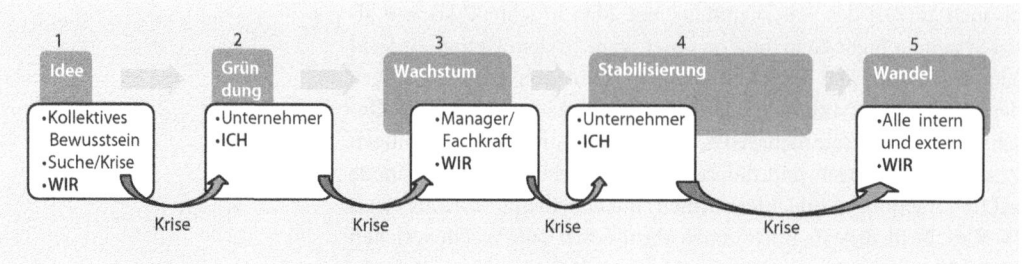

■ **Abb. 1.4** FCM-5-Phasenmodell der Unternehmensentwicklung

■ **Idee, Gründung, Wachstum, Stabilisierung, Wandel**

Die erste Phase ist gekennzeichnet von einer Idee (1) für das Unternehmen, die aus den aktuellen, dringenden Fragen/Bedürfnissen einer Gesellschaft schöpft. Unbewusst manifestiert sich das kollektive Denken einer Gesellschaft in einer Idee, die der Unternehmer in persona empfängt, aufgreift und dann als Gründer eines Unternehmens umsetzt.

Die Gründung (2) ist formal und auch in Taten an den Unternehmer als Person gebunden. Er geht das Risiko ein, die Idee auszusprechen und sie in die Tat umzusetzen. Von diesem Moment an ist der Gründer bzw. Unternehmer von anderen Personen abhängig.

Vom Moment der Gründung an ist der Unternehmer abhängig.

Das hören Unternehmer nicht gern. Die meisten Unternehmer lieben ihre Freiheit und fühlen sich grundsätzlich unabhängig. Einige Angestellte gründen mit der Idee, als ihr eigener Chef machen zu können, was sie wollen. Doch beginnt für jeden Unternehmer mit der Gründung schon die erste, lebenslange Abhängigkeit: vom Unternehmen. Das Unternehmen ist sein Baby, und wie bei Mutter und Kind besteht diese Beziehung ewig. Sie ist unkündbar. Wie auch Mütter von anderen Personen abhängig sind, damit die Familie wachsen und gedeihen kann, so ist es auch der Unternehmer mit seinem Unternehmen. Manchmal übersieht der Unternehmer diese Tatsache und geht ohne große Achtsamkeit Beziehungen ein und nimmt die Abhängigkeit, die entsteht, nicht rechtzeitig wahr. Wenn sich diese Beziehung dann destruktiv für das Unternehmen entwickelt, kommt er aus ihr nur unter Schmerzen und Schaden wieder heraus. Solche Beziehungen entstehen zu Banken, Steuer- und Unternehmensberatern, aber auch zu wichtigen Mitarbeitern der ersten Stunde.

Nach der Gründungsphase schließt sich die Wachstumsphase (3) an. In dieser Phase kann der Unternehmer prinzipiell hinter das System zurücktreten. Die Manager, Mit-Unternehmer und Mitarbeiter übernehmen die wichtigsten Aufgaben. Sie setzen das, was aufgrund der Engpassanalyse beim Zielkunden als Bedürfnis erkannt wurde, in Produkte und Dienstleistungen um, die sie dann dem Markt zur Verfügung stellen. In dieser Phase achtet der Unternehmer ganz besonders darauf, keine Aufgaben zu übernehmen, für die andere besser geeignet sind. Er fördert das Wachstum seines Unternehmens mit

Fingerspitzengefühl. Ob zu viel oder zu wenig, zu schnell oder zu langsam – alles kann das Unternehmen in dieser Phase in Gefahr bringen. Das Risiko ist hier zweiseitig. Was tut der Unternehmer in dieser Phase außerdem? Wie immer beobachtet er den Markt, spürt schon die nächsten Entwicklungen und Ideen auf und sorgt mit dem Manager für die nötigen Rahmenbedingungen.

In der Phase der Stabilisierung (4) ist wieder der Unternehmer an vorderster Front gefragt. Warum?

Betrachten wir die Entwicklungskurve zur Meisterschaft nach George Leonard (◨ Abb. 1.5; mod. nach Leonard, 1998, S. 30). Diese Kurve beginnt mit einem ersten schönen Anstieg, danach folgt ein kleiner Rücksetzer, und darauf ein ganz wesentliches Element: das Plateau. Jeder, der etwas Neues beginnt und über die ersten Erfolge hinaus gelangen will, kennt das Gefühl, dass sich nichts bewegt. Genau dann ist der Entwicklungs- und Lernprozess eines Unternehmens in der Phase des Plateaus. Wer diese Phase nicht erkennt und mit den Selbstzweifeln, die unweigerlich in dieser Zeit auftauchen können, nicht umgehen kann, verliert die Geduld, kommt vom bewährten Weg ab. Um die Stagnation zu überwinden, erfindet er schnell ein neues Produkt, bevor das erste zur Cashcow gereift ist, oder sucht nach neuen Kundengruppen, obwohl die alten Kunden noch nicht zur Zufriedenheit bedient wurden. In dieser Phase, die mit vielen, oft unangenehmen Emotionen verbunden ist, sind Manager und Fachkräfte auf die Geduld, das stabile Selbstwertgefühl, das »Ich schaff das« und den unbändigen Willen des Unternehmers angewiesen.

Eine Regel, die ganz besonders jetzt für alle gelten sollte, ist »no dark thoughts«. Negative Gedanken wie: »Es geht nichts weiter« oder »Das klappt doch nie« sind in der Stabilisierungsphase wie aufkommender Seitenwind für einen Seiltänzer. Sie kosten das ganze System Kraft, weil sie unausgesprochen wirken und die Stabilität unnötig (!) in Gefahr bringen. Diese Stabilisierungsphase, die viele Unternehmen so gerne umgehen, ist für die gesunde Entwicklung so wichtig wie für uns Menschen der Schlaf. Wir tun nachts zwar nichts Besonderes, aber wir verarbeiten wichtige Erfahrungen und tanken Kraft für den nächsten Tag. Auch andere irrationale Gedanken, wie z. B. »…wir müssen schneller, mehr, wachsen….«, gehören zu diesem Störfeuer. Junge Unternehmen scheitern häufig an einem zu schnellen Wachstum (Egeln et al., 2010). Aber auch eingefleischte Unternehmer gehen noch allzu häufig in die Wachstumsfalle.

Dabei spielt Geld eine tragende Rolle. Wenn in der Stabilisierungsphase Wachstum und damit auch (mehr) Geld ausbleiben, besteht die Gefahr, dass das System sich mehr mit sich selbst als mit dem Kunden beschäftigt. Misstrauen und Schuldzuweisungen bringen Sand ins Getriebe. Jetzt wird die Personalabteilung nach Lösungen gefragt: Motivationsprogramme in Form von Geld, Boni und Incentives aller Art haben Hochkonjunktur.

Wenn ein System sich bewusst an die Plateauphase der Stabilisierung gewöhnt und die Herausforderungen annimmt, dann können die Stärken der Manager und der Fachkräfte wieder übernehmen; der

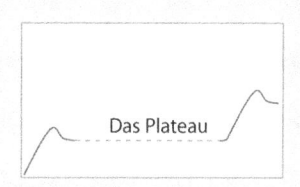

Das Plateau

◨ **Abb. 1.5** Die Kurve zur Meisterschaft

In der Plateauphase brauchen alle Beteiligten viel Geduld, Vertrauen und Achtsamkeit.

Unternehmer kann sich wieder nach hinten fallen lassen und in seine visionäre Arbeit für das Unternehmen eintauchen. Am besten von Anfang an, spätestens aber in der Mitte der allerersten Stabilisierungsphase, also auf dem Plateau, sollte der Unternehmer beginnen, sich mit seinem Nachfolger zu beschäftigen. Seine grundlegende Aufgabe, bleibende Werte zu schaffen, muss ja irgendwo »ins Bleibende« geführt werden. Für diesen Nachfolger arbeitet der Unternehmer.

Platz für Ihre Gedanken:

Ist der Gedanke an einen Nachfolger für Sie – als Unternehmer – eine seltsame Vorstellung? Nehmen Sie sich einmal einen Moment die Zeit und schenken Sie dem Gedanken ein paar Minuten Ihrer Kreativität: Wer könnte Ihr Nachfolger werden? Wenn Sie die Person noch nicht kennen, versuchen Sie eine Beschreibung aus der Phantasie.

_____

Was verändert sich in Ihrem Alltag, wenn Sie sich auf den Nachfolger als Ihren »Kunden« konzentrieren?

_____

_____

_____

» Ich hoffe Sie verstehen, dass je nachdem, wen Sie als Nachfolger wählen, Ihr Unternehmensbauplan ein anderer sein wird. (Merath, 2010, S. 330) **«**

Wandel heißt, sich neu zu erfinden.

In der Stabilisierungsphase kündigt sich irgendwann zum ersten Mal die Phase der Wandlung (5) des Unternehmens an. Die Signale können ganz pragmatische Dinge sein, wie das Überarbeiten des Logos, der Relaunch der Website, der Umzug in größere Räume, um dann schon wieder die nächsten Produkte zu entwickeln oder Niederlassungen zu gründen. Aber auch Langeweile und leichte Fluktuation bei den Mitarbeitern können schon erste Hinweise geben, dass ein Wandel nötig wird. Die Herausforderung besteht jetzt darin, die sichere, gesättigte Situation zu verlassen, um neues Risiko einzugehen. Aber jetzt ist nicht mehr desselben – also Wachstum – an der Reihe, sondern es geht darum, sich neu zu erfinden – eben Wandel. Diese Phase ist die schwierigste im Leben eines Unternehmens. Denn jetzt ist der Unternehmer nicht mehr allein wie zu Beginn, sondern jetzt muss er das ganze Unternehmen in diesem Prozess mitnehmen. Zustände, die der Unternehmer gewohnt ist, übertragen sich jetzt auf Manager und Fachkräfte. Risiko, Chaos, Nichtwissen sind vorübergehend das Element, das den Alltag bestimmt. Neben der Gründung ist die Wandlung die Phase, die ein Unternehmen am besten mit Begleitung von außen übersteht. Das können Interimsmanager, Unternehmensberater oder Coaches sein. In beiden Phasen – Gründung oder Wandlung – helfen die Erfahrung und der neutrale Blick von außen, das Potenzial des Unternehmens erst richtig auszuschöpfen.

Platz für Ihre Gedanken:
In bzw. vor welcher Phase/welchen Phasen befindet sich Ihr Unternehmen aktuell? Wenn Sie Berater sind – dann analysieren Sie jetzt das Unternehmen Ihres wichtigsten Kunden. Welche charakteristischen Beobachtungen und Fragen können Sie festhalten? Was sagen Außenstehende?

_____

_____

_____

Bis zum letzten und sicher schwierigsten Wandel, nämlich der Übergabe an einen Nachfolger, hat das Unternehmen in der Regel alle Phasen mehrmals durchlaufen. Auch jedes Projekt im Unternehmen durchläuft die gleichen Phasen. Dabei sollte die Stabilisierungsphase immer den längsten Zeitraum einnehmen. Immer wieder bewegen sich verschiedene Abteilungen gleichzeitig in unterschiedlichen Phasen. Das erschwert oft die Kommunikation im Unternehmen. Zwischen den Phasen ist eine Krisenzeit normal. Veränderungen, und seien es auch ganz natürliche Prozesse wie der Wegfall eines großen Kunden, bringen ein System immer auf allen Ebenen, außen wie innen, rational und emotional in Bewegung. Der Organismus stellt alle wichtigen Sinne zur Verfügung, damit die Krise gut ausgeht. Bleibt die Quelle – über die wir im nächsten Abschnitt mehr erfahren – frisch und aktiv, hat das Unternehmen das Potenzial zu leben. Geld spielt dabei keine Rolle!

> Bei einer gesunden Unternehmensentwicklung ist die Krise eine Zeit der natürlichen, hohen Wachsamkeit.

- **Die Quelle – Interview mit Peter Koenig**

So verschieden sich Unternehmertum auch zeigt, es gibt eine Gemeinsamkeit, die für alles Lebendige existenziell ist: der Ursprung, Same und Ei; oder wie der Geldforscher und Experte für menschliche Transformationsprozesse Peter Koenig es nennt: die Quelle. Das Konzept hat er noch nirgends niedergelegt, aber er hat mir am 18. August 2011 in Zürich darüber erzählt. Peter Koenig ist Engländer und wohnt seit sehr vielen Jahren in der Schweiz. Er war als Geschäftsmann in der Immobilienbranche und im Managementconsulting tätig. Vor diesem Hintergrund hat ihn vor mehr als 30 Jahren das Thema Geld, die Beziehung zu Geld interessiert. Er hat ein Geldseminar entwickelt, dessen zentrale Elemente auch in meine Arbeit eingeflossen sind.

MM: Wie kam das Thema der Quelle dazu?
PK: Eine Frage ist in jedem meiner Geldseminare immer wieder aufgekommen: Wie kann ich meinen Traum leben, meine neue Organisation gründen, wenn ich nicht zuerst das Geld dafür habe? Und seit vielen Jahren gebe ich die gleiche Antwort. Die Quelle eines Unternehmens ist nie das Geld, es ist eine Person, es ist die Person mit einem Traum, einer Idee, einer Leidenschaft.
MM: Nehmen wir an, die Quelle ist nicht auf den ersten Blick zu erkennen. Wie müssen wir vorgehen, wenn wir die Quelle eines Unternehmens finden wollen?

> Die Quelle eines Unternehmens ist nie das Geld, es ist die Person mit einem Traum, einer Idee, einer Leidenschaft.

PK: Man muss immer zurück zum Ursprung. Wenn ein Unternehmen vor langer Zeit gegründet wurde, dann gibt es bereits Nachfolger des Unternehmensgründers. Man muss zuerst erforschen, wer bekleidet die Stelle des Unternehmensgründers jetzt, und dann die Linie des Nachfolgers betrachten vom Ursprung bis in die Gegenwart.

MM: Wie erkennen wir die Quelle? Was genau charakterisiert diese Person?

PK: Wenn diese Person spricht, dann folgen alle anderen automatisch, weil seine/ihre Worte ein besonderes Gewicht haben, auch wenn die Ideen unlogisch oder manchmal auch verrückt sind. Wenn diese Person spricht und eine Entscheidung mitteilt oder einen Beschluss fällt, dann richten sich automatisch alle – auch die Umstände – nach der Entscheidung dieser Person.

MM: Jetzt gibt es manchmal Gründungen, an denen mehrere Personen beteiligt sind.

PK: Das ist ein romantischer Traum von vielen, der oft nicht der Realität entspricht. Jedes Mal, wenn ich so etwas höre oder sehe, sehe ich eine Unternehmung/Organisation in Konfusion. Sie ist eigentlich nicht beschlussfähig. Es ist traurig, weil hier so viel Energie, Zeit und Ressourcen verschwendet werden.

MM: Kann man in einer solchen Situation das Rad zurückdrehen?

PK: Ja, man muss nur den echten Gründer finden. Und das dann auch offen aussprechen.

MM: Was passiert, wenn es ausgesprochen ist?

PK: Jeder ist danach durch die gewonnene Klarheit befreit. Der Eine, der die Quelle ist, kann seine volle Autorität leben, er braucht sie nicht mehr zurückzuhalten. Der Mitbegründer ist ebenfalls entlastet, weil er keine Verantwortung übernehmen und keine Entscheidungen mehr treffen muss, für die er gar nicht zuständig ist.

MM: Wie wirkt eine solche Erkenntnis auf die Mitarbeiter und auf ein Team, wenn diese Frage geklärt wird?

PK: Es ist eine Entlastung für alle. Es klärt die Verantwortung bezüglich der Rollenverteilung, und es entsteht schnell Klarheit. Vor allem werden Machtkonflikte gelöst.

MM: Warum werden Unternehmen mit mehreren Gründern gegründet? Du hast das als romantische Idee formuliert. Aber es kommt dennoch häufig vor.

PK: Ich habe in meiner Arbeit oft beobachtet, dass der eigentliche Gründer in seiner Vergangenheit sehr oft Verletzungen von starken Autoritätsfiguren erfahren hat. Er hat dann beschlossen: Wenn ich mal selber ein Unternehmen gründe, dann werde ich das anders machen. Wir werden in meinem Unternehmen Gleichberechtigung haben. Ich glaube, das ist der häufigste Grund.

MM: Was ist, wenn sich die vorhandene Quelle irgendwann mal zur Ruhe setzen möchte? Kann sie ihre Aufgabe dann einfach so abgeben?

PK: Die Quelle besitzt eine Verbindung zum Unternehmen, die weit über die reine operative Ebene hinausgeht.

MM: Was muss beachtet werden?

PK: Man muss sehen, dass eine Gründerperson eine direkte Verbindung zur Uridee eines Unternehmens hat. Das heißt: Wenn man die Firma in einem Nachfolgeprozess übergibt, dann übergibt man auch diese Verbindung. Dann versiegt der Fluss der Ideen zur ursprünglichen Quelle, und die neue Quelle nimmt diese Verbindung auf. Was von Generation zu Generation übergeben wird, sind die Werte des Unternehmens.

MM: Wie soll der Übergabeprozess denn am besten ablaufen?

PK: Die Übergabe ist eine Kunst. Der Stab der Verantwortung wird in einem gewissen Moment von der alten Quelle an den Nachfolger übergeben. Die Parteien müssen sich dafür vorbereiten. Für diesen speziellen Moment hilft manchmal ein Ritual. Es ist wunderschön, wenn das gelingt.

MM: Wenn ich jetzt eine Quelle bin und dies bewusst lebe, was muss ich berücksichtigen, wenn ich mit anderen Quellen zusammenarbeiten möchte?

PK: Es gibt auch eine Quelle der Zusammenarbeit, wenn zwei Quellen sich zusammenschließen. Die Quelle eures gemeinsamen Projektes ist diejenige Person, die als erstes das Risiko für die Umsetzung der Idee auf sich nimmt. Diese geht das Risiko ein, indem sie die Idee der Zusammenarbeit ausspricht. Die Idee kann zurückgestoßen, abgelehnt werden. Es ist vielleicht keiner interessiert. Es ist also immer die erste Person, die mit einer Idee kommt und den Vorschlag macht und das Risiko übernimmt – die ist immer die Quelle.

MM: Gibt es Unterschiede zwischen Quellen in Familienunternehmen und anderen Unternehmensformen?

PK: Nur in dem Sinne, dass die Quellen leichter erkennbar sind. Man kann die Linien in Familienunternehmen deutlicher erkennen – z. B. der Vater übergibt als Quelle das Unternehmen an seine Tochter, die wiederum an ihren Sohn. Aber ansonsten sehe ich diesen Unterschied nicht.

MM: Was ist, wenn ein Unternehmer – und damit die Quelle – sein Unternehmen an eine Belegschaft weitergibt? Was ist dort mit der Stabübergabe anders?

PK: Da werden vielfältige Probleme auftauchen – außer es gibt eine Person, die der Primus inter paris ist, ein Erster unter Gleichen. Wahrscheinlich existiert diese Person in den meisten Fällen, aber wenn dies nicht öffentlich gemacht wird, dann gibt es Probleme. Eine Übergabe geschieht durch zwei Personen, einen Übergeber und einen Übernehmer.

MM: Kannst Du uns Deine schönste Quellenforschungsstory schildern?

PK: Spontan fällt mir ein Nachfolgeprozess in Kanada ein. Es ging um die Nachfolge von einem Vater zu seinem Sohn. Sowohl der Vater als

Die Quelle besitzt eine Verbindung zum Unternehmen, die weit über die rein operative Ebene hinausgeht.

Der Gründer geht das Risiko ein, indem er die Idee zur Umsetzung ausspricht.

auch der Sohn waren der Überzeugung, dass der Übergabeprozess bereits geschehen sei. Im Nachhinein jedoch hat der Vater immer interveniert. Der operative CEO und die etwa 150 Mitarbeiter der Firma waren durch die unklare Entscheidersituation sehr verunsichert.

MM: Wie hast Du die Aufgabe begonnen?

PK: Anfangs war der Gründer, der Vater, während meiner Präsentation sehr ruhig. Er wurde im Verlauf immer interessierter und enthusiastischer. Dann konnte ich ihn kaum noch davon abhalten, jedes zweite meiner Worte zu ergänzen und bestätigend zu kommentieren. Er sagte, er habe immer um die Bedeutung und Rolle der Quelle gewusst. Er habe diese Prinzipien immer gelebt, aber er konnte diese Haltung nicht in Worte fassen und erklären. So wurde nun klar, dass die Übergabe noch nicht geschehen war.

MM: Wie ging es weiter, was war der nächste Schritt?

PK: Wir – Vater, Sohn, der CEO, der Coach der Firma und ich – haben geschaut, wo das Übergabeproblem zwischen Vater und Sohn lag. In diesem Falle lag es beim Sohn. Er war sehr ambitioniert und hatte tolle neue Ideen. Jedoch hat er zugegeben, wegen Angst, Fehler zu machen, und damit das 40-jährige Werk seines Vaters zu vernichten, große Hemmungen zu haben, die Firma zu übernehmen. Als der Sohn das erklärte, hörte der Vater ruhig zu und lächelte verständnisvoll – es war ein wunderbarer Moment. Kurz darauf habe ich vom Firmencoach gehört, dass Vater und Sohn gemeinsam weiter aktiv am Übergabeprozess arbeiteten. Sie haben während eines großen Belegschaftsfestes vor den Mitarbeitern den Stab in einem Ritual übergeben.

MM: Noch eine persönliche Frage: Du bist selbst die Quelle für viele Ideen. Wie lebst Du Deine Rolle?

PK: Ich genieße es, anderen Quellen in der Realisierung ihrer Projekte und Träume zu helfen. Ich kann sehr gut die Nummer eins, zwei, drei oder vier sein. Das macht dann sehr viel Freude und führt zu einer mühelosen und fruchtbaren Zusammenarbeit.

MM: Peter, ich danke Dir für das Gespräch!

Platz für Ihre Gedanken:
Nun sind Sie an der Reihe: Wer ist die Quelle in Ihrem Unternehmen?

_____

_____

_____

Wie können Sie andere Quellen – Ideengeber – in Ihrem Unternehmen unterstützen?

_____

_____

_____

1.1.3   Die Bedeutung von Geld im Unternehmen

Neben der Aufgabe der Quelle, den drei Rollen und den fünf Entwicklungsphasen im Unternehmen sind Geld und Risiko Themen, die für erfolgreiche Unternehmensführung eine zentrale Rolle spielen. Sie berühren unsere tiefsten Ängste in Bezug auf Existenz und Tod – und bergen das größte Potenzial für Leben. Die intensive Beschäftigung damit der Finanzabteilung – dem Finanzvorstand oder Bank, Steuerberater, Buchhaltung – alleine zu überlassen, verspielt Entwicklungschancen in allen Phasen.

Ob Profit-, Social-responsible- oder Non-Profit-Unternehmen: Der bewusste Umgang mit Geld spielt bei der erfolgreichen Umsetzung einer Idee immer eine ganz zentrale Rolle. Gerade weil der Unternehmer zu Beginn seine Vision, und nicht das Geld vor Augen hat, ist es wichtig, rechtzeitig zu reflektieren, was mit Geld passiert. Im Geld steckt die Kraft, tiefgreifende Veränderungen herbeizuführen. Das ist sehr viel mehr als Einnahmen, Überschüsse, Umsatz, Gewinn und andere bilanzrelevante Fakten. Die besondere psychische Verflechtung mit Geld beim Unternehmer und allen am Unternehmen Beteiligten – Mitarbeiter, Lieferanten, Banken und Kunden – zu erkennen, ist ein wesentlicher Bestandteil von Finanzcoaching in Unternehmen.

■ **Die Beziehung des Unternehmers zu Geld**

Es ist nicht ganz einfach und zunächst auch nicht einsichtig: Wir müssen uns von fast allen vertrauten und auch bislang noch unbewussten Überzeugungen zu Geld trennen. Dann erst können wir frei und umfassend über Geld entscheiden, oder andere gut dabei begleiten. Dieser Erkenntnisprozess ist für die meisten Unternehmer und deren Berater neu. Richtig angepackt ist er spannend, bringt er uns doch zu unserem eigentlichen Kern und Können zurück. Doch wer hat sich schon bei der Unternehmensgründung mit seiner persönlichen Beziehung zu Geld und Risiko ausführlich auseinandergesetzt?

Wer hat sich bei der Gründung mit seiner persönlichen Beziehung zu Geld und Risiko ausführlich auseinandergesetzt?

In den meisten Fällen kommt nach der Idee der Businessplan. Das Geld wird im Außen genau analysiert. Die Dynamik, die Geld in uns allen als Mensch und in den Systemen, in denen wir leben, auslöst, wird dabei für gewöhnlich übersehen.

Einige Chancen im Umgang mit Geld liegen schon in der Gründungsphase bereit.

Eine kurze Geschichte aus einem Coaching

Eine Managerin will ein Unternehmen gründen. Ihr Job ist nicht mehr erfüllend, das Unternehmen strukturiert um, ihre Bedürfnisse nach Freiheit bei der Arbeit wurden nicht mehr berücksichtigt. Sie hat eine Idee.

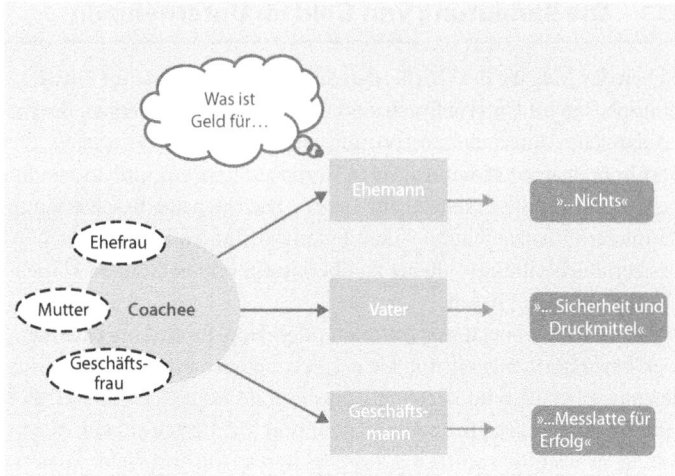

◨ **Abb. 1.6** Die Rolle von Geld in der Familie vor der Unternehmensgründung

> Normalerweise wäre Folgendes passiert: Sie erstellt einen Businessplan, sieht, dass sich ihre Idee, zumindest was die Zahlen angeht, umsetzen lässt, nimmt Geld in die Hand und startet das Unternehmen.
>
> Doch diese angehende Unternehmerin hatte Fragen zu Geld: Ihre Abfindung sollte ihr bei der Gründung als Startkapital dienen. Ihr Mann, dem das Geld laut Ehevertrag zu gleichen Teilen gehören würde, protestierte. Er fürchtete, dass sie als Unternehmerin nicht mehr wie bisher genug Zeit (Ressource) für die Familie haben würde. Vor allem hatte er Angst, dass sie sich nicht mehr so viel wie bisher um das gemeinsame kleine Kind kümmern könnte. Jetzt wird das Geld zum Druckmittel. Sie denkt schon darüber nach, sich das Geld von einer anderen Quelle zu holen. In dieser Situation kommt sie zu mir ins Coaching.

Welche Rolle spielt das Geld, genauer gesagt die Abfindung, wenn es für das zu gründende Unternehmen eingesetzt wird? Wie können die Eheleute die Situation meistern? Wie könnte die Kommunikation aussehen?

In einer Aufstellung der Rollen und einem imaginierten Rollenspiel wird die Konstellation deutlich (◨ Abb. 1.6). Im Coaching erkennt die Klientin, dass sie bei den nächsten Gesprächen darauf achten kann, welchen Teil sie in ihrem Mann anspricht. Wenn sie über die Verwendung der Abfindung für das Unternehmen spricht, ist der zuständige Gegenpart der Ehemann. Das Geld kommt aus der Abfindung, wandelt sich dann laut Ehevertrag in gemeinsames Vermögen, über das die beiden Eheleute gemeinsam entscheiden. Spricht sie stattdessen ihren Mann als Vater ihres Kindes an, so kann dieser nicht direkt über das Geld mit ihr entscheiden. Darüber hinaus liegt sein

Fokus auf einem ganz anderen Thema: Als Vater ist ihm Sicherheit für die Familie wichtig, und er verbindet diese Sicherheit mit dem Geld. Wenn sie über ihre Idee spricht, wenn ihr Mann in der Vaterrolle ist, steigt in ihm sofort Angst auf, die er dann wiederum in Druck auf sie umwandelt. Als Folge zieht sie sich verärgert und enttäuscht zurück.

Doch es gibt noch mehr Rollen: Ihr Mann hatte selbst vor einigen Jahren ein kleines Unternehmen gegründet. Dieser Anteil des Geschäftsmannes kann ein guter Sparringspartner für die Fragen der Unternehmensgründung und die Verwendung des Geldes in der Firma sein. Doch dazu müssen erst die Eheleute entschieden haben, dass das Geld dem Unternehmen zur Verfügung gestellt wird. Spricht sie zu früh mit dem Geschäftsmann über Zahlen, steht das Geld schon unter Erfolgsdruck, bevor es überhaupt da ist.

Die Klientin gewinnt im Coaching Klarheit für die Lösung der anstehenden Entscheidung, und kann durch ihren bewussten Umgang verhindern, dass Geld zum Druckmittel in der Familie wird. Sie erkennt sogar, dass es für alle gut ist, wenn ihr Mann in der Rolle als Vater ihr in Zukunft Druck macht, wenn sie in der Planungsphase des Unternehmens oder auch später die Bedürfnisse der Familie übersieht. Wer schon einmal gegründet hat, weiß, dass diese Situation kommen wird. Meine Klientin und ihr Mann werden dann – von Mutter zu Vater – über die Bedürfnisse der Familie sprechen können statt über Geld.

Ihr Kommentar am Ende der Sitzung: »Jetzt spüre ich Leichtigkeit, Orientierung und Klarheit«.

In diesem Beispiel ergaben sich allein schon durch das klare Herausarbeiten der verschiedenen Gesprächs- und Entscheidungsebenen erste Lösungsansätze. Spannend wird es, wenn in einem nächsten Schritt das, was beide Ehepartner mit Geld verbinden (Nichts, Druck, Sicherheit, Maßstab für Erfolg, …), genauer hinterfragt wird. Dann lassen sich bestimmt noch weitere hinderliche Überzeugungen auflösen.

Diese Herangehensweise empfehle ich allen Menschen, die auf dem Weg sind, ein Unternehmen zu gründen. Ob der Start alleine geplant wird oder mit anderen zusammen, eine frühzeitige Analyse der Überzeugungen zu Geld aller Beteiligten kann dazu beitragen, dass weniger Unternehmer schon in den ersten Jahren scheitern. Und Krisen in späteren Jahren können leichter überwunden werden.

Sind Geld und Risiko also nur Themen in der Gründungsphase oder Themen ohne Ende?

Wie geht es bei Gründern weiter? Nach der ersten Euphorie vergeht beim Unternehmer kein Tag, an dem er nicht an Geld denkt. Kein Wunder, noch nie zuvor musste er tagtäglich so viele Entscheidungen zu Geld treffen. Denn dort, wo Geld schon früher ein Thema war, wurde im Wesentlichen für ihn oder für sie entschieden. In der Familie waren es die Eltern, in der Firma war es der Chef, in der Gesellschaft waren es die Politiker. Anfangs sind die Entscheidungen über Geld im Unternehmen noch einfach, und die Erfahrungen der

In komplizierten Situationen sind Unternehmer mit ihren Entscheidungen oft allein.

Berater – ob bei der Bank oder im Gründerworkshop – können helfen. Doch wenn es so richtig spannend und kompliziert wird, ist der
Unternehmer mit den Entscheidungen oft allein.

Ein typisches Beispiel: Ein Unternehmer startet sein Unternehmen mit einer Idee. Im Laufe der Entwicklung wächst das Unternehmen, die Mitarbeiterzahl und die Ausgaben steigen. Jetzt verhandelt
er mit einem neuen Kunden und spürt dabei ein Unwohlsein. Der
Kunde verlangt von ihm Produkte oder Dienstleistungen, die das
Unternehmen eigentlich gar nicht erbringen kann. Er will das Geschäft nicht annehmen, er riecht Gefahr. Sein Verstand sagt ihm aber,
dass er den neuen Mitarbeiter vielleicht nicht halten kann, wenn er
das Geschäft verliert. Was tut er?

Platz für Ihre Gedanken:
Wenn Sie diese Situation noch nicht erlebt haben – was würden Sie
tun? Wenn Sie schon einmal in dieser Situation waren – erinnern
Sie sich an damals. Welche Gedanken und Gefühle kamen auf? Wie
haben Sie den inneren Dialog gemeistert? Welche Lösung haben Sie
gefunden? Welche Rolle spielte Geld für Sie in der Situation?

_____

_____

_____

Ich weiß nicht, wie Sie sich entschieden haben. Doch viele Unternehmer, die zu mir ins Coaching kamen, haben den Geldweg gewählt: Sie
haben in einer vergleichbaren Situation den Auftrag angenommen,
obwohl es eine Stimme gab, die einen anderen Weg einschlagen wollte. Ob der Auftrag erfolgreich abgearbeitet wurde oder nicht, der weitere Weg ist vorgezeichnet: Ab diesem Moment hat Geld die Führung
übernommen. Wir übertragen dem Geld – im Unternehmen und im
Privatleben – viele Aufgaben. Was dann passiert, das lesen Sie im
weiteren Verlauf und in den Fallbeispielen in ▶ Kap. 4.

Vor diese Art von Fragen wird jeder Unternehmer irgendwann
einmal gestellt. Es ist fast wie eine Prüfung. Doch selbst wenn man sie
besteht und auf dem Lebensweg bleibt, weiß man nicht genau, warum
man so und nicht anders entschieden hat. Ohne das Bewusstsein zu
Geld bleibt die Gefahr, irgendwann doch in die Falle zu tappen.

1.2   Finanzentscheidungen und Psychologie

Ein junger Zweig der Psychologie, der sich mit Fragen zu Finanzentscheidungen beschäftigt, ist die Finanzpsychologie. In meiner Arbeit
nutze ich die angewandte Finanzpsychologie mit ihrem Reservoir an
Wissen, Modellen und Prozessen über den Umgang mit Entscheidungen über Geld und geldnahe Äquivalente. Psychologie ist eine
Wissenschaft, die das gesamte Denken, Fühlen und Verhalten von
uns Menschen mit verschiedenen Forschungsmethoden (Empirie,

Feldforschung, Fallanschauung und Denken) untersucht. Sie ist auch eine ganz besonders integrationsfreudige Wissenschaft, die mit vielen anderen Disziplinen, wie z. B. Ökonomie, Soziologie, Philosophie, Biologie, Statistik und Medizin, in regem Austausch steht. Deshalb habe ich auch viel von Menschen gelernt, die zwar der Psychologie nahe stehen, aber nie ein Psychologiestudium absolviert haben. Erst die Mischung macht es!

Die Erkenntnisse der Psychologie sind von Vorteil, um sich selbst, seine Kunden und die Menschen, mit denen man zusammen lebt und/oder arbeitet, besser zu verstehen, ihr Verhalten zu antizipieren und Lösungen für Anpassung oder Veränderung zu finden. Mit Hilfe von psychologischen Erkenntnissen können Entscheidungen über Geld und Risiko bewusster und zielführender getroffen werden.

Drei Themencluster und Fragen möchte ich aus der Arbeit mit meinen Klienten hervorheben. Sie werden immer wieder als besondere Herausforderung beim Treffen von Finanzentscheidungen beobachtet und genannt:

> Mit psychologischen Erkenntnissen können Entscheidungen über Geld und Risiko bewusster und zielführender getroffen werden.

Fragen, die meine Kunden bewegen:

- Was ist das richtige *Risiko* für mich, mein Unternehmen, meine Familie? Anders ausgedrückt: Wie kann ich den Konflikt lösen, der zwischen dem Wunsch nach Sicherheit und Stabilität (*sicheres Bewahren* von Geld) und dem Wunsch nach Wachstum, Unabhängigkeit und Freiheit (möglichst *großer Zugewinn* von Geld) entsteht?
  »Vorsicht ist die Einstellung, die das Leben sicherer macht, aber selten glücklicher.« (Samuel Johnson)
- Wie kann ich *Gefühle* und *Einstellungen* überwinden (z. B. Gier und Angst, Hoffnung, Neid, Selbstüberschätzung), die der geforderten bzw. gewünschten rationalen (= vermeintlich besseren) Entscheidung im Wege stehen?
  »Durch die Leidenschaft lebt der Mensch, durch die Vernunft existiert er bloß.« (Nicolas Chamfort)
- Wie kann ich die vielfältigen *Kommunikations-, Bewertungs- und Beziehungsprobleme* beim Austausch von *Geld* lösen (Wie motiviert Geld? Wie viel ist meine Leistung wert? Wofür zahlt der Kunde? Welches Gehalt ist gerecht? Wie beeinflusst Geld Beziehungen? Wie kann das Geld bei Entscheidungen in den Hintergrund treten? …).
  »Reich wird man erst durch Dinge, die man nicht begehrt.« (Gandhi)

1.2.1 Wie Geld unsere Entscheidungen beeinflusst

Die wichtigste Frage zu Geld heißt: Was ist Geld? Die erste Antwort der meisten Menschen lautet: Geld ist ein Tauschmittel. Damit beschreiben sie, was ihnen beigebracht wurde. Sie meinen damit auch, Geld sei etwas ganz Sachliches. Diese Aussage ist verständlich, aber

> Was ist Geld?

in verschiedener Hinsicht irreführend. Genau genommen muss man sagen: Geld ist kein Tauschmittel, sondern »ein Hinweis darauf, dass ein Tausch noch nicht ganz abgeschlossen ist« (Argentarius, 2011, S. 34). Mit anderen Worten, Geld ist eine Art Wertaufbewahrung für einen vereinbarten Anspruch auf einen bestimmten Güterwert. Der Anspruch selbst gilt ab dem Moment, wo wir das Geld erhalten. Die Höhe des Güterwerts, die diesem Anspruch entspricht, verändert sich dagegen vom ersten Moment an. Eine psychische Herausforderung ist dem Geld immanent: Bis wir den Tausch abschließen, müssen wir die Wertschwankungen aushalten. Doch wie wir das schaffen können, bringt uns niemand bei – weder in Schule und Beruf noch in den meisten Familien.

▪   **Geld ist ein Tabu**

Wir müssten viel intensiver über Geld reden.

Eines ist offensichtlich: Wir müssten viel intensiver über Geld reden. Doch geht das so leicht? Ein Kollege sagte einmal: »Wenn Geld in den Raum kommt, dann werden die Menschen so komisch.« Das kann jeder testen, indem er bei einer Feier dem Tischnachbarn die Frage stellt: »Was verdienst du eigentlich?« Hätte Geld die psychische Qualität unserer Augenfarbe, wäre es also tatsächlich etwas Sachliches, würde der Tischnachbar antworten »xxxx €«, und alles wäre in Ordnung. Doch die Frage berührt anscheinend etwas sehr Persönliches und Intimes. Das spüren auch schon Jugendliche. Bei der Planung der ersten Jugendfiliale der VR Bank 2006 in Mannheim wünschten sich Jungen und Mädchen getrennte Beratungsräume (Seitz, 2006).

Bei Vorträgen mache ich manchmal die Probe aufs Exempel – und erlebe immer die gleiche Reaktion auf die Frage nach dem Verdienst: Schweigen; und die Spannung im Raum steigt. Jeder fragt sich, ob ich die Teilnehmer jetzt wohl tatsächlich dazu auffordere, diese Information über sich preiszugeben. Ich tue es, z. B. in meinen Seminaren in geschützter Atmosphäre, aber nie ohne Ankündigung und Vorbereitung.

Geld wird zu einem Spiegel unserer Persönlichkeit.

Geld ist einerseits psychoaktiv wirksam, so wie z. B. Chefs in ihren Mitarbeitern Emotionen auslösen. Geld ist andererseits mehr – es ist noch immer ein Tabu: Niemand hat uns ausdrücklich verboten, darüber zu sprechen, dennoch tun wir es nicht, weil »man es nicht tut«. Wir kommunizieren nicht offen über Geld, und wenn, dann führt es nicht zu den gewünschten Reaktionen. Denn ohne dass wir es merken, hat das Geld im Laufe unseres Lebens Sehnsüchte, Konflikte und andere intime Aspekte unserer Persönlichkeit an sich gebunden. Und das reichlich. So wird das Geld mit der Zeit zu einem Spiegel unserer Persönlichkeit. Besonders die Dinge, die wir vermeiden zu sein, die wir vermissen oder ersehnen, werden auf eigenartige Weise an das Geld gebunden.

Wenn man aber das Tabu bricht und den Vorhang öffnet, sieht man, dass einige Menschen z. B. ihren Selbstwert an Geld gebunden haben: »Wenn der Meyer so viel verdient, dann muss ich das auch.« Tatsächlich ist das Ansehen in der Gesellschaft unbewusst noch immer an ein hohes Einkommen oder Vermögen gebunden. Auch Topführungskräfte in Deutschland sind durch die Veröffentlichung der Gehälter in der sozialen Vergleichsfalle gelandet. Wenn Kollege XY im Vorstand bei ABC mehr bekommt als ich, dann muss ich meinen Aufsichtsrat davon überzeugen, dass das auch bei mir so sein kann. Doch selbst wenn der Betrag auf dem Konto steigt, der Selbstwert bleibt verletzt, die Wunde heilt nicht, die Gier bleibt.

Geld spielt bei fast jeder Entscheidung, die wir beruflich oder privat treffen, eine Rolle. Geben wir damit dem Geld einen Stellenwert, den es in Unternehmen und in unserem Privatleben gar nicht haben sollte? Die Frage lautet vielmehr, ob Geld in unserer Kultur und unserer Geldwirtschaft diesen Stellenwert nicht schon längst hat! Können wir heute tatsächlich sagen: »Geld ist mir nicht so wichtig?« Sagen können wir das, aber macht uns diese Aussage tatsächlich schon gelassen? Und wie gehen wir mit Menschen um, denen es anders geht, mit Familienmitgliedern, Mitarbeitern, Kollegen, Geschäftspartnern und Kunden?

Viele Unternehmer sagen, wenn sie ein Unternehmen gründen und ihre Idee in die Welt setzen wollen, sei das Geld für sie nicht der Antrieb. Das stimmt in dieser Phase auch für die meisten. Sie werden aber im Laufe ihres Unternehmerdaseins vor so viele wichtige Entscheidungen mit Geld gestellt, dass sie nicht umhin kommen, sich immer wieder mit dem Thema Geld intensiv auseinander zu setzen. Das geht bis zur Frage der Nachfolge und den Überlegungen, wie sie ihr Leben nach der Übergabe als »Finanzunternehmer« gestalten wollen. Wenn wir die persönliche Auseinandersetzung mit Geld suchen, dann gewinnen wir ein Handwerkszeug, das wichtige Entscheidungen verbessern kann. Ganz besonders gilt das für den Gründer eines Unternehmens – ein Leben lang.

> **Wenn wir die persönliche Auseinandersetzung mit Geld suchen, dann gewinnen wir ein Handwerkszeug, das wichtige Entscheidungen verbessern kann.**

Platz für Ihre Gedanken:
Wie denken Sie über Entscheidungen zu Geld? (Meine kognitiv-emotionale Landkarte zu Entscheidungen über Geld)
Was fällt mir zuerst bei »Entscheidungen über Geld« ein?

_____

_____

_____

Welche Entscheidungen zu Geld liegen mir und warum?

_____

_____

_____

Welche Entscheidungen zu Geld liegen gerade vor mir?

_____

_____

_____

Welche Entscheidungen zu Geld scheue ich und warum?

_____

_____

_____

Mit wem bespreche ich meine Finanzentscheidungen?

_____

_____

_____

Was sagt diese Person über mich und Geld?

_____

_____

_____

Was war die größte Summe Geld, die ich in meinem Leben verloren habe?

_____

Was erinnert mich heute noch an diese Situation?

_____

_____

_____

Was war die größte Summe Geld, die ich in meinem Leben verdient oder gewonnen habe?

_____

Was verbinde ich mit diesem Betrag?

_____

_____

_____

Sie können jede Frage einzeln beantworten oder auch eine kleine, zusammenhängende Geschichte schreiben. In ▶ Kap. 5 haben Sie noch einmal die Gelegenheit, alle Fragen kompakt auf einen Blick zu lesen.

1.2.2   Risiko bei Finanzentscheidungen

Was Risiko ist, lässt sich auf mehrere hundert Arten definieren.

No risk, no fun? No risk, no success! – Für einen Unternehmer ist es selbstverständlich, Risiko einzugehen. Doch was ist Risiko eigentlich? Ähnlich wie beim Thema Geld sprechen wir alle davon. Doch meinen wir auch das Gleiche? Mitnichten. Wie die semantische Analyse des Risikobegriffs von Jonen (2007) zeigt, haben allein die verschiedenen wissenschaftlichen Disziplinen (BWL, Soziologie, Psychologie, Jura, …) mehrere hundert Definitionen von Risiko aufgestellt.

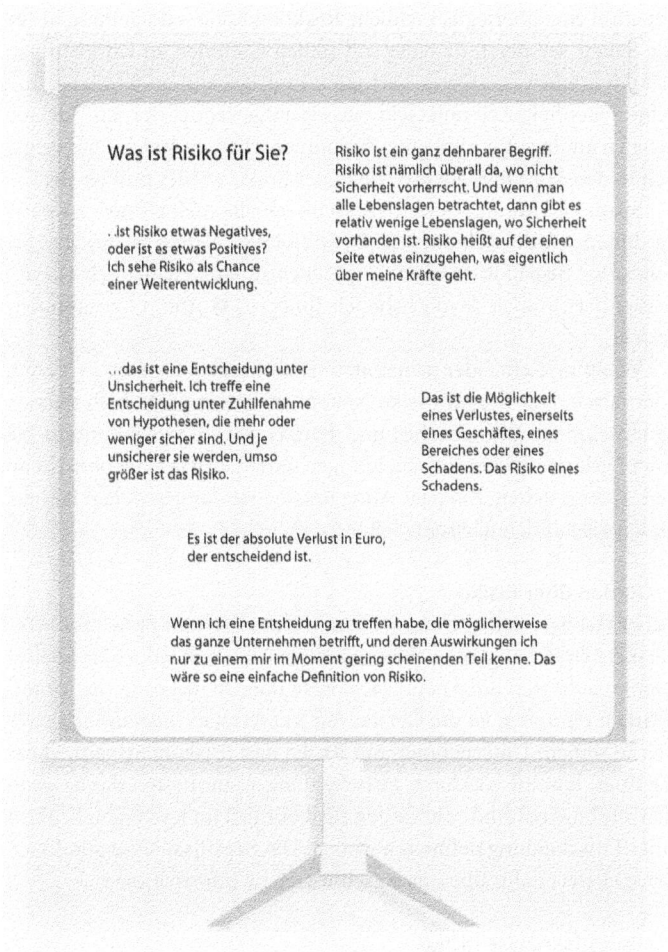

Abb. 1.7 Frage: »Was ist Risiko?« – Auswahl von Antworten meiner Interviewpartner

Das Dilemma, das sich daraus ergibt, begegnete mir schon früh in meiner Arbeit als Finanzpsychologin. Während ich Finanzberater im Führen von Beratungsgesprächen mit Firmen- und Privatkunden trainierte, konnte man beobachten, wie bei den Rollenspielen zum Thema Risiko quasi in verschiedenen Sprachen kommuniziert wurde. Die Konsequenz war, dass Kunde und Berater zwar über Risiko gesprochen haben, jedoch unbemerkt völlig verschiedene Konzepte benutzt und dadurch immer wieder Schlüsse aus dem Gespräch gezogen haben, die miteinander nicht zu vereinbaren waren. Das Missverständnis wurde aber erst offensichtlich, wenn das Risiko eingetreten war.

Wenn Menschen vom Risiko überrascht werden, reagieren sie automatisch emotional und selten sachlich. Dabei ist gerade in dieser

Situation eine überlegte, sachliche Reaktion nötig – doch diese ist für alle Seiten versperrt, da jeder mit seinen Gefühlen zu kämpfen hat. Schuldvorwürfe, gestörtes Vertrauen und Beziehungsabbrüche sind keine Seltenheit. Zeit und Geld müssen aufgewendet werden, um eine neue Grundlage für eine gute Zusammenarbeit zu legen. Dies zeigte sich in den Trainings ebenso wie in der Praxis wieder und wieder.

Spannend könnte es werden, wenn ich alle meine Interviewpartner bitten würde, sich auf eine Definition von Risiko zu einigen. Sie haben den Begriff in unseren Gesprächen auf unterschiedlichste Weise definiert. Einige davon habe ich Ihnen in ❏ Abb. 1.7 zusammengestellt.

Der Begriff Risiko ist kontextabhängig.

Wichtig: Keine der genannten Definitionen ist per se richtig oder falsch. Der Begriff Risiko ist kontextabhängig. Deshalb müssen Unternehmen, ihre Coaches und Berater die Begriffsdefinition bei einer Diskussion über Entscheidungen unter Unsicherheit bewusst an den Anfang stellen. Ein paar Anregungen, wie das geschehen könnte, finden Sie auf den nächsten Seiten.

▪ Reden über Risiko

Sicher etabliert sich in Unternehmen mit der Zeit eine Sprache, die für die meisten Beteiligten auch verständlich ist. Wenn jedoch neue Situationen auftreten oder neue Fachkräfte oder Manager in das Unternehmen eintreten, ist die Gefahr von Missverständnissen hoch. Wer sich in seinem Unternehmen mit Risiko und Risikomanagement beschäftigt, kommt zu klaren Entscheidungen am besten dann, wenn sich alle bewusst sind, wie sie den Risikobegriff im jeweiligen Kontext einer Entscheidung definieren wollen. Die Begriffsanalyse von Jonen (2007) liefert dafür überaus aufschlussreiche Informationen.

▪ Begriffsanalyse Risiko

Beeinflussbarkeit und Bewertung – zwei Varianten der Definition von Risiko

Schon der Ursprung des Wortes Risiko lässt zwei sehr unterschiedliche Deutungen zu. Das vulgärlateinische risicare bedeutet »etwas wagen« oder »die Gefahr umschiffen« (Brockhaus Wahrig, Deutsches Wörterbuch, 2011). In diesem Begriff schwingt also mit, dass man das Geschehen beeinflussen kann. Das griechische Wort riza, und das ägyptische Wort »rizq« sind ebenfalls eine mögliche Wurzel von Risiko, und bedeuten »Schicksal« oder »Lebensunterhalt von Gott« – mithin hat der Mensch hier keine Einflussmöglichkeit. Im Wesentlichen unterscheiden sich diese beiden Herleitungen also in der Beeinflussbarkeit.

Eine weitere Möglichkeit: Die Bewertung von Risiko kann einseitig oder zweiseitig erfolgen. Dies hat sich auch im Gebrauch des Wortes Risiko niedergeschlagen: Die Kaufmannssprache des 15. Jahrhunderts verstand Risiko als »pekuniäres Wagnis« und somit als Schaden. Im 16. und 17. Jahrhundert nutzte man den Begriff »spekulatives Risiko« z. B. im Zusammenhang mit Wahrscheinlichkeitsberechnungen. Risiko konnte hier zu Gewinn wie zu Verlust führen.

Je nach dem, in welcher Kultur, Gesellschaft, Religion oder Familie ein Mensch aufgewachsen ist, hat er oder sie intuitiv ein vollkommen anderes Verständnis von Risiko. Extreme Lebenssituationen, wie der Verlust des Arbeitsplatzes, drohende Insolvenz, aber auch Heirat, Geburt der Kinder oder Scheidung verändern bei vielen, jedoch nicht bei allen Menschen (!) das Verständnis von Risiko. Auch im Unternehmen bringt jeder eine komplett andere Perspektive mit.

Eine weitere Konsequenz der unzähligen Konzepte: Risiko kann nicht in einer einheitlichen Maßeinheit (wie kg, km/h etc.) angegeben werden. Die definitorischen Bestandteile des Begriffs Risiko ergeben sich somit entweder aus der praktischen Anwendung (Welches Problem möchte ich lösen?) oder vor einem wissenschaftlichen Hintergrund. Aber auch die Forschung baut auf unterschiedlichen Konzepten auf. Besonders Gesprächspartner aus unterschiedlichen wissenschaftlichen Bereichen, wie Wirtschaft, Recht, Medizin, Ingenieurwissenschaften, Soziologe, Psychologe …, werden unweigerlich aneinander vorbei denken und reden, da es von Natur aus erst einmal keine gemeinsame Definition auf wesentliche Bestandteile des Begriffs ergibt.

Fazit: Keine Definition von Risiko ist wahr und richtig. Die beteiligten Parteien müssen sich stets zunächst über den Begriff verständigen, bevor sie gemeinsam Entscheidungen treffen können.

Keine Definition von Risiko ist wahr und richtig.

- **Unternehmen und Risiko gehören zusammen**
Seit 2004 sieht das Unternehmensrecht (Bilanzrecht) in Deutschland eine Berücksichtigung von Chancen und Risiken vor. Zuvor war der rechtliche Fokus alleine auf die Gefahren bzw. Risiken gelenkt. Nun sind Unternehmen gezwungen, ihre Risikokultur weiterzuentwickeln und entsprechend auch die Kompetenz ihrer Mitarbeiter im Umgang mit Risiken zu fördern.

》 Die ausschließliche Betrachtung der Gefahren in der Berichterstattung ist mit dem Bilanzrechtsreformgesetz [BilReG] vom 9.12.2004 aufgehoben worden. Dieses Gesetz verlangt eine Beurteilung und Erläuterung der wesentlichen Chancen und Risiken. Damit wird durch das BilReG die durch das KonTraG eingeführte Risikofokussierung im Unternehmensführungsprozess durch eine chancenspezifische Komponente ergänzt. (Jonen, 2007, S. 14) 《

Es ist für jedes Unternehmen essenziell, den Begriff von Risiko zu reflektieren – und zwar in allen Phasen der Unternehmensentwicklung, bei allen Finanzentscheidungen und vor allem auch bei der Übernahme eines anderen Unternehmens.

Aufgrund der zahllosen Definitionen von Risiko empfiehlt es sich, bei einer Entscheidung sowohl die unterschiedlichen Definitionen als auch die unterschiedliche Risikobereitschaft der an der Entscheidung beteiligten Menschen zu berücksichtigen.

Ein verständlicher, transparenter Dialog über Risiko kann zumindest die Ängste, die aus der Sprachverwirrung und dem daraus entstehenden Verlust an Vertrauen resultieren, auf ein angemessenes Maß reduzieren. Die Verständigung über den Begriff Risiko bietet allen Mitarbeitern eine große Chance für berufliche und private Entscheidungskompetenz. Mitarbeiter aller Gehaltsgruppen, ob risikoscheu oder risikofreudig, können von der Information und der transparenten Vorgehensweise profitieren.

Individuelle Risikobereitschaft lässt sich nicht diskutieren.

Ziel könnte sein, Risiko realistischer wahrzunehmen und Entscheidungen dadurch rationaler aufzubauen. Individuelle Risikobereitschaft lässt sich nicht diskutieren, aber man muss sie erkennen und anerkennen.

■   **Unternehmenskultur – Risikokultur – Gehaltssysteme**

Ein zentraler Bestandteil der Unternehmenskultur ist die Risikokultur, als deren Bestandteile man das Wissen um die Risikobereitschaft, das Risikobewusstsein und die Risikokompetenz beschreiben kann. Unternehmen mit einer starken Kultur und damit auch einer starken, transparenten Risikokultur entscheiden schneller und besser (Ware, 2010). Eine starke Kultur wird von allen – nicht nur den Führungskräften – verstanden und gelebt. Im Hinblick auf Risiko bedeutet dies natürlich nicht, dass alle die gleiche Risikobereitschaft haben, sondern, dass alle um die Auswirkung der finanziellen Risikobereitschaft auf Entscheidungen wissen.

Organisationskultur ist »ein Muster gemeinsamer Grundprämissen, (…) das sich bewährt hat und somit als bindend gilt; und das daher an neue Mitglieder als rational und emotional korrekter Ansatz für den Umgang mit Problemen weitergegeben wird« (nach Schein; Wikipedia, Stichwort: Organisationskultur).

Haben bei einer Fusion das übernehmende und das zu übernehmende Unternehmen völlig unterschiedliche Risikokulturen, kommt es nur dann zwingend zu Potenzialverlust, wenn die Kultur in beiden Unternehmen wenig transparent ist. Eine Folge: Mitarbeiter des risikoscheueren Unternehmens nehmen schnell die höheren Einkommen, aber nicht die damit meist verbundene Forderung nach einer wesentlich höheren Risikofreude wahr. Sie stellen sich demnach auf diese mit der Erhöhung des Gehalts einhergehenden Veränderungen nur schwer ein. Umgekehrt kann das übernehmende Unternehmen auf die Idee kommen, dass mehr Einkommen auch gleichzeitig die Bereitschaft zu mehr Risikofreude mit sich bringt. Das trifft zwar mit großer Wahrscheinlichkeit zu, aber wenn, dann nur relativ. Ein risikoscheuer Mensch wird zwar etwas weniger risikoscheu, aber er wird nicht sofort risikofreudig.

Während mit kontinuierlich steigendem Gehalt auch die Risikobereitschaft (mit einer gewissen Wahrscheinlichkeit) leicht kontinuierlich steigt (Davey & Resnik, 2009), ändert sich die Risikobereitschaft bei einem Gehaltssprung keineswegs ebenso abrupt.

- **Risiko und Unternehmensentwicklung**

Das Leben eines Unternehmens beginnt mit Risiken, und Risiko steht mit schöner Regelmäßigkeit bei jedem neuen Entwicklungsschritt eines Unternehmens wieder im Zentrum. Andererseits gehört auch ein gewisses Maß an Sicherheit und Stabilität zur gesunden Unternehmensentwicklung. Das sind zwei Seiten einer Medaille, die einander wie im chinesischen Bild Yin und Yang ergänzen. Wer versucht, eine Seite auszuklammern, gerät in Gefahr, genau an dieser Stelle einen blinden Fleck zu entwickeln. Dies kann beim Einzelnen wie auch in der Unternehmenskultur der Fall sein. Kritische Reflexion kann uns bei der Navigation helfen.

> **Risiko und Sicherheit sind immer gleichzeitig da.**

In ▸ Abschn. 1.1.2 habe ich Ihnen das Modell der fünf Entwicklungsphasen eines Unternehmens vorgestellt. Wie lassen sich diese Phasen mit dem Thema Risiko verbinden?

1. Idee: In der Idee steckt das erste unternehmerische Risiko. Wird meine Idee gehört, angenommen? Tritt das Risiko ein, sprich wird die Idee abgelehnt, braucht der Unternehmer viel Mut und Fingerspitzengefühl für die Entscheidung: weitermachen oder begraben.

2. Gründung: Vom sicheren Hafen geht es für den Unternehmer meist ins volle Risiko. Er muss das richtige Maß finden. Die Persönlichkeit des Gründers ist oft risikofreudig. Dadurch läuft er Gefahr, Risiken zu spät oder zu gering wahrzunehmen.

3. Wachstum: Ist Wachstum immer sicher? Oder kann es durch zu viel Wachstum riskant werden? Gründungen, deren Manager und Fachkräfteanzahl sehr schnell ansteigen, sind besonders gefährdet.

4. Stabilität: Das größte Risiko ist die Ungeduld. Man möchte immer weiter wachsen. Dabei ist es entscheidend, auf der Plateauphase Geduld zu bewahren, aufmerksam kleine Veränderungen zu beobachten, die erreichten Umsätze, Kunden und Mitarbeiter zu halten und kontinuierlich auf diesem Niveau weiterzumachen. Das trennt über kurz oder lang die Spreu vom Weizen und entscheidet über nachhaltigen Erfolg und Misserfolg.

5. Wandlung: Das Risiko ist der Zeitpunkt. Wann muss ich loslassen und z. B. Produkte auslaufen lassen oder gar die Firma übergeben? Ohne kritisches Feedback von außen ist dies oft unmöglich. Der Unternehmer steht vor einem schwierigen Paradox: Sein Leben lang ist er chancenorientiertes Risiko eingegangen, bei der Unternehmensübergabe muss er plötzlich den aus seiner Perspektive – einseitigen – Verlust wagen. Denn der potenzielle Gewinn steht für ihn diesmal auf einem ganz anderen Blatt.

Platz für Ihre Gedanken:

In welcher Phase der Entwicklung steht Ihr Unternehmen, Ihre Abteilung, Ihr Projekt oder das Ihrer Mandaten und Klienten?

_____

_____

_____

Welche Risiken werden von wem wahrgenommen, welche möglicherweise übersehen?

_____

_____

_____

In jeder Phase der Unternehmensentwicklung gibt es natürlich mehr
als die genannten Risiken. Doch wenn es gelingt, den wichtigsten
Risikofaktor rechtzeitig zu identifizieren und seine Energie darauf zu
verwenden, das Risiko zu begrenzen und zu managen, dann sind die
Chancen auf eine dauerhaft erfolgreiche Unternehmensführung größer.

- **Das Risiko von strategischen Entscheidungen bei Gründung**
Unternehmer treffen täglich Entscheidungen. Was im hektischen Alltag oft untergeht, ist eine Reflexion: Sind meine Entscheidungen von
guter Qualität? Wie gehe ich an diese Entscheidung heran? Habe ich
geeignetes Datenmaterial für meine Entscheidung? Wie gehe ich mit
dem Risiko um, das in der Entscheidungsfindung steckt? Welche tie-
fere Bedeutung hatte Geld bei meiner Entscheidung? Es lohnt sich,
diese Fragen einmal intensiver zu betrachten.

Wenn ich an meine Unternehmensgründung zurückdenke, waren
zwei strategische Entscheidungen, die ich – ohne das Ausmaß ihrer
Bedeutung zu kennen – getroffen habe, für mein späteres Navigieren
in unbekannten Situationen besonders wichtig:
- Realistische Anzahl von Stunden, die man bezahlt arbeitet, als
  Grundlage für das Festlegen der Honorarstruktur
- Höhe des anfänglichen Honorarrahmens

5 Tage à 4 Stunden – 3 Wochen im Monat – 10-mal im Jahr.

Die Gespräche über eine mögliche Honorarstruktur und die Entscheidung darüber fanden statt, noch lange bevor ich meine Firma
endgültig gegründet habe. Damals ging ich von einem einfachen
Businessmodel aus: Coaching auf Stundenbasis. Das Gespräch mit
einem Steuerberater eröffnete mir einen Blick auf die realistische Planung. Sein Vorschlag für die Grundannahmen der Berechnung der
tatsächlichen Stunden im Coaching war: 5 Tage à 4 Stunden – 3 Wochen im Monat – 10-mal im Jahr.

Meine Überraschung war groß: Ich sollte vier Stunden am Tag,
eine Woche im Monat und zwei Monate im Jahr frei haben? So wenig
arbeiten und so viel Urlaub, das konnte ich mir gar nicht vorstellen.
Meine Einschätzung war Ausdruck meiner damaligen Naivität – ich
war eben eine Angestellte, deren Gehalt bisher ganz ohne Akquise
und andere wichtige unternehmerische Tätigkeiten aufs Konto geflossen war. Im Alltag war später sehr schnell klar: Der Vorschlag
des Steuerberaters enthielt die dringend notwendigen Puffer, ohne
die mein Unternehmen rasend schnell aus dem Ruder gelaufen wäre.
Auch wenn ich das Geschäft nicht genau so wie damals angedacht umgesetzt habe, so habe ich doch die Eckpfeiler der Planung noch lange

im Hinterkopf. Jede weitere Überlegung konnte ich daran ausrichten. Die Puffer waren bei allen Lösungen integriert. Was für ein Glück!

Nachdem sich der genaue Unternehmenszweck »Finanzcoaching für Banken und andere Finanzdienstleister« herausgestellt hatte, betraf die zweite wichtige Entscheidung zu Geld die Höhe des anfänglichen Honorarrahmens. Das war eine Entscheidung unter Unsicherheit. Denn natürlich stellte sich die Frage: Wie sieht das Honorar aus? Werde ich dieses Honorar verhandeln können? Ich stelle mir damals nicht die Frage, wie viel ich wert sei und was meine Leistung kosten dürfe, sondern: Wie viel muss mein Kunde bereit sein zu zahlen, damit ich und meine Firma für ihn arbeiten können? Dadurch habe ich glücklicherweise frühzeitig eine Kopplung der Honorarhöhe an mein Selbstwertgefühl vermieden. Denn das schwankte, wie bei jedem der etwas Neues wagt, in den ersten Jahren stark.

> Wie viel muss mein Kunde bereit sein zu zahlen, damit ich und meine Firma für ihn arbeiten können?

Wie aber sollte ich eine geeignete Erfahrungsquelle finden? Ich hatte noch nie zuvor eine Bank als Kundin, und andere Finanzcoaches gab es nicht. Ich hatte Glück und traf einen Banker, der sich ungefähr zur gleichen Zeit mit seiner Firma am Markt als Berater etablierte. Er schien mir für meine Frage die geeignete Person. Ganz beiläufig stellte ich ihm die Frage nach seinem Tagessatz. Er antwortete mir: »mindestens 3000 €.« Ich ließ mir nichts anmerken – diese Aussage hatte mich in einem Bruchteil einer Sekunde in eine andere Welt katapultiert, in die Welt, in der ich mich ab jetzt bewegen wollte. Ich prüfte die Aussage und traf eine bewusste Entscheidung: Ja, gut, so soll es sein, in dem Rahmen kann ich mich auch bewegen.

Mein Bewusstsein zu Geld entwickelt sich immer weiter, und es kommen viele weitere Kriterien dazu, um mit meinen Kunden zu einem fairen und angemessenen Honorar zu kommen. Im Rückblick betrachtet war es für mich als Gründerin und absolut Branchenfremde sinnvoll, mich an dieser Benchmark zu orientieren. Schließlich kosteten die meisten Veranstaltungen im Bankbereich ein Vielfaches der mir bis dahin bekannten Preise. Mit dem neuen Wissen konnte ich im weiteren Verlauf der Unternehmensgründung rechtzeitig Mitarbeiter bezahlen, Veranstaltungen besuchen, auf denen ich meinen Kunden begegnen konnte, Krisen durchstehen; ich hatte genügend Zeitpuffer, um mein Konzept immer wieder weiterzuentwickeln, persönlich weiter zu lernen, neue Produkte für meine Kunden zu kreieren und Artikel und Bücher zu schreiben. Ohne diese wichtigen Maßnahmen beim Unternehmensaufbau wäre FCM heute nicht mehr am Markt – trotz Zertifizierung und kontinuierlicher Qualitätssicherung als Master Certified Coach und positivem Feedback meiner Klienten und Kunden.

Es war sinnvoll, das Risiko einzugehen, und es war nur möglich, weil ich auf Daten aus Erfahrungen von anderen Entscheidern zurückgreifen konnte. Ohne diese Information hätte ich unnötigerweise Entscheidungen unter Ungewissheit treffen müssen. Wahrscheinlich hätte ich irgendeine Zahl gewählt, die aus meinen eigenen Projektionen auf Geld entstanden wäre. Vermutlich hätte ich als Psychologin den Einstieg in die Welt meiner Kunden ohne dieses Vehikel

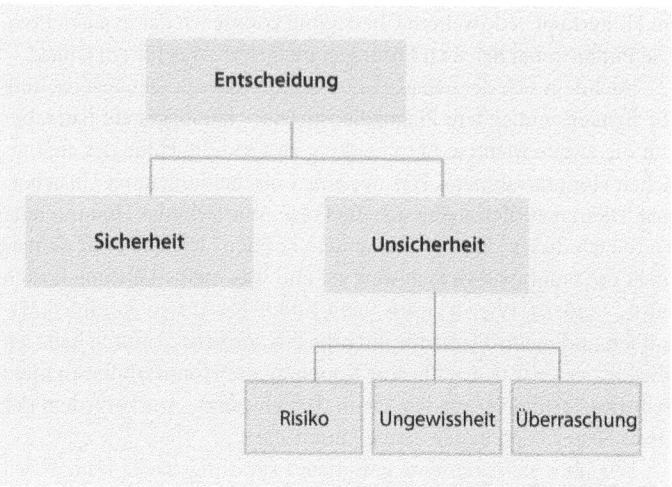

Abb. 1.8 Entscheidungen unter Sicherheit oder Unsicherheit

nicht geschafft. Denn das Denken in großen Zahlen gehört zu meinen Kunden wie bei einem Fußballer die Flanke, das Tor und das Abseits. Wären mir diese großen Zahlen fremd geblieben, wären es vielleicht auch die Kunden.

1.2.3   Entscheidungen unter Sicherheit oder Unsicherheit

Entscheidungen finden entweder unter Sicherheit oder Unsicherheit statt. Bei der Bedingung Unsicherheit kann man zwischen Risiko, Ungewissheit oder Überraschung unterscheiden (Abb. 1.8). Die Herangehensweise bei den Entscheidungsprozessen unterscheiden sich, und diese Unterschiede können, wenn sie bewusst berücksichtigt werden, zur Verbesserung der Qualität von Entscheidungen und Zufriedenheit mit Entscheidungen beitragen (Müller & Pirovino, 2016).

■ **Entscheidungen unter Sicherheit**
Entscheidungen unter *Sicherheit* sind z. B. Kaufentscheidungen, bei denen das, was wir anschließend bekommen, *voraussehbar* ist. Ein Auto, eine neue Maschine, eine neue Software. Ist die Ware nicht wie bestellt, habe ich *Rückgaberecht*. Das Produkt, das ich kaufe, existiert schon oder kann exakt nachgebaut werden. Die Informationen, die wir für diese Entscheidungen brauchen, sind gegenwarts- oder *vergangenheitsbezogen*. Für diese Entscheidungen haben wir Informationen, die exakt zu bestimmen oder zu berechnen sind. Das sind Entscheidungen, bei denen wir oft Zufriedenheit erzeugen können. Die Trefferquote ist nach neusten Untersuchungen (Dijksterhuis, 2010) dann besonders hoch, wenn wir bei komplexen Entscheidungen, bei denen viele Informationen gleichzeitig verarbeitet werden mussten, unsere Intuition einbezogen haben.

Ein Risiko gibt es auch hier: Wir könnten uns im Geschmack geirrt haben. Uns gefällt das Produkt oder ein Teil des Produkts (Farbe der Polster im neuen Auto) im Nachhinein nicht hundertprozentig. Unser psychischer Organismus bietet dafür einen Mechanismus, die sog. kognitive Dissonanzreduktion (Zimbardo & Gerrig, 2003, S. 433), die uns die gewählte Alternative in einem langsamen Gewöhnungsprozess näherbringt. Die Dissonanz baut sich durch selektive Wahrnehmung und Informationsverarbeitung langsam ab. Mit der Zeit empfinden wir das Ergebnis angenehmer oder passender als direkt nach dem Empfang der Ware. Der unangenehme Effekt verschwindet nach einer Weile oft komplett. Wir können den Entscheidungsprozess abschließen. Es fließt keine weitere Aufmerksamkeit in die Entscheidung.

Einfache Kaufentscheidungen unter Sicherheit können aber auch zu einer größeren Herausforderung werden, und zwar dann, wenn das nötige Geld dazu nicht da ist und Kredite geschöpft werden müssen. Zu der Entscheidung über die zu kaufenden Produkte kommen hier noch die Entscheidung über den Finanzierungsweg und das soziale Risiko: Wem – welchem Geldgeber – vertraue ich mich an? Bei dieser Entscheidung spielt die psychologische Rolle von Geld eine große Rolle. Die Antworten meiner Interviewpartner könnten auch hierzu nicht unterschiedlicher sein.

- ■ **1.2.12 Entscheidungen unter Unsicherheit**
Für Entscheidungen unter Unsicherheit gibt es drei Varianten – (Wikipedia, Stichwort: Entscheidungstheorie): Risiko, Ungewissheit oder Überraschung.

Unsicherheit als Risiko Mit Risiko ist hier eine Größe gemeint, die ich *berechnen* kann, weil es Erfahrungswissen gibt, das ich einbeziehen kann. Jedem Ereignis, das eintreten kann, wird eine *Wahrscheinlichkeit* zugewiesen. Ein Beispiel: Ich kenne Zahlen zu Unternehmensgründungen und weiß, dass nach fünf Jahren die Hälfte der Unternehmensgründungen gescheitert ist. Als Gründer will ich mich möglichst auf wenig Ungewissheit einlassen. Ich beschäftige mich also mit den Risikofaktoren, die aus den Erfahrungen mit anderen Unternehmen gewonnen wurden. Diese kann ich gewichten und kann versuchen, meine Energie auf den für mein Unternehmen wesentlichen Risikofaktor zu legen. Drei Faktoren benennt die Studie »Scheitern junger Unternehmen« vom Zentrum für Europäische Wirtschaftsforschung (Egeln et al., 2010):
1. Unterkapitalisierung
2. Fehlende oder unklare Strategie (z. B. Preismodell)
3. Streit im Team der Gründer.

In meinen Fall war Kapital bei der Unternehmensgründung vorhanden, weitere Gründer gab es nicht, also habe ich intuitiv, aber

»Risiko ist überall da, wo nicht Sicherheit vorherrscht. Und wenn man alle Lebenslagen betrachtet, dann gibt es relativ wenige Lebenslagen, wo Sicherheit vorhanden ist.« (P. Radermacher, Commerzbank Mainz, ▶ Kap. 2)

unbewusst meine volle Aufmerksamkeit darauf gerichtet, strategisch gute Entscheidungen zu treffen. Eine davon war die Entscheidung zum Honorar.

Unsicherheit als Ungewissheit Die *Eintrittsalternativen* sind bekannt, aber die Wahrscheinlichkeit, ob und wann sie eintreten, ist *unberechenbar*. Wenn es keine verlässlichen Daten zur Wahrscheinlichkeit gibt, kann man allen Alternativen eine gleiche Wahrscheinlichkeit einräumen und so auch hier eine Berechnung vornehmen. Dies dient dazu, von allzu hohen oder falschen Erwartungen im Hinblick auf die Trefferquote (z. B. bei diskretionären Tradingentscheidungen) zu einem realistischeren Maß zurückzukehren.

Unsicherheit als Überraschung Positive wie negative, bekannt geworden in den letzten Jahren als der schwarze Schwan (Wikipedia, Stichwort: Falsifikationismus). Die extremste Variante betrifft Ereignisse, die wir uns noch nicht einmal vorstellen können. Hier gibt es keinen Vorlauf, sondern nur *Entscheidungen in Echtzeit*. Damit im Alltag beim Eintreten einer Überraschung genügend Denk- und Handlungsspielraum übrig bleibt, ist das sorgfältige Umgehen mit Entscheidungen unter Sicherheit, Risiko und Ungewissheit besonders wichtig.

Gute Entscheidungen entstehen, wenn wenige einfache Regeln klar kommuniziert und eingehalten werden.

Mit diesen Überlegungen sind allzu komplizierte Entscheidungsmodelle und -prozesse überflüssig. Eine Dissertation (Hönekopp, 2000, S. 159) über Entscheidung unter Unsicherheit kommt zu dem Fazit: Nicht die Vielzahl von Variablen und Informationen führt zu einer guten Entscheidung, sondern einfache Regeln, die klar kommuniziert und vor allem eingehalten werden. Das unterscheidet Gewinner von Verlieren – am Aktienmarkt genauso wie im Unternehmen.

Die gute Nachricht für alle, denen das Wort Risiko bisher Gänsehaut bereitet hat: Risiko kann, wenn es berechnet wird, für den Unternehmer und den Mitarbeiter die günstigste der drei Varianten sein. Wenn ich das Risiko schätzen kann, kann ich es begrenzen. Vielfach beschäftigen sich Unternehmer, Manager und Fachkräfte nicht genug mit dem Risiko, dann wird daraus ein blinder Fleck. Aus Ungewissheit wird es sogar eine Überraschung und damit eine unnötige Gefahr. Davor sollten wir zu Recht Angst haben, und das können wir durch gute Prozesse vermeiden. Ich habe beobachtet, dass die meisten Menschen unter Risiko das verstehen, was eigentlich eine Überraschung ist. Diese fürchten sie, auch wenn es gar keine Überraschung sein müsste.

■ Risikokompetenz für den Alltag

Es gibt kein größeres Risiko als die Scheinsicherheit.

Leider ist nicht nur in Unternehmen, sondern auch in unserem Alltag das Denken in Wahrscheinlichkeiten noch wenig ausgeprägt. Auch in der Schule lernen wir nicht oder viel zu spät, mit Wahrscheinlichkeiten umzugehen. Dafür werden wir täglich mit Scheinsicherheiten (Bosbach, 2011) überhäuft: Man bietet uns sichere Anlagen, sagt, die Rente sei sicher. Dann werden wir aber genauso unsinnig mit dem

Gegenteil konfrontiert: Es heißt anderswo, die Rente reiche nicht. Erst wenn alle Bürger mehr Risikokompetenz besitzen, lassen sich manche Aussagen nicht mehr so einfach verkaufen. Das wird jedoch, auch unter optimistischen Annahmen betrachtet, noch eine oder zwei Generationen dauern.

Vielfach sind Intuition und Heuristiken bei komplexen Entscheidungen hilfreich. Unter Heuristiken versteht man einfache Entscheidungsregeln – so suchen wir uns bei einer Wahl intuitiv zwei wichtige Kriterien aus und bauen darauf unsere Entscheidung auf. Dennoch müssen wir gut unterscheiden können, wann einfache Wahrscheinlichkeitsrechnungen die besseren Informationen für Entscheidungen liefern. Untersuchungen von Gigerenzer (2007), dem führenden Verfechter von Heuristiken, haben in den letzten Jahren gezeigt, dass viele Menschen nicht in der Lage waren, gut mit Wahrscheinlichkeiten umzugehen. Das gilt auch für die, die in ihrem Fach hochgebildet sind, wie z. B. Mediziner, Rechtsanwälte und bedauerlicherweise auch Finanzexperten.

Wie sieht das bei Ihnen aus? Haben Sie für Ihre Entscheidungen im Unternehmen eine klare und allen verständliche Risikodefinition? Unterscheiden Sie zwischen Risiko, Unsicherheit und Ungewissheit? Wenn nicht, dann könnte es nützlich sein, bei einem nächsten Meeting im Vorstand, der Geschäftsleitung oder im Projektteam ein paar Fragen aufzuwerfen. Zum Beispiel: Was ist für uns Risiko? Oder: Wie treffen wir Entscheidungen? Schenken Sie dem Kommunikationsprozess mindestens so viel Beachtung wie den unendlichen Datenmengen, die Ihr Unternehmen mit so großem Aufwand generiert.

Für gute Entscheidungen gilt es, die Menschen und die Zahlen im Unternehmen zusammenzuführen. Das kann Spaß machen und es lohnt sich: Eine höhere Risikokompetenz bildet mit der Zeit nicht nur Wissen, sondern auch Weisheit im Umgang mit Risiko. Daraus entwickelt sich für alle ein Fundament für gute Entscheidungen.

Risikokompetenz als Basis für gute Unternehmensentscheidungen.

- **Die Personalauswahl – berechenbares Risiko oder Überraschung?**

Ein Beispiel für typische Entscheidungen unter Unsicherheit

In der Personalarbeit steckt ein hohes finanzielles, soziales und ethisches Risiko für Unternehmen und Bewerber. Wenn es gelingt, dies zu minimieren, kann das Unternehmen davon enorm profitieren. Personalsuche ist kostenintensiv, und es gibt keine Garantie, dass die Wahl auch erfolgreich ist. Human Ressource ist, so sagen aktuelle Studien (Veder & Förschler, 2011), das größte operationelle Risiko für Unternehmen und das Risiko, das Unternehmen noch am wenigsten beherrschen. Personalentscheidungen haben verschiedene finanzielle Faktoren:

- Kosten der Personalsuche (sicher)
- Kosten der Entscheidung (sicher)
- Kosten des Gehalts (sicher, unsicher)
- Kosten der Personalentwicklung (unsicher)

══ Kosten der Trennung und Wiederbesetzung (unsicher)
══ Kosten der Trennung in der Wirkung auf Kollegen (unsicher)

Die eigene Persönlichkeit wird zum Maßstab und zum Risiko.

Das Risiko und das Potenzial werden bei der Personalauswahl bei kleinen und mittleren Unternehmen häufig nicht analysiert und berechnet. Oft wählen der Unternehmer oder die beste Fachkraft, z. B. der »ausgezeichnete« Portfoliomanager, neue Mitarbeiter nach rein subjektiven Kriterien. Die eigenen Stärken, aber auch die eigenen blinden Flecken setzen sich so als Muster im Unternehmen fort. Übergibt der Unternehmer diese Aufgabe an einen Geschäftsführer oder die Personalleitung, sind Wissenstransfer und Abstimmung oft unzureichend. Dabei sind sie von höchster Bedeutung.

Bei Unternehmensgründungen ist ein hoher Aufwand für Personalmanagementsysteme (Hack, 2011) zunächst einmal nicht vorgesehen. Ab wann der Nutzen den Aufwand übersteigt, ist sicher auch nicht einfach zu berechnen. Doch überraschend häufig trifft man auch auf reifere Unternehmen, die kein Kompetenzmodell haben, um z. B. einen guten Aktienhändler, Portfoliomanager oder Finanzberater auszuwählen. In anderen Unternehmen wird das Personalauswahlverfahren mit jedem neuen Personalleiter neu definiert. Die Mindestanforderungen der Bundesanstalt für Finanzdienstleistungen, der BAFIN, an das Risikomanagement in Unternehmen geben Anlass, dieses Risiko der Personalarbeit ernster zu nehmen und Voraussetzungen für gute Risikosteuerung im HR-Bereich zu schaffen. Die Stärken und Schwächen eines Mitarbeiters von Anfang an zu kennen und zu berücksichtigen, ist eine wertvolle Kapitalanlage im Unternehmen. Das kann auch für junge Unternehmen gelten, die aufgrund von Wachstum oder hoher Fluktuation immer wieder in kurzer Zeit neue Mitarbeiter integrieren müssen.

Die Investition in den Einsatz eines guten Assessments kann sich sehr schnell auszahlen. Auch daraus abgeleitete, präventive Maßnahmen zur Integration sind in jedem Fall hilfreich. Immer noch werden Opportunitätsrisiken, also das Risiko, das ich eingehe, wenn ich etwas nicht tue und damit eine Chance erst gar nicht ergreife, von zu vielen Unternehmen übersehen. Die Konsequenz: Unklare Kompetenzmodelle und Personalauswahlprozesse ohne klare Strategie sind weit verbreitet. In Maschinen – Materie, fest, sichtbar, sicher berechenbar – zu investieren, ist in deutschsprachigen Unternehmen üblich. Der Gewinn, der in der Investition in hochwertige Personalauswahl und Personalentwicklung steckt, wird unterschätzt.

Dazu passt auch die Aussage »Coaching ist teuer«. Zunächst muss doch die Frage beantwortet werden, welche Zielstellung welche Maßnahme erfordert. Kommen verschiedene Maßnahmen in Betracht, wird häufig alleine das Honorar, das für das Coaching pro Stunde bezahlt wird, in die Rechnung einbezogen. Die Zeitersparnis und Effektivität, die Coaching im Unterschied zu anderen aufwendigen Personalentwicklungsmaßnahmen erbringen kann, bleibt außen vor.

Teuer ist ein Coaching – wie auch ein Training oder jede andere Personalentwicklungsmaßnahme – erst dann, wenn die Gesamtinvestition den Nutzen/Gewinn in der Höhe übertrifft. Richtig ist: Die Investition beinhaltet ein Risiko. Die Aussage, Coaching oder ein Assessment sei teuer, zeigt, dass bei Entscheidungen im HR noch kein klarer Prozess zum Einbezug von Risiko besteht. Diesen Vorwurf müssen sich HR-Abteilungen oft nicht zu Unrecht von anderen Abteilungen im Unternehmen gefallen lassen.

Gerade bei der Einstellung von ausländischen Fachkräften kann ein Assessment, das die Persönlichkeit des Bewerbers berücksichtigt und in der Sprache des Bewerbers angeboten wird, eine große Hilfe sein. Die Unsicherheit, die bei einem Einstellungsgespräch in fremder Sprache größer ist als in der Muttersprache, wird reduziert. Wenn ein Unternehmer den Auswahlprozess eines Managers oder einer Fachkraft so gestaltet, dass im Prozess für beide Seiten größtmögliche Sicherheit durch das Reduzieren von Risiko, Ungewissheit und Überraschungen besteht, entscheidet sich die Fachkraft vielleicht gerade deshalb für dieses Unternehmen. Das Unternehmen gewinnt so einen strategischen Vorteil, der in den nächsten Jahren in einigen Branchen Geld wert sein wird. Die Personalabteilung kann so dazu beitragen, den Unternehmenswert und damit das Rating kontinuierlich zu steigern.

> **Intermezzo: Philosophisch-psychologische Gedankensplitter**
> Wieso ist der Glaube an das Materielle noch immer so fest verankert in unserer Kultur? Ein kurzer Ausflug in die Physik schenkt uns eine Erklärung:
> »Sie können den ganzen Newton aus jedem Deutschlehrer, aus jeder Börsenmaklerin und jeder Gärtnerin herausfragen, weil er uns allen in den Knochen sitzt«, sagte mal ein Physikprofessor zu mir (Knapp, 2011, S. 9).
> Isaak Newton hat uns den Glaube an die Stabilität der Materie gelehrt. Ein Tisch, ein Geldstück, die Zeit, alles begreifen wir durch Jahrhunderte lange kulturelle Prägung noch immer als feste Materie, festen Wert (D-Mark-Glaube). So kommt es auch, dass Manager, Projektleiter, aber auch wir Bürger, glauben, wenn wir Materie, Zeit und Geld verrechnen, käme eine feste, berechenbare Zahl zum Vorschein, die auch wenige Monate danach noch den gleichen Wert und die gleiche Gültigkeit hat. Das ist die Grundvoraussetzung von Budgets. Doch trifft das die Wirklichkeit? Wenn es aber darum geht, den Menschen berechenbar zu machen, sich ihm mittels Persönlichkeitsassessments zu nähern, dann überwiegt Subjektivität, und die Psyche wird als weniger begreifbar erlebt. Obwohl der Mensch doch über die Jahrhunderte erstaunlich stabile und immer wiederkehrende Muster aufweist.

■ **Darstellung von Risiko und Wahrscheinlichkeit bei Entscheidungen**

Welche Definition von Risiko wir auch immer unseren Entscheidungen zugrunde legen, viele Menschen reagieren beim Begriff Risiko angespannt. Da die meisten von uns nur wenig tragfähiges Wissen zur Berechnung von Wahrscheinlichkeiten in der Schule gesammelt haben, löst auch der Begriff Wahrscheinlichkeit eher Unbehagen aus. Wir wollen klare, absolute Zahlen. Deshalb ist es von größter Bedeutung zu vereinbaren, welches Konzept von Risiko einer Entscheidung zugrunde liegt, und dieses Risiko anschließend nüchtern und verständlich auf verschiedenen Kommunikationskanälen (Bild, Text, Zahlen und mündlich) aufzuzeigen. Die falsche Darstellung von Risiko (unklar, zu viel oder zu wenig) führt zu Fehlentscheidungen und bösen Überraschungen. Auch in diesem Fall ist weniger mehr – weniger Information, gut aufbereitet unterstützt die Entscheidungsfindung.

■ **Risikokommunikation im Unternehmensalltag**

Fallen Ihnen Beispiele aus dem eigenen Unternehmensalltag oder, wenn Sie Berater oder Coach sind, aus dem Ihrer Kunden ein? Wie wird über Risiko kommuniziert? Wo fehlt die Kommunikation? Welche Entscheidungen scheitern an der geeigneten Kommunikation zu Risiko? Welche positiven Erfahrungen haben Sie gemacht, die in Ihrem Unternehmen auf andere Bereiche übertragen werden können?

Platz für Ihre Gedanken:
Erstellen Sie eine Themenliste als Ausgangspunkt für eine offene Diskussion mit Ihren Kollegen:

_____

_____

_____

1.2.4 Das innere Spiel – Gefühle und Einstellungen

Wir brauchen Gefühle für den entscheidenden Schritt bei einer Entscheidung: das Loslassen von Alternativen.

Risiko kann also unter bestimmten Voraussetzungen berechnet werden. Doch was dann? Nehmen wir einmal an, die notwendigen Daten für eine Entscheidung wären bestmöglich aufbereitet und richtig weitergegeben worden. Ist diese reine Sachinformation schon eine tragfähige Entscheidungsgrundlage? Nein, denn ohne Gefühle kann der Mensch nicht entscheiden (Damasio, 2002). Selbst eine so einfache und sichere Entscheidung wie das Auswählen eines Essens gelingt nicht, wenn ein Bereich im Gehirn, der für Emotionen zuständig ist, blockiert ist. Menschen, die in dieser Lage waren, zögern, überlegen und kommen selbst nach einer halben Stunde ohne Hilfe zu keiner Entscheidung. Wir brauchen Gefühle für den entscheidenden Schritt bei einer Entscheidung: das Loslassen von Alternativen.

Also stellt sich die Frage: Wie können Gefühle und Einstellungen der Entscheider sachbezogen berücksichtigt werden?

Sowohl für die bessere Entscheidungsfindung im Unternehmen als auch für das nachhaltige Umsetzen einer Finanzentscheidung sind neben Fakten auch Gefühle, Intuition und das Wissen um die finanzielle Risikobereitschaft – also die Einstellung zu Risiko – der Entscheider wichtig. Die Berücksichtigung dieser Faktoren kann z. B. bei der Gestaltung von Gehaltssystemen, Mitarbeiterbeteiligung oder der betrieblichen Altersvorsorge der Mitarbeiter hilfreich sein. Aber auch auf den ersten Blick reine Hardfacts-Entscheidungen, wie der Einkauf von Strom (s. Beispiel weiter unten), unterliegen diesen Gesetzen.

Für diesen Zweck brauchen wir einfache Modelle für Entscheidungen im »Hier und Jetzt« mit deren Ergebnissen wir auch morgen noch zufrieden sind. Zwei mögliche Modelle möchte ich Ihnen hier vorstellen:

— FCM-Modell »Drei Entscheidungsbausteine« (s. oben u.
  ◨ Abb. 1.9)
— Rubikonmodell für Entscheidungsphasen (s. unten)

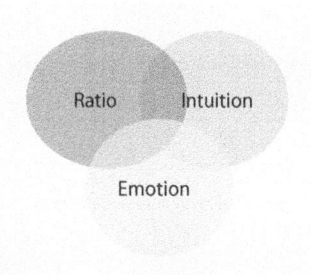

◨ **Abb. 1.9** FCM-Modell »Drei Entscheidungsbausteine«

Ratio, Gefühl und Intuition

Menschliche Entscheidungen werden meiner Wahrnehmung nach von drei Kräften beeinflusst: Ratio, Gefühl und Intuition (◨ Abb. 1.9). Je nach Situation verschiebt sich der Mix der drei Kräfte. Unter der Voraussetzung, dass wir die Bausteine gut kennen und das Zusammenspiel üben, können wir es – wenn auch begrenzt – steuern (◨ Abb. 1.11a, b, c).

Ratio – Verstand Durch bewusstes Denken und Verarbeiten von Information gelangen wir zu einem Verstehen. Aus diesem Verstehen leiten wir dann Gründe für eine Entscheidung ab. Auch der Verstand ist nicht objektiv, sondern nimmt hauptsächlich das zur Kenntnis, was er erwartet, wonach er fragt und was er schon kennt. Nur ein intensiver Austausch von Gedanken – im Team oder beim Hören und Lesen von neuer Information von außen – führt manchmal zur Aufnahme wirklich neuer Information. Das müssen wir jedoch gezielt fördern, ganz von alleine passiert das selten.

> **Durch bewusstes Denken und Verarbeiten von Information gelangen wir zu einem Verstehen.**

Emotionen – Gefühle Gefühle werden hauptsächlich aus vergangenen, tatsächlich selbst erlebten oder indirekt vermittelten Erfahrungen sowie aus Vorstellungen über die Zukunft gespeist. Natürlich lösen auch Impulse in der aktuellen Situation Gefühle aus. Jede Erfahrung ist in unserem Informationsverarbeitungssystem abgespeichert. Je gefühlsintensiver diese Erfahrungen waren, desto wahrscheinlicher werden sie in bestimmten Momenten wieder ins Bewusstsein gespült. Entweder durch einen aktuellen Auslöser von außen (Trigger) oder über eine Affektbrücke zu einem noch weiter in der Vergangenheit liegenden Ereignis, das ein ähnliches Gefühlsmuster enthielt. Negative Erfahrungen und Muster – wie Ohnmacht oder Schuld – wirken dabei mehrfach stärker als positive. Die Sinne spielen dabei eine be-

> **Emotionale Reaktionen dürfen nicht mit Intuition verwechselt werden.**

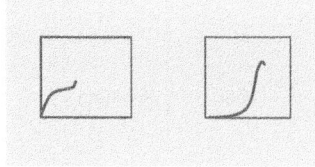

Abb. 1.10 Zwei Kursverläufe von Aktien

deutende Rolle: Geruchssinn, Gehör, Sehen, Berühren. Der Geruch von duftenden Plätzchen liefert uns sofort ein Bild und ein dazugehörendes Gefühl der Geborgenheit. Ein quietschender Reifen kann – auch nach vielen Jahren – Panik auslösen bei demjenigen, der einmal einen entsprechenden Autounfall erlebt hat. Beim Beratungsgespräch bei der Bank erinnert mich der Name einer Aktie an den Rest, der seit Jahren in meinem Depot liegt, und löst Ärger auf mich und meine damalige Entscheidung aus. Der Gang zur Bank, um einen Kredit zu beantragen, löst bei vielen Erinnerungen an Hierarchie und Autorität aus. Auch Schuldgefühle stehen oftmals einer guten Entscheidung im Wege. Wenn wir daraus eine wesentliche Information für eine Entscheidung werden lassen, handeln wir eben nicht intuitiv, sondern emotional. Diese emotionalen Reaktionen dürfen nicht mit Intuition verwechselt werden. Häufig überschatten sie das Geschehen und verhindern klares Denken und gute Intuition.

Mit komplexen Informationen eine wirtschaftlich gute Entscheidung treffen.

Intuition – Eingebung Intuition produziert unter anderem durch das unbewusste »Scannen« und Vergleichen von Mustern (Information), die wir auf verschiedene Art und Weise gespeichert haben, Erkenntnisse. Diese gelangen ohne unser aktives Zutun ins Bewusstsein (Geistesblitz) und können dort als Anhaltspunkt für eine Entscheidung dienen. Darüber hinaus verfügen wir durch die Intuition über die Möglichkeit, Heuristiken zu bilden. Sehen Sie selbst: Welche Aktienkurve steigt mit größerer Wahrscheinlichkeit weiter (❏ Abb. 1.10)? Intuitiv sagen wir die linke. Wir haben Dauer/Länge und Steilheit der Kurve als Kriterium gewählt und ohne bewusstes Denken kommen wir zu einer Wahrscheinlichkeitsaussage. Die wird von Person zu Person etwas variieren, doch in die gleiche Richtung gehen. Damit könnten wir in einer Situation mit komplexen Informationen eine wirtschaftlich gute und – wenn nötig – sekundenschnelle Entscheidung treffen. Selbst wenn die Trefferquote nur 50/50 wäre, die Kosten der oft so aufwendigen Informationsbeschaffung überwiegen den vermeintlichen Vorteil.

Empathie – Intuition in der Beziehung Eine besondere Form der Intuition ist die Empathie. Wir können einen anderen Menschen anschauen und dabei spüren oder lesen, wie es ihm geht. Das ist durch sog. Spiegelneurone möglich (Bauer, 2005). Diese intuitive Informationsverarbeitung ist besonders in Verhandlungen mit Geschäftspartnern von großer Bedeutung. Das Übersehen dieser Signale kann teuer werden.

Jeder Mensch hat ein individuelles Muster, wie sich seine Intuition bemerkbar macht.

Intuition kann sich auf drei Arten bemerkbar machen: ein Gedanke (»ich weiß, das ist es«), eine Körpersensation (Zwicken im Rücken, da ist was) oder eben auch ein »gutes« oder ein »ungutes« Gefühl im Bauch bis hin zur intensiven Angst. Jeder Mensch hat ein individuelles Muster, wie sich seine Intuition bemerkbar macht.

Intuition kann auch in Situationen, die man noch nie zuvor erlebt hat, sehr nützliche oder gar lebensrettende Information liefern.

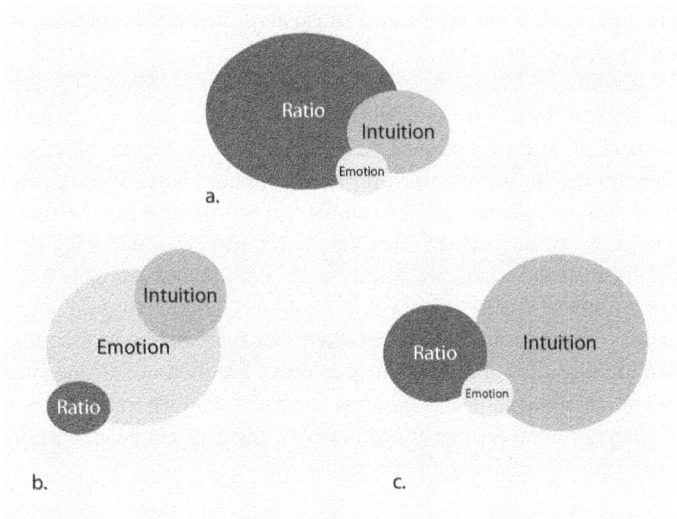

▣ Abb. 1.11 a, b, c. FCM »Drei Entscheidungsbausteine«: **a.** Wunschvorstellung; **b.** Stresssituation; **c.** professionelle Entscheidung

So berichten z. B. in dem Buch »Mut zur Angst« von Gavin deBecker (1999) Beinahe-Opfer von Gewalttaten, wie sie sich, weil sie diesem Gefühl in der Magengrube gefolgt sind, aus der lebensbedrohlichen Situation retten konnten. De Becker beschreibt, wie es diesen Personen im Nachgang durch eine sensible Befragung gelingen konnte herauszufinden, worauf ihr Wahrnehmungssystem reagiert hat. Das entmystifizierte das intuitive Reagieren und gab den Beinahe-Opfern das wichtige Gefühl von Kontrolle über das, was geschehen war. Das zeigt einmal mehr, dass wir gut daran tun, unsere Intuition in alltäglichen Situationen zu üben (Zeuch, 2010), damit wir auch in großer Unsicherheit und bei wichtigen Unternehmensentscheidungen auf unsere Signale vertrauen.

Rationale Daten, Gefühle und Intuition – alle drei Bausteine müssen sehr genau auf die Passung zur aktuellen Situation geprüft werden, denn nur dann sind es wertvolle Informationen für die anstehende Entscheidung.

▪ Wie kann man Ratio, Intuition und Gefühle unterscheiden?
Ratio, Intuition und Emotionen auseinander halten zu können, ist für eine gewinnbringende Nutzung der drei Bausteine wesentlich. Für die meisten Menschen ist das eine Herausforderung. Nicht, weil sie keine intuitiven Fähigkeiten haben, nein, weil sie dazu erzogen werden, Gefühle und Intuition bei Finanzentscheidungen außen vor zu lassen (▣ Abb. 1.11a, b, c). Dem Unternehmer gelingt es wohl noch am einfachsten, sich über diese Normen hinwegzusetzen und sein intuitives Potenzial zu nutzen. Das zeigen auch sehr eindrucksvoll die Interviews in ▶ Kap. 2. Bei Managern und Fachkräften ist das anders. Sie brauchen vom Unternehmen die Erlaubnis und auch aktive Unter-

stützung, gerade die intuitiven Fähigkeiten offen einzubringen und auch auszubauen.

Emotionen, die aus vergangenen Ereignissen herrühren, können die aktuelle Intuition vernebeln, genauso wie Ängste, etwas falsch zu machen. Diese Emotionen zu erkennen und zu steuern bzw. herunter zu regeln, ist wesentlich für insgesamt gute Entscheidungsprozesse. Damit aus intuitiv nicht unüberlegt wird, müssen wir lernen, uns genau zu beobachten: Wer gut entscheiden will, der sollte den Unterschied zwischen der Intuition als Entscheidungsimpuls oder Erkenntnis, also eine »Gewissheit« und ein Gefühl »etwas ist angenehm« (Zeuch, 2010, S. 248), beachten. Genauso wichtig ist es, intuitive Impulse, die auf dem Erfahrungslernen beruhen, auf die Passung zu Fakten in der aktuellen Situation zu prüfen. Was ich in meiner seit langem gewohnten Umgebung intuitiv richtig gemacht habe, muss in einer neuen Umgebung nicht stimmig sein.

Platz für Ihre Gedanken:
Wie unterscheiden Sie zwischen Ratio, Intuition und Gefühlen bei Ihren Entscheidungen?

———————————————————————————
———————————————————————————
———————————————————————————

Welche Muster können Sie bei Ihren Mitarbeitern oder Kunden beobachten?

———————————————————————————
———————————————————————————
———————————————————————————

▪ Die Überquerung des Rubikon
Anhand des nach Heckhausen und Heckhausen (2010) modifizierten Rubikonmodells (◉ Abb. 1.12) zeige ich Ihnen, wie die drei Bausteine – Ratio, Intuition und Emotionen – zu unterschiedlichen Zeiten bei einer Entscheidung ins Spiel kommen. Zwei Phasen der Entscheidung und die richtige Informationsverarbeitung:
- Vorbereitung
- Entscheidung

In der Vorbereitungsphase einer Entscheidung und Handlung, so sagt das Modell, ist es sinnvoll, alle relevanten Informationen (Zahlen, Daten, Fakten) zu sammeln und zu verarbeiten. Das sind Informationen über Produkte, den Markt außen, über die Erfahrungen, die Persönlichkeit der an der Entscheidung Beteiligten, wie z. B. deren finanzielle Risikobereitschaft und ihr »inneres Spiel«.

Jeder Mensch zeigt ein ganz individuelles Muster bei Entscheidungen mit Geld und Risiko.

Bei Finanzentscheidungen werden Persönlichkeitsaspekte der Entscheider als wesentliche Informationen bisher noch selten differenziert berücksichtigt. Neueste Untersuchungen (Back, 2011; Reinhardt, 2011) geben Hinweise, welchen Beitrag zu guten Entscheidun-

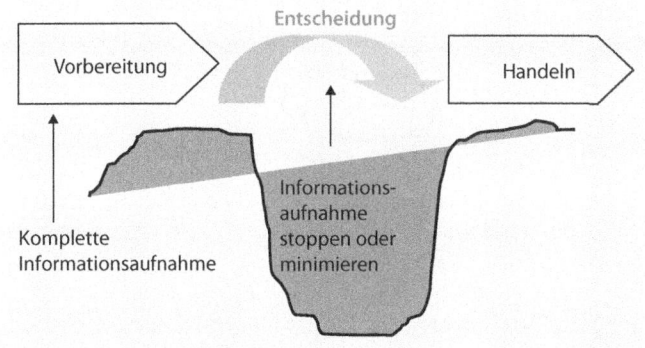

Abb. 1.12 Das Rubikonmodell der Handlungsphasen – angewandt auf die Informationsverarbeitung bei wichtigen Entscheidungen. (Mod. nach Heckhausen u. Heckhausen, 2010. Springer, Heidelberg)

gen sie liefern könnten. Deshalb lohnt sich ein genauer Blick auf diese Art der Information: Es sind insbesondere die individuelle finanzielle Risikobereitschaft (▶ Abschn. 1.2.5) und die Reaktion auf Geld (▶ Abschn. 1.2.6). Als Persönlichkeitsmerkmale sind beide Aspekte relativ stabil und könnten deshalb zu jeder Finanzentscheidung im Unternehmen wertvolle Information beitragen. Die wenigsten Unternehmer arbeiten mit diesen Informationen so sorgsam wie mit den Zahlen, Daten und Fakten über äußere Faktoren. Eine Diskussion ohne das Wissen um die Persönlichkeitsfaktoren kann sich aber beständig im Kreise drehen. Die Beteiligten reden aneinander vorbei, weil Unternehmer, Geschäftsführer, Disponent oder Personalleiter völlig unterschiedliche Persönlichkeiten im Hinblick auf Finanzentscheidungen sind. Ihre Risikobereitschaft kann sehr unterschiedlich sein, ebenso wie ihr Bezug zu Geld. Wenn man diese Unterschiede bewusst nutzt, können sie zu Vorteilen oder wenigstens nicht zu einem Hindernis werden.

Zurück zum Rubikonmodell: Kurz vor der Entscheidung ist es wichtig, die bewusste Informationsverarbeitung zu stoppen oder zumindest weitgehend einzuschränken. Denn jetzt müssen die vielen aufgenommenen Informationen im Unterbewusstsein gesichtet, strukturiert und an das Bewusstsein gespült werden. Wissenschaftler wie Dijksterhuis et al. (2010) gehen davon aus, dass Pausen an dieser Stelle sehr nützlich sind. In manchen Situationen, wie beim schnellen Handeln an der Börse oder im Fußball, wenn der Stürmer kurz vorm Tor den Ball bekommt, sind sie aber nicht möglich (Höner, 2003b). Wenn spontan oder nach einer bewussten Pause die Lösung intuitiv auftaucht, könnte die Entscheidung: »Ich schieße« schon fallen, und der Ball ist drin.

Doch nun kommen oft noch einmal die Emotionen ins Spiel – etwas Aufregung, in der Regel auch Angst vor dem nächsten Schritt der Entscheidung (▢ Abb. 1.13). Wir spüren: »Jetzt muss ich loslassen

Eine gewisse Aufregung oder Spannung ist Motor jeder wichtigen Entscheidung.

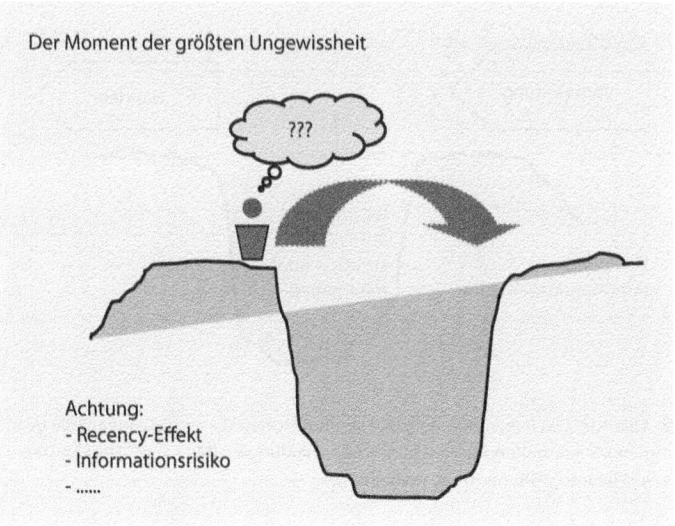

○ Abb. 1.13 Im Moment der Entscheidung

(vielleicht auch lieb gewonnene Möglichkeiten)« Oder: »Jetzt gehe ich ins Risiko.« Das löst bei uns in der Regel Unbehagen aus, aber wir sollten wissen, dass diese Spannung zu jeder wichtigen Entscheidung gehört.

Beim Fußball können erfahrene Spieler diese Spannung aushalten und in Energie für den Schuss aufs Tor umwandeln. Im Unternehmensalltag sind die Zeitverläufe für Entscheidungen länger. Hier kommt es darauf an, die gute Spannung aufrecht zu erhalten und gleichzeitig nur so viel Zeit zu verbrauchen, wie wirklich nötig. Typischerweise steigt das Informationsrisiko jedoch ins Unendliche. Nämlich dann, wenn die Entscheider kein Modell für gute Entscheidungen in schwierigen Situationen haben und aus Unsicherheit statt die Informationsaufnahme zu stoppen, noch einmal Information für viel Geld zukaufen. Ein Coaching könnte an dieser Stelle wirtschaftlicher sein.

Teamentscheidungen sind oft deshalb schlecht, weil der Kommunikationsprozess im Team – unbewusst – die Spannung reduziert. Dann fehlen Motivation und Aufmerksamkeit. Doch auch zu viel Emotion, die aus vergangenen Situationen herrührt, kann in der letzten Minute die Entscheidung blockieren. Die Kunst besteht darin, Spannung im richtigen Ausmaß aufrechtzuerhalten, bis die Entscheidung getroffen ist, und auf dem Weg dorthin unpassende Gefühle auszublenden.

Richtig dosierte Informationsverarbeitung ist an dieser Stelle wichtig. Wer jetzt – allein oder im Team – noch einmal anfängt, größere Mengen an Informationen zu verarbeiten, der weicht dem Gefühl der Unsicherheit aus. Doch dieses ist ein »Jetzt-Gefühl« und gehört einfach zu jeder Entscheidung. Das »information risk« nennt es Mamis (1999) in seinem Buch für Trader. Er beschreibt sehr anschaulich, wie zu viel Information das Risiko erhöht, beim Trading zu spät zu entscheiden. Das Gleiche gilt für unternehmerische Entscheidungen. Eine weitere Wahrnehmungsfalle, die an dieser Stelle der Entscheidung lauert, ist der »recency effect«. Das heißt, dass wir die zuletzt wahrgenommene Information in ihrer Bedeutung für eine Entscheidung überschätzen. Auch die Intuition ist nicht unfehlbar. Dem können der Unternehmer oder das Team nur durch Achtsamkeit mit allen Sinnen bewusst begegnen.

Wenn Sie selbst in dieser Situation sind, bestimmen Sie einen guten Beobachter, der diese Tendenzen kennt und Ihr Team darauf aufmerksam macht. Entscheiden Sie allein, müssen Sie diese Beobachterrolle selbst übernehmen.

Fassen wir zusammen:
1. Information sammeln
2. Informationsaufnahme stoppen
3. Rest-Unsicherheit aushalten und entscheiden

Anschließend gilt es, mit einem gewissen Abstand die Qualität der Entscheidung zu prüfen. Doch beachten Sie: Ein Ergebnis mit Verlusten ist – ebenso wie eines mit Gewinnen – ein ganz normales und zu erwartendes Ereignis. Bei einer Entscheidung unter Unsicherheit sind jedoch Fehler im Prozess möglich. Deshalb lohnt es sich, ein Prozessmodell mit einfachen Regeln für die Informationsverarbeitung zu nutzen, das ermöglicht erst eine sachliche Analyse.

1.2.5 Bedeutung der finanziellen Risikobereitschaft

Jeder Mensch hat eine individuelle finanzielle Risikobereitschaft. Sie ist als Einstellung, ein implizites Wissen, das wir über uns in uns tragen. Damit sie bewusst in die Entscheidungen einbezogen werden kann, müssen wir sie transparent machen. Wir können sie indirekt durch Befragen erfassen, wie andere Persönlichkeitsaspekte auch.

Eine einfache und alltagsrobuste Definition lautet: »Finanzielle Risikobereitschaft ist die Bereitschaft, für einen bestimmten potenziellen, finanziellen Vorteil einen potenziellen Nachteil in Kauf zu nehmen.« (Definition gemäß DIN ISO 222222, DIN-Normenausschuss Dienstleistungen (NADL), 2005). Die finanzielle Risikobereitschaft ist ein relativ stabiles Persönlichkeitsmerkmal, das zum beginnenden Erwachsenenalter ausgebildet ist und sich danach nur noch graduell ändert. Ausnahme sind gravierende positive oder negative Lebensereignisse, wie plötzliche Arbeitslosigkeit, schwere Krankheiten, Heirat oder Geburt der Kinder, die unsere Risikobereitschaft auch im Erwachsenenalter gravierend und nachhaltig verändern können (s. hierzu die psychometrischen Tests wie den Riskprofiler von FinaMetrica, Davey & Resnik, 2011).

Nicht jede Entscheidung muss zu 100% der tatsächlichen finanziellen Risikobereitschaft entsprechen.

Nicht jede Entscheidung muss zu 100% der tatsächlichen finanziellen Risikobereitschaft entsprechen. Manchmal ist es sinnvoll, gerade weniger oder mehr Risiko einzugehen. Doch Voraussetzung dafür ist der bewusste Umgang mit der Information über die eigene Einstellung im Sinne guter Selbstwahrnehmung.

Bei einer Finanzentscheidung gibt es vier wichtige Faktoren von Risiko, die berücksichtigt werden müssen (Müller, 2009): ◘ Tab. 1.1.

Die Angleichung von Selbstbild und Fremdbild erhöht die Chance auf bessere Entscheidungen.

Die finanzielle Risikobereitschaft ist eine Orientierungsgröße, die Ihnen im Vergleich mit anderen Menschen zeigt, wie Ihre Einstellung und Ihr daraus resultierendes Verhalten einzuordnen sind. Denn wer eine eher extreme Position lebt (risikoscheu oder risikofreudig), wird diese nicht unbedingt als extrem begreifen, sondern sich im Selbstbild als eher normal empfinden und abweichende Positionen als extrem sehen. So kommt es nicht selten vor, dass z. B. Ehepaare Konflikte haben, weil der Mann sich selbst als normal und damit vernünftig einstuft, während er seine Partnerin als sehr risikoscheu sieht. Die Erfahrungen zeigen jedoch häufig, dass die so eingeschätzten Frauen zwar eine leicht unterdurchschnittliche Risikobereitschaft aufweisen, die Männer hingegen überdurchschnittlich risikofreudig sind. Die Angleichung von Selbstbild und Fremdbild erhöht die Chance auf eine besser fundierte Entscheidung.

Neuere Studien legen nahe, dass die finanzielle Risikobereitschaft zum großen Teil anerzogen ist. So konnte eine Studie in England (Booth & Nolen, 2009) zeigen: Mädchen in gemischtgeschlechtlichen Schulen entwickeln eine geringere Risikobereitschaft als Mädchen, die reine Mädchenschulen besuchten. Dies dürfte im Hinblick auf alle Finanzentscheidungen von Frauen – auch auf ihre Karriereentscheidungen – einen großen Einfluss haben. Frauen fordern weniger Gehalt, und sie sind, weil sie weniger risikobereit sind, weniger bereit, flexible Gehälter anzunehmen (Dohmen & Falk, 2006). Auch legen sie das Geld, das sie verdienen, weniger risikobereit an. Wenn sie aber doch einmal ein Risiko eingehen, haben sie einen Vorteil: Sie begrenzen das Risiko und schützen das Vermögen oft besser als männliche Entscheider.

Unternehmer sind, nach den gängigen Studien zu urteilen, tendenziell eher finanziell risikofreudig. Einige bringen auch zu viel Risikofreude mit. Unbemerkt bringen sie so das Unternehmen gerade in den ersten Jahren oft in Schwierigkeiten. Da hohe Risikobereitschaft meist auch mit einer Neigung zur Selbstüberschätzung der emotionalen Belastbarkeit im Hinblick auf finanzielles Risiko einhergeht (Davey & Resnik, 2011), kann eine Überprüfung der Selbsteinschätzung mit Hilfe eines Risiko&Rendite-Leitfadens zu Beginn der Gründung hilfreich sein. Auch mir hätte eine solche Möglichkeit sicher einige schlechte Entscheidungen erspart. Die finanzielle Risikobereitschaft fließt immer in unsere Entscheidungen ein. Deshalb gibt ein bewusster Umgang damit größere Steuerungsmöglichkeiten.

Die Risikowahrnehmung beeinflusst unsere Entscheidungen, auch ohne dass wir es merken. Denn obwohl finanzielle Risikobe-

◘ Tab. 1.1 Vier Faktoren eines Risikoprofils (Everling & Müller, 2009)

Psychologische Faktoren	Ökonomische Faktoren
a) Risikobereitschaft:	**c) Benötigtes Risiko:**
Die Bereitschaft, für einen bestimmten potenziellen, finanziellen Vorteil einen potenziellen Nachteil in Kauf zu nehmen.	Das Risiko, das das Unternehmen bereit sein muss einzugehen, um ein bestimmtes Ziel zu erreichen. (Muss es z. B. einen Kredit aufnehmen, um neue Produkte zu entwickeln?)
b) Risikowahrnehmung:	**d) Risikotragfähigkeit:**
Risiko ist ein Konstrukt, das nicht unabhängig in der Welt existiert, sondern nur subjektiv betrachtet werden kann (Slovic, 2000). Durch diesen Prozess nimmt jeder Mensch das Risiko einer Situation unterschiedlich wahr.	Das Ausmaß an Risiko, das ein Unternehmen eingehen kann/darf, ohne handlungsunfähig zu werden.

reitschaft ein relativ stabiles Persönlichkeitsmerkmal ist, zeigen Menschen in unterschiedlichen Situationen unterschiedlich risikobereites Verhalten. Unter bestimmten Umständen besteht ein Unterschied zwischen der Einstellung und dem Verhalten. Das gilt gleichermaßen für Unternehmer, Manager und Fachkräfte. Wie ist das zu erklären?

Die Risikobereitschaft ist nur eine Komponente, die in das Entscheidungsgeschehen und das resultierende Verhalten einfließt. Eine wichtige weitere Variable ist die Risikowahrnehmung. Was bedeutet das? Die Wahrscheinlichkeit für ein Risiko kann zwar berechnet werden, doch dieses Risiko ist in der menschlichen Wahrnehmung und Bewertung aus verschiedenen persönlichen und systemischen Gründen keine feste Größe.

> Ob etwas ein großes oder ein kleines Risiko ist, schätzt der Mensch aus der Situation heraus subjektiv ein.

Es gibt verschiedene Faktoren, die die Wahrnehmung bestimmen:
1. Finanzielle Risikobereitschaft
2. Ausgangssituation, also Gewinn oder Verlust
3. Wissen über Risiko
4. Darstellungsform
5. Gewöhnung
6. Aktuelle Ereignisse und Stimmung
7. Beeinflussung durch Beratung

Schon die unterschiedliche finanzielle Risikobereitschaft erklärt vieles. Menschen, die risikoscheu sind, bewerten ein Risiko x höher als Menschen, die risikofreudig sind. Aber auch gleich risikofreudige Menschen können ein und dasselbe Risiko unterschiedlich einschätzen, abhängig davon, ob sie schon in einer ähnlichen Entscheidung gebunden sind und ob sie aus einer Gewinn- oder einer Verlustsituation das Risiko bewerten. Auch das Wissen über Risiko und die Darstellungsform hat großen Einfluss darauf, wie wir das Risiko wahrnehmen und bewerten. Je nachdem welche grafischen, verbalen oder textlichen Formen wir wählen, wird das gleiche Risiko in seiner Intensität unterschiedlich wahrgenommen (Haisley et al., 2010). Das bedeutet, dass wir sorgfältig prüfen müssen, wie wir Informationen im Unternehmen darstellen (Bosbach & Korff, 2011), um unerwünschte Beeinflussungseffekte oder Tendenzen auszuschließen. Wer stellt die Daten zusammen? Welche »Brille« trägt diese Person, und was kann das Unternehmen tun, um unerwünschte Effekte zu verhindern? Drücken Sie Wahrscheinlichkeiten deshalb besser in Zahlen als in Worten aus, also besser »90:10« statt »sehr wahrscheinlich«.

Bei gleicher Risikobereitschaft von Kunde und Berater können sich blinde Flecken etablieren.

Gewöhnung spielt in diesem Zusammenhang eine große Rolle. Menschen, die sehr häufig Risiken eingehen, nehmen das Risiko – vorausgesetzt, es tritt über längere Zeit nicht ein – immer weniger stark wahr. Das ist gerade bei Profis ein wesentlicher Faktor für verzerrte Risikowahrnehmung. Aktuelle Ereignisse, Flugzeugabsturz, Erpressung, Kursstürze etc., und die dadurch entstehende Stimmung beeinflussen die Risikowahrnehmung und damit unser Verhalten vorübergehend. Und zu guter Letzt ist es wichtig, darauf zu achten, wie ein Berater die Wahrnehmung von Risiko beeinflusst. Denn auch die finanzielle Risikobereitschaft des Beraters fließt in die Darstellung von Risiko und in die Empfehlung ein. So können sich auch und gerade bei gleicher Risikobereitschaft von Kunde und Berater blinde Flecken etablieren.

Risiko ist eben nicht gleich Risiko! Ein waches Bewusstsein für die verschiedenen Komponenten kann Unternehmen retten.

Wenn ein Unternehmen die finanzielle Risikobereitschaft seiner Mitarbeiter als Orientierungsgröße nutzt, kann es somit schneller und besser entscheiden. Es riskiert weniger Überraschungen, geht weniger unbewusste Ungewissheit und mehr bewusstes Risiko ein. Die Stabilität des Unternehmens erhöht sich, die Zuverlässigkeit von Entscheidungen wird größer, weil eine einmal getroffene Entscheidung länger trägt.

Werden diese Faktoren nicht berücksichtigt, hat das für ein Unternehmen Folgen:

- Stress und Leistungseinbußen bei Mitarbeitern, die nicht ihrer finanziellen Risikobereitschaft gemäß eingesetzt und bezahlt werden
- Lange Diskussionen in Meetings zwischen Personen, die sich gegenseitig überzeugen wollen. Aber die individuelle finanzielle Risikobereitschaft ist nicht diskutierbar
- Schlechte Finanzberatung und falsche Finanzentscheidungen, die auf einer verzerrten Risikowahrnehmung aufbauen
- Zögerliche Herangehensweise an die Themen Mitarbeiterbeteiligung und betriebliche Altersvorsorge

Ein Unternehmen, das diese Kenntnisse schon in die Ausbildung seiner jungen Mitarbeiter einfließen lässt, trägt außerdem dazu bei, dass auch die privaten Finanzentscheidungen der Mitarbeiter nachhaltiger und gesünder sind (Kinkel, 2015). Das Wissen stärkt das Selbstvertrauen, gute Finanzentscheidungen treffen zu können, und verhindert traumatische Erfahrungen und Selbstüberschätzung. Mitarbeiter, die auch privat in einer finanziell gesunden Umgebung leben, sind leistungsstärker und stabiler. Sie tragen dadurch viel stärker zum dauerhaften Erfolg des Unternehmens bei. Mitarbeiter, die privat verschuldet sind oder unter starken Anforderungen (Scheidung, Unterhaltszahlungen etc.) leiden, übertragen diesen Stress auf die Arbeitssituation. Ein Unternehmen, dem es gelingt, den Mitarbeitern hier Hilfestellung anzubieten, stärkt nicht nur die Mitarbeiter, sondern auch die Unternehmensbasis.

Beispiel 1: Bedeutung der finanziellen Risikobereitschaft in Unternehmen
Wenn der risikoscheue Einkäufer von Strom, sich plötzlich der Dynamik an der Leipziger Strombörse ausgesetzt fühlt
Risiko ist in vielen ressourcenintensiven Unternehmen in einen Unternehmensbereich vorgedrungen, wo zuvor Entscheidungen nur unter Sicherheit getroffen wurden: zum Stromeinkauf. Denn hier kannte man bislang beim Vertragsabschluss den Preis. Ja, er wurde bis vor einigen Jahren für einen Zeitraum von drei und mehr Jahren vereinbart. Die Einkäufer waren demnach – intuitiv stimmig ausgewählt – wahrscheinlich überwiegend risikoscheue Personen, die den Umgang mit Risiko bei ihrem Geschäft vermieden.
Mit der Eröffnung der Strombörse in Leipzig 2002 veränderten sich die Bedingungen: Die Energieversorger boten den Kunden plötzlich flexible Timing-Strategien an. Dabei bestellt der Einkäufer eine festgelegte Menge Strom und kann selbst verschiedene Zeitpunkte bestimmen, zu dem er den Kauf tätigen will. Er hofft, so auch den günstigsten Preis zu erzielen. Das klingt erst mal gut. Doch durch diese neue Möglichkeit veränderte sich der Kontext seiner Aufgabe komplett. Einkäufer mussten wie Devisen- oder Rohstoffhändler an der Börse mit Risiko agieren können. Viele begannen nun wie ein Händler, jeden Tag die Energiepreise zu beobachten. Doch nach welchen Kriterien?
Der Einkäufer steht nach vielen Berufsjahren vor einer Herausforderung, die er sich nicht gewählt hat und die er doch aus dem Stand erfüllen muss. Wie soll er sich eine Meinung bilden? Wie mit der Verantwortung umgehen, die plötzlich auf ihm lastet? Wenn er nun kaufen will, ruft er den Berater beim Energieversorger an und bekommt einen Preis genannt. Das Besondere: Der Preis gilt – wie immer am freien, spekulativen Markt – nur für eine kurze Zeit. Die Herausforderung für den risikoscheuen Einkäufer ist eine doppelte: Er beginnt etwas zu tun, was gegen seine Natur, gegen seine Persönlichkeit ist, nämlich schnelle Entscheidungen unter Risiko zu treffen. Er muss bei jedem Trade von einer

bestimmten Wahrscheinlichkeit (und am besten von 50/50) ausgehen. Er kann plötzlich Fehler machen und für sein Unternehmen viel Geld verlieren. Zwar besteht dieser Verlust nur auf dem Papier – und doch… Der sog. »hindsight bias«, also der Gedanke »Wenn ich vor drei Wochen zugeschlagen hätte, …«, und andere psychologische Tradingfallen, führen zu Stress. Im Unternehmen entstehen neue Meinungsbildungsprozesse, die der Stromeinkäufer bis zu dem Zeitpunkt nicht bewältigen musste. Jetzt muss er sich rechtfertigen und das meist im Kontext der typischen irrationalen »Fehlerfalle«, wie sie beim Trading existiert.

Ein Risiko bewusst einzugehen, ist kein Fehler.

Die Fehlerfalle: Die Aussage »Ich habe falsch gelegen« ist eine weit verbreitete irrationale Überzeugung unter Tradern. Sie ist deshalb irrational, weil sie nicht zutrifft. Ein Fehler ist eine Zuschreibung, die nur in sicherem Kontext stattfinden kann. Ich kann etwas falsch machen, wenn ich vorher weiß, was richtig wäre. Wenn ich aber etwas unter 50/50-Wahrscheinlichkeit tue, dann ist sowohl der Gewinn als auch der Verlust zu erwarten. Ich muss das Ergebnis deshalb natürlich nicht mögen. Und ich kann auch Geld verlieren. Aber das Risiko bewusst einzugehen, ist kein Fehler!

Für manche Mitarbeiter im Einkauf war das sicher psychisch eine Überforderung. Wer als risikoscheuer Mensch gefordert ist, ständig Risiken einzugehen, der steht unter Dauerstress. Diese strategische Entscheidung für den neuen Umgang mit dem Stromeinkauf hatte jedoch der Unternehmer getroffen, der häufig risikobereiter ist als sein Disponent. Die Berücksichtigung der Risikobereitschaft des Mitarbeiters hätte sicher so manches Unternehmen vor einem Verlust und den Mitarbeiter vor Überlastung bewahrt.

Beispiel 2: Bedeutung der finanziellen Risikobereitschaft in Unternehmen

Gehalts- und Mitarbeiterbeteiligungssystem unter den Aspekten Sicherheit, Risiko und Risikobereitschaft, Risikobewusstsein und Risikowahrnehmung

Eine wichtige Entscheidung in Unternehmen ist die Entscheidung für ein Gehalts- und Mitarbeiterbeteiligungssystem. Jedes Unternehmen hat ein Gehaltssystem. Mitarbeiterbeteiligung ist in Deutschland noch wenig verbreitet, aber wenn, dann intensiv (Bellmann & Leber, 2007).

Mitarbeiterbeteiligung: Bei der Mitarbeiterbeteiligung geht es immer darum, Beschäftige zu Partnern zu machen. Man kann sie auf zwei Arten finanziell am Unternehmenserfolg beteiligen (Bundesministerium für Arbeit und Soziales, 2011):

━ Bei der Gewinn- oder Erfolgsbeteiligung erhalten die Mitarbeiterinnen und Mitarbeiter im Rahmen der Vergütung neben dem festen Gehalt eine erfolgsabhängige Sonderzuweisung.

- Bei der Kapitalbeteiligung stellen sie dem Unternehmen zunächst Geld zur Verfügung – sei es Fremd- oder Eigenkapital. Von der Form dieser Kapitalbeteiligung hängt es ab, ob die Mitarbeiterinnen und Mitarbeiter eine feste oder erfolgsabhängige Verzinsung erhalten oder als Anteilseigner mit allen Chancen und Risiken am unternehmerischen Erfolg teilhaben.

In der Praxis werden häufig verschiedene Elemente kombiniert, indem z. B. aus der Erfolgsbeteiligung die Kapitalbeteiligung finanziert wird.

Jedes Beteiligungsmodell muss auf die individuellen Verhältnisse und die Interessen des Unternehmens zugeschnitten werden, damit es gut passt (Arbeitsgemeinschaft Partnerschaft in der Wirtschaft, AGP, 2011).

Die Einführung und Weiterentwicklung von Gehaltssystemen und Mitarbeiterbeteiligungsmodellen fordert vom Unternehmen hohe Transparenz, gute Kommunikationsprozesse, die Vertrauen schaffen, sowie Mitarbeiter, die eine gute Finanzentscheidungskompetenz entwickeln oder mitbringen (Belitz, 2011). Denn ein System, das von fixen Löhnen abweicht, erfordert den ganz bewussten Umgang mit Geld und Risiko.

> Ein gutes Mitarbeiterbeteiligungssystem intensiviert echte Partnerschaft und Nähe.

Bei der Analyse eines Gehalts- und/oder Mitarbeiterbeteiligungssystems zeigen sich die Kultur und insbesondere die Risikokultur eines Unternehmens. Wie risikobereit sind das Unternehmen und seine Mitarbeiter bei Finanzentscheidungen? Wie transparent wird Risiko kommuniziert? Die Risikokompetenz des Unternehmers, der Manager und der Fachkräfte im Unternehmen entscheidet über die Einführung und die nachhaltige Qualität des Systems.

Schauen wir uns drei – für diesen Zweck stark vereinfachte – Varianten von Gehaltssystemen und Mitarbeiterbeteiligung an:

Festes Gehalt Garant für Sicherheit? Ein Unternehmen, das feste Gehälter zahlt, kennt die Fixkosten. Aber es kennt im Moment der Entscheidung nicht die Relation zur Leistung und zum Unternehmensgewinn am Ende eines Jahres. Der Mitarbeiter kennt sein Einkommen - ist also scheinbar sicher. Doch er bekommt keine Transparenz und kein tragfähiges Gefühl für die Nachhaltigkeit seines Arbeitsplatzes und seines Gehalts. Durch ein festes Gehalt kann das Risiko im Kontext – unsichere Erwartungen für die Zukunft im Markt – nicht ausgeklammert werden, doch der Mitarbeiter nimmt es wahrscheinlich nicht wahr. Bringt dieses Gehaltssystem Sicherheit, oder wird das Risiko für das gesamte Unternehmen durch dieses starre System vielleicht sogar verstärkt? Die Distanz zwischen Mitarbeiter und Unternehmen überbrückt es jedenfalls nicht. So haben wir es bei Variante eins nur auf den ersten Blick mit Sicherheit und auf den zweiten Blick doch mit Risiko zu tun!

> Der Mitarbeiter kennt sein Einkommen – ist also scheinbar sicher.

Gehaltssteigerungen, die direkt ausgezahlt (belohnt) werden, verpuffen nach geraumer Zeit.

Flexibler Gehaltsbestandteil Garant für die richtige und volle Leistung? Bei einem System mit einem festen und einem flexiblen Gehaltsbestandteil sowie fester, individueller Zielerreichungskomponente (z. B. zehn Kunden mehr mit einem Volumen von mehr als x Mio. €) kennt das Unternehmen – vielleicht – die Relation der Vergütung zur Leistung des Einzelnen und bekommt somit ökonomisch einen sichereren Gegenwert. Aber es kennt damit noch keineswegs die Relation der Leistung des Einzelnen zum Gewinn des Gesamtunternehmens. Ein Mitarbeiter leistet viel, erfüllt seine Ziele, kann sein Gehalt scheinbar kontrollieren – und doch steht das gesamte Unternehmen am Ende des Jahres mit einem Verlust da, weil vielleicht eine andere Komponente der Unternehmensentwicklung oder der Markt nicht stimmte. Oft war auch die vereinbarte Leistung nicht das, was das Unternehmen in diesem Jahr gebraucht hätte. Dies ist ein Grund dafür, dass Gehaltsvereinbarungen, die sich nicht am Unternehmensgewinn (oder anderen Unternehmenskennzahlen), sondern an der Leistung des Einzelnen orientieren, wenn sie auch noch so ausgeklügelt erfasst werden (Balanced Score Card), weder für das Unternehmen noch für den Mitarbeiter dauerhaft Sicherheit und den gewünschten Erfolg bringen. Einige Untersuchungen zeigen sogar das genaue Gegenteil: ihre Wirkung schwächt sich ab. Bei überdurchschnittlichen Gehältern sinkt die Leistung sogar! Der Schluss, dass mehr Geld zu mehr Leistung führt, stimmt so einfach nicht (Sprenger, 2010). Unter Kosten-Nutzen-Gesichtspunkten ist diese Variante für das Unternehmen also die ungünstigste, weil unsicherste für beide Partner. Und auch in dieser Variante bleibt die Distanz zwischen Mitarbeiter und Unternehmen bestehen. Diese Distanz fördert wahrscheinlich das, was Sprenger in seinem Artikel »den Selbstbereicherungsdiskurs« im gehobenen Management nennt.

Betrachten wir nur das Gehaltsystem und klammern weitere Aspekte der Unternehmenskultur einmal aus, dann haben wir in der ersten Variante ein hohes Risiko beim Unternehmen, viel »Schein-Sicherheit« beim Mitarbeiter und eine gewisse Distanz zwischen beiden. Im zweiten Beispiel liegt das Risiko auf den ersten Blick mehr beim Mitarbeiter, und die Distanz bleibt.

Das Bambussystem Die dritte Variante ist eine Kombination aus Fixgehalt und Mitarbeiterbeteiligung. Unternehmer und Mitarbeiter sitzen dabei in einem Boot. Bringt das mehr oder weniger Risiko? Für die Bemessung des Fixanteils hat Sprenger (2010) vier Aspekte formuliert:

1. Arbeitsplatzwert: hierarchiegebunden und durch die Schadenshöhe definiert, die von diesem Arbeitsplatz ausgeht
2. Arbeitsmarktwert: wie viele Menschen gleicher Qualifikation stehen am Arbeitsmarkt zur Verfügung?

3. Seniorität: Dauer der Unternehmenszugehörigkeit
4. Leistung: subjektiv und alleine durch die Führungskraft beurteilt

Als variabler Anteil kommt eine Mitarbeiterbeteiligung zum Tragen, die am Erfolg des Unternehmens ausgerichtet ist und in jedem Unternehmen individuell und für die Gegebenheiten maßgeschneidert ausgehandelt werden muss.

Für eine flexible, nur an der individuellen Leistung ausgerichtete und an fixen Zielen orientierte Vergütung gibt es gerade in modernen, komplexen Unternehmen keine sinnvolle Anwendung mehr (Pfläging, 2011). Sprenger (2010) formuliert das so:

>> Um es mal simpel zu sagen: Auch der noch so talentierte CEO ist abhängig von der Leistung und Zuarbeit sehr vieler anderer guter Leute, ohne die er niemals erfolgreich wäre. **«**

»Auch der noch so talentierte CEO ist abhängig von der Leistung und Zuarbeit anderer guter Leute.« (Sprenger, 2010)

Fassen wir zusammen: Die Kombination besteht aus Stabilität im Fixgehalt, eventuell aus einer langfristigen Kapitaleinlage im Unternehmen, und einer an das dynamische System Markt gekoppelten Flexibilität in Form einer Gewinn- und Verlustbeteiligung. So unterstützt Geld, das zwischen Unternehmen und Mitarbeitern fließt, als Stabilisator Unternehmer, Manager und den Mitarbeiter.

Dieses System ist quasi der Natur abgeschaut: Bambus zeichnet sich durch hohe Stabilität bei maximaler Flexibilität und starkem dynamischen Wachstum aus. Rational betrachtet müsste diese Form des Gehalts- und Mitarbeitersystems schon viel stärker verbreitet sein.

Ein Fazit: Berechenbares Risiko, bewusst eingegangen, kann zu mehr relativer Sicherheit führen. Das zeigen uns auch die Beispiele der verschiedenen Interviewpartner in ▶ Kap. 2. Auf den ersten Blick sichere Entscheidungen – wie im ersten Modell – werden dagegen schnell ungewollt und unbewusst zu einer für Unternehmen und Mitarbeiter wackeligen Angelegenheit.

Berechenbares Risiko, bewusst eingegangen, kann zu mehr relativer Sicherheit führen.

Was also spricht gegen ein Bambussystem?

Welche Überlegungen oder Gefühle hemmen erfolgreiche Unternehmer, Manager, Betriebsräte und Mitarbeiter bei der Einführung einer Mitarbeiterbeteiligung? Eine wesentliche Komponente sind die unbewussten Bestandteile der Beziehung aller Beteiligten zu Geld und Risiko. Ganz besonders gilt das in Familienunternehmen, die stark herausgefordert sind, wenn sie »Fremde« ins Unternehmen aufnehmen wollen oder mangels Nachfolger sogar müssen (Hack et al., 2011). Allein das Wissen über Risiko reicht also nicht aus. Ein tieferes Verständnis der Wirkung von Geld könnte der Schlüssel für mehr Partnerschaft in der Wirtschaft sein.

Ein tieferes Verständnis der Wirkung von Geld könnte der Schlüssel für mehr Partnerschaft in der Wirtschaft sein.

Platz für Ihre Gedanken:
Nun wieder einige Fragen an Sie: Was denken Sie über Sicherheit, Risiko und Unsicherheit von Gehaltssystemen? Welche Beispiele gibt es in Ihrem Alltag?

Für Unternehmer:

Welches Gehaltssystem hat Ihr Unternehmen gewählt? Wird das Risiko, das Ihr Unternehmen mit seinem Gehaltssystem gewählt hat, offen mit allen diskutiert?

_____

_____

_____

Für Coaches und andere Dienstleister (Steuerberater, Rechtsanwälte, Unternehmensberater):

Kennen Sie das Gehaltssystem des Unternehmens, mit dem Sie gerade arbeiten? Welchen Einfluss hat es auf das Coaching? Wie reflektiert sich Ihr Honorarmodell in diesem Gehaltssystem? Sind Sie als langjähriger Partner Ihres Kunden sogar in das System eingebunden?

_____

_____

_____

Jedes Gehaltssystem enthält ein Risiko und ist immer Ausdruck der aktiv gelebten Risikokultur im Unternehmen.

1.2.6   Geld als Projektionsfläche

Nicht alle Unternehmen erkennen die Rolle, die Geld spielt. Einige Unternehmen, vor allem Non-Profit-Unternehmen, versuchen die Wirkung von Geld gewissermaßen auszuschalten. In anderen hat das Geld das Ruder in die Hand genommen. Hier steht nicht mehr der Kunde im Mittelpunkt, sondern das Geld. Nicht die Führungskraft führt, sondern das Geld. Der Mitarbeiter tut nicht das, von dem er glaubt, dass es in dem Moment richtig ist, sondern das, was ihm am Ende des Jahres das meiste Geld bringt. Und auch Unternehmer verlieren ihre Vision immer wieder aus dem Auge und starren auf das Geld. Manche tun dies – unterstützt von Bank und Beratern – leider von Anfang an.

Diese Aussagen müssen nicht alle auf Ihr Unternehmen zutreffen, aber auch wenn sie nur in einem Bereich stimmen, verschenkt Ihr Unternehmen noch Potenzial. Denn wenn das Geld im Mittelpunkt unserer täglichen Bemühungen steht, lohnt es sich, ganz genau zu wissen, was es für uns bedeutet. Für manchen steckt in der Antwort eine große Überraschung!

Haben Sie gelernt zu denken, Geld sei nicht wichtig? Oder haben Sie gelernt, Geld sei das Wichtigste auf der Welt? Ich kann Ihnen eines verraten: Beides ist falsch. Liegt die Wahrheit über Geld also in der Mitte? Auch nicht. Die Wahrheit und damit die Lösungen liegen außerhalb von Geld.

>> Von Natur aus ist Geld jedoch nie mit der Sache oder der Eigenschaft identisch, mit der man es gleichsetzt. (Koenig, 2004, S. 191) **《**

Auf den nächsten Seiten finden Sie wie in einem guten Reiseführer die wichtigsten Stellen und Plätze in diesem Neuland, und Sie lernen die wichtigsten Geschichten und Geheimnisse darüber. Damit können Sie erste Hinweise auf eigene blinde Flecken mit Geld entdecken.

Wie Geld wurde, was es ist

Um die Wirkung von Geld auf Menschen und in Unternehmen zu verstehen, ist es hilfreich, für einen kurzen Moment bei einigen Stationen in der Entwicklung vom Gebrauch des Geldes zu verweilen. Dabei wollen wir Geld hier als Wertäquivalent verstehen und uns nicht mit dem Münzgebrauch als Teil des Geldsystems befassen. Auch Themen wie Schuld, Sühne und Opfer, mit denen die Religionen zur Bedeutung des Geldes beigetragen haben, wollen wir hier außer Acht lassen. Ein solcher Ausflug würde den Rahmen des Buchs sprengen.

>> … das Geld als Urphänomen menschlichen Zusammenlebens ist nicht wirtschaftlichen Ursprungs und kann daher auch nicht mit den Begriffen und Kategorien der Wirtschaftswissenschaften allein erklärt oder definiert werden. (Schmölders, 1966, S. 28) **《**

»Geld als Urphänomen menschlichen Zusammenlebens ist nicht wirtschaftlichen Ursprungs.« (Schmölders, 1966)

Interessante Hinweise fanden Gerloff und Gebhardt (zitiert nach Schmölders, 1966, S. 21, 28) im Kontext der Völkerpsychologie. Noch heute können wir in verschiedenen Kulturen überraschende Formen des Gebrauchs von Geld erkennen. Manches ist uns fremd, andere Formen kennen wir auch heute in Mitteleuropa. Die beiden Forscher haben zwei verschiedene Phasenmodelle des Geldes vorgestellt. Einigkeit über den genauen Ursprung des Geldes gibt es aufgrund der wenigen Geschichtsforschung zum Geld noch nicht. Doch für unsere Zwecke reicht die modellhafte Annäherung allemal.

Ein wichtiger psycho-sozialer Ursprung des Geldes ist das Hortgeld. Die Geldsubstanz ist hier noch magisch-mythisch, z. B. ein bestimmter Ring. Das Hortgeld besteht aus dem Werbeschmuck der Frauen sowie dem Würde- und Rangschmuck der Männer. Aus diesem entwickelte sich dann allmählich das »Protzgeld«, mit dem ein gesellschaftlicher Stand angezeigt wurde. Als nächstes konnte die Form des Zahlgeldes (Brautgeld, Buß- und Fehdegeld) identifiziert werden. Dieses besaß bereits ein messbares Gewicht und war an eine bestimmte Substanz (Edelmetalle) gebunden. Der wirtschaftliche Umgang mit Geld durchlief verschiedene Epochen, in denen das Geld in Form von Münzen als Verkehrsgeld verwendet wurde. In der letzten Phase der Geldentwicklung ist die Substanzunabhängigkeit zum Normalfall des Gebrauchs von Geld ausgebaut worden. Bis heute kennen wir sie als Zeichengeld (Scheine, Buchungen). Sie ermöglicht die Schnelligkeit, mit der Geld auf den Märkten kursiert. Zwar gibt es

Geld hat auch heute noch eine Funktion als Status- und Machtausdrucksmittel.

eine gewisse Abfolge der Entwicklung, doch können wir alle Formen des Geldes noch bis in die heutige Zeit nebeneinander beobachten. So hat Geld unbestritten auch heute noch eine Funktion als Status- und Machtausdrucksmittel.

Wichtig ist, wie wir über Geld denken. Schmölders (1966, S. 146) sagt: »Der Glaube an Geld … ist die Vorbedingung jeder Geltung des Geldes.« Sein Wert ist beweglich und unterliegt täglichen Veränderungen. Bleiben diese Veränderungen (z. B. Inflation) unter einer bestimmten Wahrnehmungsschwelle, hat diese Veränderung keine Auswirkung auf das Verhalten der Menschen. Wird diese Schwelle jedoch überschritten, so ist die Reaktion meist extrem.

Geld spiegelt Persönlichkeit und Unternehmenskultur

» Geld ist eine leere Leinwand, eine Projektionsfläche für die eigenen Gedanken und beliebige Eigenschaften und Dinge. (Koenig, 2004, S. 191) **«**

Jeder Mensch kann die Frage »Was ist Geld?« beantworten. Hat man die erste Hürde – Geld ist etwas Sachliches – einmal überwunden, sind die Antworten so unterschiedlich wie die Menschen, denen man diese Frage stellt. Ist das für den Unternehmensalltag überhaupt relevant? Gibt es auch bei Unternehmer, Manager und Fachkraft ganz unterschiedliche Antworten auf die Frage: »Was ist Geld – für dich?« Und welche Auswirkungen hat das auf das Verhalten und Entscheidungen im Alltag?

Beginnen möchte ich mit einer Geschichte, die so in einer Unternehmensberatung vorgefallen sein könnte:

> **Eine Geschichte aus der Unternehmensberatung**
> Während eines Auftrags vor Ort fragt der Kunde, ein Geschäftsführer, den Berater plötzlich nach dem Preis für den nächsten Auftrag. Das Beratungsunternehmen hatte kürzlich die Preise angehoben, wovon auch der Berater am Ende des Jahres profitieren wird. Der Kunde weiß davon noch nichts. Der Berater nennt den neuen Tagessatz, der Kunde reagiert leicht irritiert und verärgert. Was geschieht nun? Für den Berater – eine typische Fachkraft – bedeutet Geld Sicherheit. Als er die Verärgerung des Kunden bemerkt, reagiert er nonverbal ein wenig defensiv und sagt dann: »Na, ich werde mal sehen, was ich machen kann.« Der Gesprächspartner beim Kunden, der Geschäftsführer, ist ein Manager; er verbindet mit Geld nicht Sicherheit, sondern Macht und Anerkennung. Er überlegt kurz, ob der Berater in seiner Firma genügend Macht hat, sein Versprechen durchzusetzen und kommt zu der Einschätzung, dass dies wohl nicht der Fall ist.
> Also ruft er den Inhaber des Beratungsunternehmens persönlich an. Dieser Unternehmer hört, dass der Kunde den Preis

nicht so leicht akzeptieren wird. Für ihn repräsentiert Geld seine Unabhängigkeit. Wenn der Kunde nun verärgert ist, kommen im Unternehmer leise Befürchtungen auf, dass sich der Kunde vielleicht einen anderen Dienstleister suchen wird. Hier überträgt der Unternehmer seine Überzeugungen zu Geld, ohne sich dessen bewusst zu sein, auf den Manager. Er geht auf die Forderung des Kunden ein und fühlt sich ab sofort von dem Kunden abhängiger als zuvor. Die Beziehung zwischen allen dreien bleibt leicht getrübt. Das Vertrauen in sich selbst und in das Gegenüber sinkt.

Was ist genau passiert? Jeder reagiert nach verschiedenen unbewussten Mustern (Übersicht). Meine Beobachtung in den vergangenen Jahren zeigt: Der Unternehmer verbindet mit Geld Unabhängigkeit (sein blinder Fleck ist die Abhängigkeit), der Manager verbindet mit Geld Macht und Anerkennung (seine blinden Flecken sind Ohnmacht und Selbstwert), und die Fachkraft verbindet mit Geld Sicherheit (ihr blinder Fleck ist die Unsicherheit). Schon hier kann man sehen: Wenn Menschen aufeinander treffen, die mit ein und demselben Begriff, hier Geld, verschiedene Dinge verbinden, dann greift eine unbewusste Dynamik in das Geschehen ein, die nicht vom Verstand gesteuert wird.

> **Die Rollen und die Bedeutung von Geld im Unternehmen**
> - Unternehmer: (»Visionär«)
>   für ihn oder sie bedeutet Geld – **Unabhängigkeit**
> - Manager: (»Regler«)
>   für ihn oder sie bedeutet Geld – **Macht und Anerkennung**
> - Fachkraft: (»Tuer«)
>   für ihn oder sie bedeutet Geld – **Sicherheit**

Doch was genau ist in den Personen passiert?

Als der Kunde nach dem Preis fragt, erkundigt sich der Berater nicht, ob der Kunde schon von den neuen Tagessätzen weiß. Er denkt an sein Gehalt und nennt einfach den neuen Preis. Der Kunde fühlt sich uninformiert, er weiß nicht, warum er mehr zahlen soll und ärgert sich. Der Berater scheut den Ärger, denn das ist sein ganz persönlicher blinder Fleck mit Geld. (Er wird hier wieder die Erfahrung machen: Geld bringt Ärger.) Nun versucht er, Sicherheit in die Situation zu bringen, doch es gelingt ihm nicht; der Kunde ist verunsichert. Er sucht nach Information und ruft den Unternehmer an. Der hört den Ärger, aber nicht die Frage, und das negative Gefühl des Kunden löst im Unternehmer eine negative Projektion zu Geld aus: Wenn ich den Preis erhöhe, wird sich der Kunde einen anderen Dienstleister suchen. Doch der Kunde sucht eigentlich nur nach Orientierung, d. h. hier nach klarer Information über den Grund für den neuen Preis.

Der Unternehmer glaubt, er muss den Kunden halten, und stimmt dem alten Preis zu. Der Kunde bekommt nun zwar seinen alten Preis, doch den wollte er gar nicht unbedingt, denn ein höherer Preis hätte ihm die Gelegenheit gegeben, den schon lange gehegten Wunsch nach besserem Service kommunizieren zu können. Gleichzeitig bleibt er weiterhin verunsichert, weil er nicht weiß, was im Hintergrund passiert. Der Unternehmer fühlt sich abhängiger denn je vom Kunden, was er absolut nicht mag. Wie werden sich diese drei wohl in Zukunft begegnen?

Wir können uns alle vorstellen, dass so etwas in der Realität täglich passiert. Wieso gelingt es uns nicht, sachlich über Geld reden? Weil Geld eine Möglichkeit ist und damit eine Projektionsfläche. Das macht unser Leben mit Geld zugegeben erst einmal kompliziert.

Um es zu verstehen, müssen wir uns die psychische Wirkung von Geld als Projektionsfläche einmal genauer anschauen. Hier einige Beispiele aus meinen Seminaren und Vorträgen »Erfolg mit Geld« (◘ Abb. 1.14).

Platz für Ihre Gedanken:
Können Sie sich in der einen oder anderen Äußerung wiederfinden? Wenn ja, dann schreiben Sie die Stichworte einfach hier auf. Wenn nein, wählen Sie Ihre eigenen:
Was ist Geld für mich?

_____

_____

_____

Was immer im Seminar auf dem Flipchart steht, es sind in der Regel viele und vor allem widersprüchliche Begriffe. Geld ist Abhängigkeit und Unabhängigkeit, Stress und Entspannung, Freude und Leid, Druckmittel und Erleichterung, Tauschmittel und Bremse und vieles mehr. Auf der Metaebene wird deutlich: Geld ist das, was wir denken. Es ist immer wieder von neuem eine Möglichkeit – nicht mehr, aber auch nicht weniger. Im Geld materialisieren sich unsere Gedanken, auch wenn das Geld sich bloß als Blatt Papier mit einer Zahl zeigt. Was es für uns im Einzelnen ist, wird es durch unsere Gedanken.

Geld ist eine geduldige Projektionsfläche für all unsere Wünsche, Visionen und Konflikte.

Das nennen wir seit Freud Projektion (Wikipedia, Stichwort: Projektionen): die unbewusste Verlagerung eigener Wünsche, Gefühle oder Vorstellungen auf andere Personen oder Objekte (Zimbardo, 2003, S. 534). Geld ist also auch eine Projektionsfläche. Auf der Projektionsleinwand ist so lange nichts Bedeutendes für uns zu sehen, bis wir den Projektor anschalten und ein Bild hineinstecken, das danach auf die Leinwand geworfen wird. Soweit ist der Mechanismus nichts Ungewöhnliches. Vielleicht haben Sie das bisher nicht mit Geld in Verbindung gebracht. Projektionsflächen sind auch andere Dinge, ein Auto, die Ehefrau, der Chef. Auf alles können wir projizieren, doch ein gewisser Unterschied besteht. Der Chef, die Ehefrau weigern sich nach einer Weile, die Rolle,

◘ Abb. 1.14 Antworten aus dem Seminar auf die Frage: »Was ist Geld für Sie?«

die man ihnen zuweist, zu spielen. Das Geld nimmt hingegen alle Aufträge willenlos an; es lässt jede noch so abwegige Projektion zu. Deshalb können wir nach aller Erfahrung davon ausgehen, dass unsere wirklich blinden Flecken beim Geld gelandet sind.

Wie wirken positive und negative Projektionen auf Geld in uns?

Die Lernkurve mit Geld beginnt früh, meist in der frühen Kindheit, bei einigen schon vor der Geburt, bei manchem erst in der Schulzeit. Häufig sind die ersten Erlebnisse, die wir erinnern, mit einem intensiven Gefühl verbunden. Das hat vor allem etwas mit unserem Gedächtnis zu tun: Wir lernen – und erinnern – nur dann, wenn etwas emotional Bedeutendes passiert ist. Diese Erfahrungen prägen sich uns ein und beginnen von dem Moment an, unsere Reaktionen und Entscheidungen zu beeinflussen. Das passiert in allen Lebensbereichen so – natürlich auch mit Geld.

Wir verbinden etwas mit Geld, und von dem Moment an beginnt eine Dynamik. Wir können Positives oder Negatives mit Geld verbinden. Die Folgen sind sehr unterschiedlich.

- **Die helle Seite von Geld – positive Projektionen**

Projizieren wir positive Dinge, wie Sicherheit, Kraft, Glück, Leichtigkeit auf das Geld, dann beginnen wir automatisch danach zu streben. In unserer Gesellschaft ist das bis zu einem gewissen Grad anerkannt. Darum hinterfragen wir diesen Automatismus für gewöhnlich nicht. Wir suchen uns eine gute Arbeit, verhandeln ein gutes Gehalt und versuchen, es zu maximieren in der Hoffnung, mit dem steigenden Geldbetrag diese Sicherheit, Entspannung oder was auch immer zu behalten. Doch trotz abnehmendem Grenznutzen und anderer betriebswirtschaftlicher Erkenntnisse wollen wir immer – wenigstens ein bisschen – mehr. Warum?

Die rationale Erklärung ist, dass Geld real an Wert verliert. Doch es gibt noch eine wichtigere: Geld kann das Versprechen, das wir ihm abgenommen haben, gar nicht einlösen. In dem Moment, in dem wir angefangen haben, Sicherheit auf Geld zu projizieren, entstand in uns selbst ein kleines Manko an Sicherheit. Dieses kleine Manko geht nicht mehr weg. Es besteht, solange wir Sicherheit auf Geld übertragen und sie nicht mehr vollständig in uns spüren können – auch ohne Geld! Wir haben einen natürlichen Zustand verlassen und können nicht einfach dorthin zurück. Warum? Beobachten Sie selbst, was in Ihnen passiert, wenn Sie den Satz denken: »Ich bin sicher mit und ohne Geld!« Konnten Sie einfach so zustimmen, oder hat Ihr Verstand gesagt: »Wie? Ohne Geld Sicherheit, das geht nicht! Wenigstens ein bisschen Geld muss doch auf meinem Konto sein.« War es so?

Nichts gegen Geld auf dem Konto. Das Ziel meiner Arbeit ist weder, die Menschen reich – an Geld – noch bescheidener zu machen oder sonst welche Richtungen vorzugeben. Es geht nicht darum, ein Leben ohne Geld vorzuschlagen. Es geht darum, ein Leben mit und ohne Geld so zu leben, wie es gut ist. Und davon sind viele Menschen – Unternehmer, Manager, Fachkräfte – weit entfernt. Der Mechanismus der Projektion führt nämlich dazu, dass wir hin und wieder glauben, Dinge tun zu müssen, die wir eigentlich nicht möchten, damit das Geld weiter auf unser Konto fließt. Wenn Sie jetzt in sich hineinhören, wird Ihr Verstand wahrscheinlich wieder sagen: »Natürlich! So ist das eben.« Aber Achtung! Das ist für uns normal, es ist eine gesellschaftlich anerkannte Regel geworden. Natürlich und wahr ist es deshalb noch lange nicht. Wir werden sehen.

So führt eine positive Projektion auf Geld – wie Sicherheit, Macht und Freiheit – im Alltag unweigerlich zu Situationen, in denen wir uns alles andere als sicher und frei fühlen. Nämlich immer dann, wenn das Geld weniger wird oder droht auszubleiben. Um den gewünschten Zustand möglichst oft und mit gleichbleibender Wirkung zu erleben, sind viele von uns in einem Hamsterrad gelandet. Dieser Zustand ist zu unserer zweiten Haut geworden, obwohl er nur eine

---

In dem Moment, in dem wir angefangen haben, Sicherheit auf Geld zu projizieren, entstand in uns selbst ein kleines Manko an Sicherheit.

Es geht darum, ein Leben mit und ohne Geld so zu leben, wie es gut ist.

gesellschaftliche Normalität widerspiegelt. Dies führt für gewöhnlich dazu, dass wir Projektionen auf Geld so gut wie nie gründlich hinterfragen, jedenfalls nicht unsere eigenen. Wenn wir aber mit und ohne Geld sicher, frei, entspannt, mächtig usw. sein wollen, dann müssen wir durch dieses Nadelöhr hindurch.

Wenn Ihr Verstand sich beim Lesen ab und zu meldet und signalisiert, das verstehe ich nicht, das ist mir zu abstrakt, dann schalten Sie Ihr Gefühl und Ihre Intuition ein. Spüren Sie, wie es sich im Körper anfühlt zu denken: Ich bin frei mit und ohne Geld. Spüren Sie die Sehnsucht, die Entspannung, die Freude, die diese Wahrnehmung in Ihnen auslöst? Lassen Sie sich zumindest für den Moment darauf ein.

Warum ist das für Sie als Unternehmer, Coach, Manager, Fachkraft so wichtig?

Folgen Sie mir doch einmal bei folgendem Gedankenspiel: Wie sicher bin ich, wenn meine Sicherheit von einem Geldbetrag auf meinem Konto abhängt? Wie frei bin ich wirklich mit Geld, wenn die Freiheit verschwindet, sobald das Geld weniger wird? Frei sein mit Geld heißt auch, dass ich mich auch dann mit Menschen umgeben kann, die weniger Geld besitzen als ich, wenn ich selbst viel Geld besitze – einfach, weil ich sie mag. Wenn mein Konto aber sagt, du musst auf dem Golfplatz sein, obwohl ich gerne in der Kneipe beim Bier wäre, wo bleibt da die Freiheit?

Geld ist so individuell wie wir selbst. Am liebsten würde ich jetzt neben Ihnen sitzen und Ihre Fragen direkt aufgreifen. Dann würden wir sicher auch das Beispiel finden, das Ihnen den tieferen Sinn dieser Wahrheit näherbringt. So muss ich einige Beispiele wählen, die mir meine Kunden gebracht haben, wohl wissend, dass immer die Unterschiede zählen, auch wenn sie noch so fein sind.

> **Geld ist so individuell wie wir selbst.**

Lassen Sie für einen Moment das Buch liegen und stellen Sie sich die Frage noch einmal: »Was ist Geld für mich?« Was immer auftaucht, schreiben Sie es auf. Welche Frage zu Geld taucht bei Ihnen auf? Überlegen Sie, woher Sie das Geld für den nächsten Tag nehmen? Fragen Sie sich, wie Sie für Ihr vieles Geld einen guten Berater finden? Grübeln Sie als Unternehmer darüber, wo Sie Ihr Geld im nächsten Jahr am besten investieren? Suchen Sie nach einem Weg, Ihre Mitarbeiter dazu zu bewegen, der Einführung einer Kapitalbeteiligung zuzustimmen? Schreiben Sie all diese Fragen auf.

Wenden Sie jetzt einen kleinen Trick an: Streichen Sie überall das Wort Geld durch und schreiben Sie das Wort »ICH« an seine Stelle. Was immer Sie lesen werden – es ist der erste Schritt zu einer Lösung.

> **Streichen Sie überall das Wort Geld durch und schreiben Sie das Wort »ICH« an seine Stelle.**

Sehen Sie hier, was geschieht. Ein Unternehmer schrieb mir nach einem Gespräch einige seiner Gedanken und Fragen zu Geld. Zum Beispiel: »Ist es nicht ungerecht, dass es Arme (Menschen mit wenig Geld) und Reiche (Menschen mit viel Geld) gibt?« Nun ersetzen wir Geld durch »ICH«: ist es nicht ungerecht, dass es Arme (Menschen mit wenig ICH) und Reiche (Menschen mit viel ICH) gibt?

Dieses Beispiel zeigt schon, Menschen mit wenig Geld/ICH werden mit dem Geld/ICH eines anderen nicht automatisch reicher. Das beste Beispiel sind Menschen, die im Lotto gewinnen und dadurch nicht automatisch glücklich und selbstbewusst genug werden, mit dem Geld/ICH, das sie bekommen haben, gut umzugehen. Die Lösung liegt also nicht im Geld, sondern in anderen Dingen wie Selbstbewusstsein und Selbstwert, und der steigt nicht automatisch mit Geld.

Sollte das Selbstbewusstsein tatsächlich durch mehr Geld steigen, dann ist es auf Sand gebaut. Denn wann brauche ich das Selbstbewusstsein am meisten? Wenn ich als Unternehmer Verluste mache oder wenn ich aus der Arbeitslosigkeit auf Arbeitssuche gehe. Wenn mein Selbstwert an Geld und Arbeit gebunden ist, habe ich sehr viel schlechtere Chancen, als wenn ich mit und ohne Geld selbstbewusst bin. Aber der Austausch von ICH, man könnte es auch Kontakt und Mitgefühl nennen, kann einem Menschen den Impuls geben, an sich zu glauben, sich wohl genug zu fühlen, um die sicher vorhandenen Potenziale zu aktivieren. Bei diesem Kontakt darf dann auch Geld fließen! Erst wenn sich der »arme Mensch« in Gegenwart anderer – wie viel Geld auch immer sie besitzen – nicht mehr arm fühlt, kommen das Geld oder andere Ressourcen auch bei ihm an und bleiben.

Dadurch, dass einige viel bezahlen, können andere teilnehmen, die wenig bezahlen.

Ein praktisches Beispiel sind meine Seminare zu Geld. Dort sitzen finanziell arme und reiche Menschen beieinander. Nicht immer fühlen sich die Reichen wirklich reich und die Armen so richtig arm. Das Wichtigste: durch die Berechnungsformel für die Seminargebühr fließt das Geld schon zwischen den Teilnehmern, bevor sie ins Seminar kommen. Dadurch, dass einige viel bezahlen, können andere teilnehmen, die wenig bezahlen. So sind alle schon zu Beginn des Seminars auf eine Art reicher geworden: Sie haben voneinander profitiert. Überprüfen Sie es unter http://tinyurl.com/FCM-Seminare selbst: Schon mit der Berechnung der Teilnahmegebühr beginnt das Seminar. Alles, was dabei auftaucht, kann Ihnen helfen, Ihre Projektionen auf Geld zu erkennen. Sie entscheiden dann, ob Sie den Schritt wagen und sich die Auflösung anschauen möchten.

Die zweite Geldfrage des oben erwähnten Unternehmers lautete: »Wie viel Geld brauche ich, um mich sicher zu fühlen? Wie groß sollte das Eigenkapital meiner Firma sein, damit ihre Existenz nicht gefährdet ist?«

Wir tauschen wieder Geld gegen »ICH« und erhalten: Wie viel »ICH« brauche ich, um mich sicher zu fühlen? Wie groß sollte das Eigenkapital/EigenICH einer Firma sein, damit ihre Existenz nicht gefährdet ist?

Die Lösung kennen wir aus den Marketinglehrbüchern: Es ist der unique selling point – der USP. Was macht Ihre Firma so einzigartig, dass Ihre Kunden nur von Ihnen beliefert werden möchten? Echte Einzigartigkeit kann nicht groß genug sein. Das Gute ist: Ihre Existenz ist einzigartig, als Mensch und als Unternehmen. Ihr Potenzial ist schon vollständig da, auch wenn Sie es noch nicht ganz spüren oder leben. Geld wird diese Frage nie lösen können.

Bleiben Sie noch einen Moment bei diesem Thema: Was würden Ihr Vater, Ihr Großvater, der Gründer Ihrer Firma dazu sagen? Ist es in Ihrer Familie erlaubt, einzigartig, also etwas Besonderes zu sein? Oder ist das ein blinder Fleck? Was brauchen Sie und Ihre Firma, damit jeder, der bei Ihnen arbeitet, einzigartig sein darf, sich auch so fühlt und das auch beim Kunden ausstrahlt?

An beiden Fragen sehen wir die Tiefe des Themas und die Leichtigkeit der Antworten. Es muss uns nur gelingen, die richtigen Fragen für uns selbst zu finden. Natürlich ist es für uns selbst nicht ganz einfach, die Lösungen auf Anhieb zu akzeptieren. Unser Glaubenssystem hat schließlich seit Jahrzehnten etwas anderes gehört. Doch mit jedem Tag, an dem Sie mit den Projektionen aktiv umgehen, entsteht ein besseres Bewusstsein zu Geld. Wir werden immer projizieren. Der Unterschied ist: Nehmen wir es wahr? Greifen wir, wenn nötig, ein und lösen die Projektion auf? Wir können sie auch ganz bewusst benutzen. Beginnen Sie noch heute damit.

■ Die dunkle Seite von Geld – negative Projektionen

Negative Projektionen auf Geld sind Aussagen wie: Geld ist ein Druckmittel, Geld macht abhängig, Geld ist schmutzig. Diese Projektionen kommen für gewöhnlich dadurch zustande, dass wir etwas nicht sein wollen. Wenn dieses Gefühl das erste Mal auftaucht, haben wir in der Regel einen guten Grund dafür. Jemand sagt z. B.: »Geld ist ein Druckmittel«. Woher kommt eine solche Überlegung? Es könnte sein, dass dieser Mensch als Kind erlebt hat, dass seine Mutter ihn als Druckmittel gegenüber dem Vater benutzt hat, um mehr Geld zu bekommen. Dieses Kind hat sich dadurch auch als Druckmittel gefühlt, es hat gehört, wie der Vater die Mutter deswegen vielleicht beschimpft hat. So ist es verständlich, dass dieser Mensch sobald wie möglich das Gefühl, ein Druckmittel zu sein, loswerden will.

> Wieso sollte ich Geld verdienen oder viel davon haben, wenn ich mit Geld meist Negatives verbinde?

Doch manchmal passiert das Gegenteil. Dieses Gefühl macht sich in dem Kind sogar langsam selbstständig, es fühlt den Druck auch ohne Vater und Mutter. Es beginnt nun, das Gefühl auch mit Geld in Verbindung zu bringen. Jedes Mal, wenn ihm jemand Geld anbietet, empfindet dieser Mensch nun den Druck, etwas dafür tun zu müssen. Gleichzeitig geht ihm das Gespür dafür verloren, wann es notwendig ist, anderen Menschen Druck zu machen. Das hat zwei mögliche pragmatische Folgen: Entweder ist dieser Mensch als Erwachsener ständig unter Druck, ohne es zu merken. Oder er ist gar nicht in der Lage, Druck zu machen, z. B., um sich Gehör zu verschaffen, und bringt dadurch Projekte indirekt unter Druck. Ohne ein Bewusstsein für dieses Thema kann sich dieser Mensch drehen und wenden wie er will, das alte Thema wird ihn begleiten. Auflösen wird sich das Thema dann, wenn er erkennt, wie sich sein »ein-Druckmittel-Sein« heute noch auswirkt und wie er es unbewusst auch auf Geld übertragen hat. In diesem Moment – ein Aha-Erlebnis – löst sich das Muster oft in Luft auf. Denn dann braucht das Geld die Rolle nicht mehr zu übernehmen, er kann Geld offener begegnen und wird es folglich auch bekommen, wenn er es braucht und wirklich will. Er wird im Arbeitsalltag lernen, sein Potenzial, ein Druckmittel zu sein, zu steuern. Denn jetzt kann er anerkennen, dass dies je nach Situation ein wichtiges Hilfsmittel ist. Ab sofort gehört »Druckmittel sein« wieder zur natürlichen und bewussten Identität dieses Menschen.

Fassen wir zusammen: Negative Projektionen entstehen, wenn ich etwas nicht sein möchte. Ich übertrage die Funktion auf Geld. Das Fatale: Danach habe ich nicht weniger Druck, bin nicht weniger schmutzig, aggressiv oder ohnmächtig, sondern ich bleibe es ohne ein Bewusstsein dafür. Ich übe Druck aus, ohne es zu merken, ich verhalte mich schmutzig, ohne es zu wollen, und ich bin abwertend. Logischerweise bleibt auch das Geld nicht bei mir, denn wieso sollte ich Geld verdienen oder viel davon haben, wenn ich mit Geld meist Negatives verbinde. Diesen Teufelskreis können wir nur durch mehr Bewusstsein zu Geld stoppen.

Wer seine Projektionen erkennt und damit bewusst deren Wirkung stoppen oder steuern kann, verhält sich in vielen Situationen rationaler.

Wenn ein Unternehmer, ein Unternehmen seine Projektionen erkennt und damit bewusst deren Wirkung stoppen oder steuern kann, wird das Verhalten in vielen Situationen rationaler. Wenn es gelingt, dem Geld die Zusatzaufgaben zu entziehen, die man ihm unbewusst übertragen hat, dann werden Lösungen im Unternehmen intuitiver, kreativer, aber auch anspruchsvoller.

Ein Beispiel: Eine Fachkraft in einem Finanzdienstleistungsunternehmen erfährt von einem Freund, dass in einem anderen Unternehmen folgende Regel gilt: Fachkräfte und Manager können sich dort gegenseitig Anerkennung zeigen in Form von Geld. Wer meint, ein anderer habe für das Team oder das Unternehmen gute Arbeit geleistet und verdiene dafür eine Anerkennung, kann diese Person bei der Personalabteilung anmelden. Die gemeldete Person erhält 100 Euro pro Hinweis. Um einen bilateralen Belohnungskreislauf zu vermeiden, kann dies zwischen denselben Personen nur einmal pro Halbjahr stattfinden. Eine schöne Sache, denkt sich die Fachkraft, auch wir in unserem Unternehmen könnten einander unsere Anerkennung doch auf diese Weise zeigen, und sie sendet den Vorschlag an die Personalabteilung im Haus.

Wie würden Sie vorgehen (◼ Tab. 1.2)?

Platz für Ihre Gedanken:
Was glauben Sie, wie lautete die Antwort der Personalabteilung? Wie hätten Sie reagiert? Welche Projektionen auf Geld haben hier gegriffen oder eben auch nicht?

——————————————————————————————————

——————————————————————————————————

——————————————————————————————————

Das Unternehmen, das dieses Verfahren schon erfolgreich eingeführt hat, konnte das nur deshalb tun, weil es schon vor der Einführung Anerkennung untereinander gefördert und gelebt hat – mit und ohne

◻ **Tab. 1.2** Positive und negative Projektionen auf Geld (»Ich habe folgende Projektionen/Themen in unserem Beispiel wahrgenommen«:)

Positive Projektionen	Negative Projektionen
Anerkennung	Abwertung
Macht	Ohnmacht
Vertrauen	Misstrauen
Nähe	Distanz
Orientierung	Kontrolle
Unabhängigkeit	Anhängigkeit

Geld. Denn erst dann kann Geld als Zeichen dieser schon gelebten Anerkennung auch sinnvoll eingesetzt werden. Doch auch hier müssen noch eine Menge Voraussetzungen erfüllt sein, die es den Mitarbeitern leicht machen, diese Regel zu leben. Meiner Vermutung nach spielen bei der Umsetzung ein gesunder und bewusster Umgang mit Macht, Kontrolle, klarer Kommunikation, Unabhängigkeit, Nähe und Vertrauen zwischen den Mitarbeitern auf allen Ebenen und abteilungsübergreifend eine entscheidende Rolle.

Kann so ein Vorgehen also einfach übertragen werden? Offensichtlich nein. Die Fachkraft erhielt ihre Antwort prompt – auch per E-Mail: »So was machen wir hier nicht.« Keine weitere Begründung, keine Nachfragen, keine Anerkennung für die Idee.

Sie merken es: Das Unternehmen war noch nicht reif für eine Weiterentwicklung seines Gehaltssystems. Das ist auch eine große Herausforderung, wie sich an der Auflistung der Projektionen unschwer erkennen lässt. Denn wer ein Unternehmen mit einer solchen Idee konfrontiert, triggert sofort Themen, die nicht aufgearbeitet oder reflektiert sind. Geld ist ein Brennglas für wichtige Themen. Wer einen Vorschlag für eine Weiterentwicklung des Gehaltssystems oder zur Einführung einer Mitarbeiterbeteiligung macht, der muss sich darauf einstellen, dass beide Seiten der Projektionen aktiviert werden. Lässt sich ein Unternehmen darauf ein und reflektiert es seine Projektionen, kann es in kurzer Zeit einen Paradigmenwechsel vom Geldweg zum Lebensweg schaffen. Geldentscheidungen sind Entscheidungen, bei denen Geld als Ziel im Vordergrund steht. Der Weg, der dort beschritten wird, ist ein »Geldweg«. Lebensentscheidungen sind Entscheidungen, bei denen das im Vordergrund steht, was für das Unternehmen und damit in erster Linie für den Kunden (der das Unternehmen legitimiert) gut ist.

Die Krone des Umgangs mit Geld im Unternehmen ist die Einführung eines Mitarbeiterbeteiligungssystems. Denn hier werden *alle* Projektionen auf Geld der Mitarbeiter eines Unternehmens aktiviert.

  — Der Unternehmer selbst muss sehr klar und achtsam in seinem
    Umgang mit Geld und vor allem unabhängig und abhängig sein
    können
  — Von Vorteil ist sicher, wenn die Mitarbeiter möglichst wenig
    negative Projektionen auf Geld haben
  — Die Fachkräfte müssen sich sicher fühlen mit und ohne Geld.
    Ohne das Bewusstsein zur Funktionsweise von Geld tun dies
    bisher die wenigsten Menschen

Menschen stimmen einer Mitarbeiterbeteiligung nur dann zu, wenn
ihnen ein Unternehmen diese Sicherheit auf unbewusster Ebene
schon längst geben konnte. In diesem Fall sagen die Mitarbeiter ja!
Wirkungsvolle Veränderungen im Gehalts- und Kapitalbeteiligungs-
system eines Unternehmens beginnen also am besten mit einigen
Fragen.

Platz für Ihre Gedanken:
Was ist Geld für mich/dich/uns?

_____

_____

_____

Wer bin ich/Wer bist du/Wer sind wir – und wer möchten wir sein –
in Beziehungen mit und ohne Geld?

_____

_____

_____

Was bringt es, wenn wir Projektionen auf Geld im Unternehmen berücksichtigen?
    Visionen, die auf Projektionen zu Geld stoßen, bauen auf Sand.
Also ist der erste Schritt, dass der Unternehmer selbst seine blinden
Flecken auflöst. Er wird wachsamer für die eigenen Projektionen auf
Geld und die seiner Mitarbeiter, Kunden und Lieferanten. So gelebt,
wird der Umgang mit Geld kreativ, risikobewusst und gesund.
    Es eröffnen sich neue Wege im Unternehmen, mit den Projektio-
nen umzugehen. Die Menschen lernen, ihre Bedürfnisse, die hinter
den Projektionen stecken, zu erkennen, und sie versuchen, sie zu leben – mit und ohne Geld. Ein Unternehmen kann somit den Fachkräften Sicherheit vermitteln und sie gleichzeitig dabei unterstützen,
auch Unsicherheit auszuhalten und Risiko einzugehen. Manager werden wirklich mit Macht ausgestattet und sind fortan gefordert, einen
verantwortungsvollen Umgang damit zu üben. Nur so kann der Manager in dem Moment, wo die Mitarbeiter mehr Verantwortung für
ihr Tun übernehmen, »ohne Macht« einen Schritt zurücktreten, und
er hat das Vertrauen, dass alles gut geht. Für den Unternehmer geht
es vor allem darum, sich immer wieder von Kunden, Dienstleistern

und Lieferanten abhängig und unabhängig zu machen – und das alles mit und ohne Geld.

» Wenn es stimmt, dass Geld eine Projektionsfläche für unsere Gedanken ist, dann sind wir die Quelle – auch von Geld!
(Peter Koenig) «

Finanzentscheidungen in der Praxis – Experteninterviews

© Springer-Verlag Berlin Heidelberg 2017
M. Müller, *Erfolgreich mit Geld und Risiko umgehen*,
DOI 10.1007/978-3-662-53165-5_2

2.1   So habe ich gefragt – Interview und Fragenkomplexe

Finanzentscheidungen werden täglich in jedem Unternehmen getroffen. Die Entscheidung, für dieses Buch Interviews zu führen, erwuchs aus dem Wunsch, Unternehmern, Coaches und Beratern in allen Branchen aufzuzeigen, welche Rolle Geld und Risiko bei der Entwicklung von Unternehmen spielen. Um den Blick auf Geld und Risiko im Unternehmen aus möglichst vielfältigen Perspektiven aufzunehmen, bekleiden meine Interviewpartner unterschiedliche Positionen:

- Unternehmer
- Vorstände
- Geschäftsführer
- (angestellter) Unternehmer
- Finanzverantwortlicher
- Personalleiter
- Interimsmanager
- Leiter Firmenkundenberatung
- Ehemaliger Unternehmer

»Auch mit etwas Abstand war es aus meiner Sicht ein bemerkenswertes Gespräch, das doch gänzlich anders verlaufen ist, als ich es im Vorfeld erwartet habe. Es hat mir wirklich Spaß gemacht.« (P. Radermacher, Mittelstandsgeschäft Mainz, Commerzbank)

Fast alle Interviews fanden bei meinen Gesprächspartnern vor Ort statt. Ich wollte mit ihnen in der für sie normalen und angenehmen Umgebung sprechen. Dadurch hatte ich zusätzlich die Möglichkeit, mich auf die besondere Kultur der Unternehmen einzuschwingen. Wir haben uns jeweils etwa 90 Minuten Zeit genommen. Die Gespräche wurden aufgezeichnet und anschließend transkribiert. Für das Buch habe ich sie auf das Wesentliche reduziert. Die Reihenfolge der Interviews orientiert sich an den zentralen Entwicklungsphasen eines Unternehmens: von der Gründung und Stabilisierung über Krisenzeiten, damit einhergehend Wandel und Neuorientierung, u. a. durch Beteiligungsmodelle wie Stiftungen, bis schließlich hin zum Verkauf. Über diese Phasen, ob vorbei oder noch mittendrin, zu reden, brachte für alle Seiten überraschende Erkenntnisse.

Meine Rolle als »Journalistin und Interviewerin« zu finden, war aber nicht ganz leicht. Immer wieder musste ich mich ermahnen, nicht in die Coachrolle zu schlüpfen.

»…wenn Sie mich fragen, was noch in mir nachschwingt, dann fällt mir sofort das Thema »Geldentscheidungen« ein. Und die Frage, wie viele meiner eigenen, aber auch der täglichen Entscheidungen in Unternehmen letztendlich von Geld getrieben werden.« (K. Neumayer, Interimsmanager)

Jedes Gespräch behandelte vier Themenkomplexe:

1. Das Unternehmen
2. Finanzentscheidungen unter Unsicherheit
3. Finanzielle Risikobereitschaft und Risikokultur
4. Die Rolle von Geld im Unternehmen

Die Fragen zu jedem Themenkomplex wurden auf den jeweiligen Experten und seine Rolle zugeschnitten. Jeder Gesprächspartner hat eine Übersicht über seine Fragen vorab erhalten und konnte sich so einstimmen. Für die meisten war das Interview trotzdem überraschend anders als Gespräche, die sie bis dato über Geld und Risiko geführt hatten.

Das, so hoffe ich, macht die Interviews auch für Sie anregend und wertvoll.

Interviewleitfaden: Die Themen und einige wichtige Fragen

Das Unternehmen
- Wie ist das Unternehmen, in dem Sie arbeiten, aufgebaut? Gibt es wichtige Unterschiede zu anderen Unternehmen in Ihrer Branche?
- In welcher Phase der Unternehmensentwicklung befindet sich das Unternehmen heute? (Gründung, Wachstum, Stabilisierung, Wandel)
- Was ist Ihre Rolle im Unternehmen?

Finanzentscheidungen unter Unsicherheit
- Wie treffen Sie Finanzentscheidungen? (Prozesse, Regeln, alleine, mit wem? Welche Rolle spielen Verstand, Intuition und Gefühle?)
- Wie sieht das Risikomanagement bei den finanziellen Entscheidungsprozessen aus, an denen Sie beteiligt sind?
- Was sind Ihre wichtigsten Erfahrungen mit Banken, Investoren und anderen externen Beratern?

Finanzielle Risikobereitschaft und Risikokultur
- Was ist Risiko?
- Wie schätzen Sie Ihre finanzielle Risikobereitschaft ein?
- Wie schätzen Sie die Risikobereitschaft und die Risikokompetenz (Wissen über Risiko, Risikowahrnehmung) Ihrer Mitarbeiter ein?
- Wie fließt die finanzielle Risikobereitschaft der Mitarbeiter in Finanzentscheidungen des Unternehmens, z. B. das Gehalts- und Mitbeteiligungssystem, ein?

Die Rolle von Geld im Unternehmen
- Was ist Geld für Sie?
- Welche Bedeutung und Rolle kommen/kamen dem Geld Ihrer Einschätzung nach bei der Unternehmensgründung und -entwicklung zu?
- Welche Rolle/Aufgabe übernimmt Geld heute in Ihrem Unternehmen?
- Was ist heute Ihre »brennende« Frage zu Geld?

»Es war für mich ein spannendes Gespräch. Mir ist noch mal sehr bewusst geworden, wie bedeutsam die psychologische Komponente ist und vermeintlich sachorientierte Themen wie Geld oder Risiko nicht nur über die nackte Zahl bewertet werden können.«
(J. Lauerwiz, Norim GmbH; Name geändert)

2.2   Interviews mit Experten

2.2.1   Gründen, Lernen, Wachsen

Von Beginn an richtig über Geld reden

Der Unternehmer
Prof. Dr. Reiner Güttler
Hochschule Saarbrücken
Margis AG*
cismet AG
»Jede Risikokultur ist gut, solange man sich darüber bewusst ist und man Regeln hat, die Sinn machen, und wenn die Regeln auch eingehalten werden.«

Reiner Güttler,
61 Jahre alt und Professor für IT an der Uni Saarbrücken sowie Leiter der Forschungsgruppe EIG an der Hochschule für Technik und Wirtschaft des Saarlandes. Er ist Mitgründer von drei Firmen. Zwei werden hier auch vorgestellt, eine davon mit Namen.

Margis AG*
2000 Gründung als Spin-off-Unternehmen, Gründungsgesellschafter waren ein Professor (Leiter der Forschungsgruppe) und drei Mitarbeiter (zwei Informatiker, ein Elektrotechnik-Ingenieur). Die Margis AG entwickelt Softwareprodukte zum Einsatz im Gesundheitswesen.

cismet AG
2002 Gründung als Spin-off-Unternehmen. Gründungsgesellschafter waren zwei Professoren (Leiter der Forschungsgruppe) und zwei Mitarbeiter (zwei Informatiker). Bis heute hat das Unternehmen hauptsächlich zwei Geschäftsfelder, zum einen die Entwicklung von Softwarelösungen für die kommunale Verwaltung, insbesondere unter Einbezug von Geo-Informationen, zum anderen die Teilnahme als Konsortialpartner von internationalen Forschungsprojekten, insbesondere von der EU-Kommission.

▶ http://www.cismet.de
*Der Name wurde von der Redaktion geändert.

■   **Das Unternehmen**
MM: Vielen Dank für Ihre Bereitschaft zu diesem Gespräch. Steigen wir gleich ein: In welcher Phase der Unternehmensentwicklung befinden sich die Unternehmen, die Sie mitgegründet haben, heute?
RG: Das erste Unternehmen wurde 1990 gegründet, 1996 ist es dann sehr stark gewachsen und hat sich stark etabliert. Ich bin 1998 aus dem Unternehmen ausgestiegen, da war es in einer stabilen Phase.

MM: Und wie sieht das bei den beiden anderen Unternehmen aus?

RG: Die befinden sich noch in der Wachstumsphase, allerdings gibt es auch da Unterschiede. Die Firma Margis hat sich relativ frühzeitig auf eine bestimmte Nische spezialisiert. Es wurden viele Produkte entwickelt, man hat sich immer mehr um Kunden bemüht und so ist das Unternehmen jetzt in einer Phase, wo die kontinuierlichen Finanzzuflüsse in Form von Wartungsverträgen einen beträchtlichen Teil des Grundfinanzbedarfs der Firma decken. Es beginnt also eine gewisse Stabilisierung.

Bei der Firma cismet ist das anders. Die blieb auch inhaltlich viel näher an der Forschungsgruppe und ist in internationalen Konsortien als sehr anerkannter Forschungsteilnehmer tätig. Das ist auf der einen Seite sehr lukrativ, auf der anderen Seite beinhaltet das auch mehr Risiko, weil es weniger kontinuierliche Geldzuflüsse gibt.

MM: Das heißt, bei cismet spielt Risiko eine andere Rolle?

RG: Ein Projekt – das bekommt man oder man bekommt es nicht. Wenn man gut platziert ist wie die cismet, geht das schon. Wenn man gut ist, kriegt man immer ein neues Projekt, ehe das alte abgearbeitet ist. Aber es gibt gedanklich schon ein deutlich größeres Risiko dahinter. Das macht die Arbeit natürlich andererseits auch wieder spannender für die Mitarbeiter.

MM: Das klingt sehr interessant, gerade die Unterschiede.

RG: Und die ziehen sich durch viele Prozesse in den Unternehmen durch.

MM: Haben Sie irgendwelche Vorerfahrungen als Unternehmer oder sind Sie sogar in einer Unternehmerfamilie groß geworden?

RG: Letzteres überhaupt nicht. Ersteres ein bisschen – teilweise. Die Forschungsgruppe, die ich mit einem inzwischen verstorbenen Kollegen gegründet hatte, wurde zu der damaligen Zeit als ein sogenanntes An_Institut geführt. Das ist ein finanziell und rechtlich selbständiges Institut, wo die Geschäftsführer ähnlich sind wie in einer Firma. Man ist juristisch verpflichtet, für die Finanzierung zu sorgen. Wenn man z. B. die Sache gegen die Wand fährt, muss man Insolvenz anmelden. Da habe ich erste Erfahrungen gesammelt.

▪ Finanzentscheidungen unter Unsicherheit

MM: Wie treffen Sie heute Finanzentscheidungen? Haben Sie bestimmte Prozesse, Regeln, die Sie entwickelt haben? Wie gehen Sie generell mit Risiko, Unsicherheit um. Und welche Rolle spielen bei Entscheidungen, die Sie treffen, Verstand, Intuition, und Gefühl?

RG: Geht es jetzt um die professionellen Entscheidungen? Nun… Es ist so, dass ich ja in keinem einzigen Fall eine Entscheidung alleine treffe. Ich darf als Beamter kein Geschäftsführer sein, also kann ich keine alleinigen Entscheidungen treffen. In allen drei Unternehmen lief es so, dass alle wirklich bedeutenden Entscheidungen durch die Gesellschafter getroffen wurden. Ich sage bewusst nicht die Geschäftsführer.

Das ist auf der einen Seite sehr lukrativ, auf der anderen Seite beinhaltet das auch mehr Risiko.

Wir werden keinen Kredit aufnehmen, wir schaffen es so. Und ehe wir einen Kredit aufnehmen sperren wir die Firma zu.

MM: Also, alle Entscheidungen nur im Team? Ist das im Alltag praktikabel?

RG: Nicht immer, deshalb haben wir z. B. bei der Gründung von Margis sehr restriktive Regeln konstruiert, innerhalb derer die Geschäftsführer alleine entscheiden können.

MM: Gibt es weitere eindeutige Regeln?

RG: Die bedeutendste Regel ist, dass in der Firma Margis die Gesellschafter bei der Gründung gesagt haben: »Wir werden keinen Kredit aufnehmen, wir schaffen es so. Und ehe wir einen Kredit aufnehmen sperren wir die Firma zu.«

MM: Gibt es da eine Story, warum Sie diese Entscheidung getroffen haben?

RG: Es liegt in den Personen bei Margis, aber auch in meiner Vorerfahrung mit der ersten Firma. Dort waren wir insbesondere in der Gründungsphase in einem Geschäftsbereich tätig, der viel mit Hardware und Vernetzung zu tun hatte. Wir hatten damals enorm hohe Vorfinanzierungen, um Projekte abzuwickeln.

MM: Wie hoch waren die?

RG: Wir mussten damals, als kleines Unternehmen mit drei Leuten, Projekte abwickeln, bei denen die Firma bis zu 600.000 DM vorinvestieren musste. Um die dafür notwendigen Kredite bei den Banken zu bekommen, waren umfangreiche Bürgschaften notwendig. Da das sehr schwierig war, war das teilweise sehr stressig. Ich habe mir bei den weiteren Gründungen gesagt, dass ich das in meiner besonderen Rolle nicht noch einmal brauche. Deswegen habe ich das gleich zu Beginn bei Margis ganz klar kommuniziert.

MM: Gab es da nur eine Möglichkeit?

RG: Nein, man hätte es auch in einer unterschiedlichen Gewinnbeteiligung regeln können. Im Fall von Margis war es ganz stark die Persönlichkeit der Mitgründer, die gesagt haben: »Wir schaffen das so, auch wenn es langsamer geht. Wir wollen uns unbedingt etwas Eigenes aufbauen und das soll stabil sein.« So hat es bei Margis nie eine Rolle gespielt danach zu schielen, ob man nach der Gründung für ein großes Unternehmens interessant wird.

Von der jetzigen Warte aus ein sehr guter, stabiler Weg. Die Geschäftskontakte sind äußerst stabil. Es geht langsam, aber stetig bergauf. Die Vorausschau ist blendend, was ja häufig zusammenkommt. Das Langsamere ist stabiler. Man kann sehr schnell wachsen, das kann aber auch eine Luftblase sein.

MM: Hat auch die andere Firma cismet diese offensichtlich erfolgreiche Regelung übernommen?

Die Firma hat Schulden bei den Gesellschaftern gemacht.

RG: Ganz so strikt ist die Entscheidung – keine Kreditaufnahme – bei der Firma cismet nicht gewesen. Allerdings hat die erfolgreiche Projektakquise dazu geführt, dass es nicht notwendig war. Insofern kann ich da nicht aus der Erfahrung sprechen, was wäre wenn. Allerdings gab es in beiden Firmen in der Gründungsphase Liquiditätsengpässe. Damit musste man umgehen. Die Entscheidung der Gesellschafter war, das nicht durch Kreditaufnahme, sondern dadurch, dass die Geschäftsführer der Firma einen Teil ihrer Bezüge gestundet haben, zu lösen. Die Firma hat Schulden bei den Gesellschaftern gemacht.

MM: Und was ist Ihnen ganz persönlich wichtig, wenn es um Finanzentscheidungen im Unternehmen geht?

RG: Transparenz. Das ist mir das Allerwichtigste. Transparenz über die Konsequenzen. Nehmen wir die Firma cismet. Wenn wir uns dafür entscheiden, an einem großen Projekt als Partner beteiligt zu werden, dann ist das zwar schön, wenn da ein gewisser Geldregen kommt. Aber man geht damit auch große Verpflichtungen ein. Man muss z. B. entsprechend Personal akquirieren. Dann steckt der Teufel im Detail. Man muss genau rechnen. Für mich ist wichtig, dass für alle Beteiligten die Ergebnisse – auch die negativ denkbaren – transparent durchgesprochen werden.

MM: Wie machen Sie das konkret?

RG: Das ist mit heutigen Werkzeugen kein Hexenwerk. Wir haben Selbstanwendungen geschrieben. Mit was wäre wenn: Was ist, wenn wie z. B. bei großen EU-Projekten möglich man ohne eigene Schuld auf bis zu 20% der Kosten sitzen bleibt, wenn in der letzten Phase irgendein Partner Mist baut und das Projekt nicht geliefert wird. So sind die Regeln, wenn man da mitspielen will. Und da möchte ich genau sehen, wie die Konsequenzen aussehen. Wie groß das Risiko wirklich ist.

MM: Gut, das sind die Zahlen, was ist mit den Menschen?

RG: Man schaut sich die Partner an. In den meisten Fällen kennt man sie alle. Oder es sind solche Partner dabei, die Renommee haben. Die können es sich nicht leisten, in einem Projekt nicht ordentlich abzugeben. Dann entscheidet man sich eben dafür, ein solches Risiko einzugehen.

Der Risikofall ist noch nie eingetreten. Wir hatten auch schon nein gesagt, obwohl das Projekt finanziell interessant gewesen wäre. Es gab einen Partner, bei dem wir uns nicht so sicher waren. Das hätte die Firma ruiniert. Bei anderen Fällen, wo der Partner auch nicht gut war und theoretisch auch ein Ruin möglich gewesen wäre, haben wir mitgemacht, weil wir uns sicher waren, dass der Firma nix passiert.

MM: Das ist sehr interessant Ihnen zuzuhören. Sie haben eine Datenbasis und spielen Szenarien durch, bei denen Sie verschiedene Dinge abwägen.

RG: Genau!

MM: Was der Leser jetzt nicht sehen konnte: Nachdem Sie beschrieben haben, wie Sie die Daten bewerten, da haben Sie angefangen, mit dem Kopf und dem Körper in eine Wiegehaltung zu kommen. Dieses Abwägen scheint ein ganzheitlicher Prozess zu sein. Wann ist der Moment, an dem sie ja oder nein sagen?

RG: Das kommt ziemlich spontan. Ich kann Ihnen das genau beschreiben: Dann sitzen die Gesellschafter um den Tisch, wir haben alle Zahlen und Möglichkeiten gesehen. In den meisten Fällen war es so, dass man sich einmal anschaut, ein bisschen stutzt und dann sagt:

Obwohl der Gesellschaftsvertrag vorsieht, dass andere ihn überstimmen könnten: Wenn einer nein sagt, heißt das nein.

»Nee, das ist kein Risiko, das machen wir.« Anschließend wird noch einmal offiziell gefragt, ob jeder dabei ist? Wir haben eine absolute Regel, an die haben sich bei Margis und cismet alle gehalten. Obwohl der Gesellschaftsvertrag vorsieht, dass andere ihn überstimmen könnten: Wenn einer nein sagt, heißt das nein.

MM: Und das soll immer so bleiben?

RG: Ich kann mir im Moment bei dem Vertrauensverhältnis, was da ist, nicht vorstellen, dass sich daran etwas ändert. Insbesondere die positiven Entscheidungen, die laufen meistens sehr spontan, einmal anschauen und sagen: Mensch, das machen wir! Bei den negativen Entscheidungen war es schon so, dass wir in Diskussionen reingeraten sind. Das Negative, das war nicht so spontan, sondern nach ausgiebigen Diskussionen.

MM: Wie würden Sie den Weg in der Kürze zusammenfassen?

RG: Viel Erfahrung, aber auch eine Kombination aus klaren Regel, guten Zahlen und diesem spontanen intuitiven Gefühl: Gut, das passt!

MM: Haben Sie Erfahrungen mit Banken, Investoren gemacht?

RG: Mit Banken natürlich. Und da muss ich sagen, in vielen Fällen keine besonders guten. Banken waren sehr zögerlich. Insbesondere bei dem ersten Unternehmen. Wenn wir mit einem Großauftrag einer öffentlichen Behörde zur Bank gegangen sind, Vertrag schon unterschrieben, Zeitplan schon vorhanden und von der Behörde bestätigt, so dass es eigentlich nur noch darum ging, das Zeug zu beschaffen und Rechnungen zu stellen. Selbst in diesen Fällen mussten wir eine ganze Weile suchen, bis wir eine Bank gefunden hatten, die dann auch bereitwillig mitgespielt hat und nicht jedes Mal von uns verlangt hat, in der vollen Höhe der benötigten Investitionen komplett zu bürgen.

MM: Was hat Sie dabei am meisten überrascht?

RG: Die extreme zögerliche Haltung, obwohl der Vertrag – mit einem öffentlichen Auftraggeber – unter Dach und Fach war. Der zwar vielleicht etwas spät bezahlt, aber doch immer. Und wir wollten viel, wenn auch nur kurz Kredit. Daran verdienen sie doch gut.

MM: Gab es in den letzten 20 Jahren eine Veränderung?

RG: Gefühlsmäßig muss ich sagen ja. Was mich am Anfang so erstaunt hatte war, dass es auch bei dieser Frage der Vorfinanzierung innerhalb desselben Bankunternehmens gravierende Unterschiede gab. Bei der einen Filiale katastrophale Bedingungen und beim gleichen Unternehmen bei der anderen Filiale relativ gute Unterstützung. Da musste man einfach gut suchen. Und – nicht aufgeben!

■   **Finanzielle Risikobereitschaft und Risikokultur**

MM: Ja, kommen wir zum nächsten Thema. Nämlich zur Risikobereitschaft und zur finanziellen Risikokultur des Unternehmens. Zunächst: Wie schätzen Sie Ihre eigene finanzielle Risikobereitschaft von 1–10 ein?

RG: 5–6.

MM: Dann lassen Sie uns mal die Unternehmen durchgehen. Wie war die Bereitschaft in dem ersten Unternehmen?

RG: 7–8.

MM: Bei den beiden anderen haben wir schon gehört. Wie würden Sie die beschreiben?

RG: Bei Margis würde ich sagen 1 und bei cismet 3–4. Ist jetzt aus dem Bauch heraus.

MM: Das heißt, Sie haben die Erfahrung gemacht, in einem Unternehmen mitzuarbeiten und zu wirken, das insgesamt eine Risikokultur hat, die höher ist als Ihre eigene Risikobereitschaft. Das ist für einen Unternehmer eher ungewöhnlich. Woran haben Sie den Unterschied gespürt und was hat es bewirkt?

RG: Erst mal muss man positiv sagen, es hat dazu geführt, dass das Unternehmen überlebt hat und richtig groß geworden ist. Ohne die Risikobereitschaft wäre das wohl nicht passiert. Auf der negativen Seite hat das auch dazu geführt, dass meine Mitgesellschafter noch viel stärker und viel größere finanzielle Risiken eingegangen sind als ich. Die waren einfach davon überzeugt. Ich bewundere heute noch so ein bisschen den Mut. Die haben gesagt: »Wir haben ein tolles Produkt entwickelt und wenn wir genügend durchhalten, wird es jemand wollen.« Und es hat sich letztendlich gezeigt, dass es so ist. Aber es war nicht 5 vor 12, sondern 1 vor 12.

MM: Welche Auswirkungen hatte diese hohe Risikobereitschaft noch?

RG: Das war natürlich für alle Beteiligten eine stressige Phase, auch im Zwischenmenschlichen, weil jeder ein bisschen anders damit umgegangen ist. Auch mit meinem Selbstverständnis. Obwohl das vorher so abgemacht war, habe ich mich schon gefragt, ob ich die Mitstreiter nicht bremsen muss, die ruinieren sich fürs Leben, wenn das jetzt so weiter geht. Weil ich mit einem sicheren Auskommen in einer anderen Rolle war, war es emotional nicht sehr einfach.

MM: Rückblickend, hatte die finanzielle Risikobereitschaft einen Einfluss darauf, nicht nur dass es 1 vor 12 wurde, sondern dass 1 vor 12 eine Lösung entstanden ist?

RG: Die Risikobereitschaft hat dazu geführt, dass wir nicht bei 5 vor 12 ausgestiegen sind, sondern bis 1 vor 12 gewartet haben. Und inwiefern das jetzt Zufall war, das ist müßig. Es hat sich eben ergeben, dass sich ein größeres Unternehmen für das Produkt entschieden hat. Und dann ist es nicht nur so ein bisschen, sondern steil bergauf gegangen.

MM: Die beiden anderen Unternehmen hatten eine sehr viel geringere Risikokultur. War das von Ihrer Seite aus Absicht? Bewusst gewählt, dass Sie sich für die nächste Gründung Kollegen gesucht haben, die weniger risikobereit waren, oder hat sich das zufällig ergeben?

RG: Das hat sich zufällig ergeben. Schon bei der Gründung hatte ich klar gemacht, was ich bereit wäre zu investieren. Und zwar sehr wenig. Ich wollte dadurch vermeiden, dass es zu Konflikten kommt, an

> Die Risikobereitschaft hat dazu geführt, dass wir nicht bei 5 vor 12 ausgestiegen sind, sondern bis 1 vor 12 gewartet haben.

denen auch zwischenmenschliche Beziehungen kaputt gehen – das waren ja nicht nur Mitarbeiter, das waren ja Freunde. Ich hatte ihnen angeboten, wenn der Fall eintritt und die Firma in bestimmten Phasen mit Krediten gerettet werden soll, dann bürge ich nicht, aber ich bin bereit, Regelungen zu finden, wie das kompensiert wird. Dass dann diese Gründer tatsächlich gesagt haben: »Wir wollen das alles gar nicht«, das war Zufall.

MM: Ein Erfolgsrezept scheint mir, dass die Risikobereitschaft eines Unternehmens sehr unterschiedlich sein kann, wenn sie nur von allen durchgehalten wird?

RG: Das ist sehr wichtig, auch für das gute Auskommen untereinander. Das wirkt sich dann nicht nur hinsichtlich des Umgangs mit Risiko gut aus, sondern auch professionell hinsichtlich guter Arbeit. Insgesamt führt das zu massivem Vertrauen dem anderen gegenüber. Schwierig wäre es, wenn Personen ewig hin und her schwanken mit ihrer Risikobereitschaft.

MM: Worauf sollten Gründer achten?

RG: Jede Risikokultur ist gut, solange man sich darüber bewusst ist und man Regeln hat, die Sinn machen, und wenn die Regeln auch eingehalten werden. Und trotzdem kann man auch Mitarbeiter oder Gesellschafter haben, die von der Risikokultur und Person abweichen, wenn es ihnen gelingt es auszuhalten. Dieser Unterschied, das konnte man gut sehen, kann in der Diskussion wichtige Anregungen geben.

- **Die Rolle von Geld im Unternehmen**

MM: Sehr spannend. Lassen Sie uns zum nächsten und auch abschließenden Komplex von Finanzentscheidungen kommen. Dem Geld. All diese Entscheidungen haben mit dem Geld zu tun und deshalb würde ich Ihnen als Einstieg gerne die Frage stellen: Was verbinden Sie persönlich mit dem Begriff Geld?

RG: Für mich ist es Mittel zum Zweck. Es gibt bestimmt Dinge, die mir in meinem Leben wichtig sind, für die braucht man Geld, und es gibt andere Dinge, die mir sehr wichtig sind, für die braucht man kein Geld. Und für die Dinge, wofür man Geld braucht, ist es gut, welches zu haben. Allerdings möchte ich ganz deutlich sagen, dass mir viele andere Dinge wichtiger sind als Geld, die Anzahl der Dinge, die ich haben möchte, für die man kein Geld braucht, überwiegt.

MM: Sie haben die Erfahrung, in drei verschiedenen Unternehmen mit Geld Entscheidungen zu treffen. Welche Rolle übernimmt Geld in dem Unternehmen, das sie als erstes gegründet haben, und in den beiden, die noch dazukamen?

RG: Ein ganz wichtiger Unterschied zu meiner persönlichen Haltung ist der formale Aspekt. Ein Unternehmen muss nun mal solvent sein, weil sonst die Geschäftsführer dazu gezwungen sind Insolvenz anzumelden. Insofern spielt Geld eine sehr wichtige Rolle und wird ständig überprüft und leitet auch Entscheidungen, dass man eben keine Entscheidungen trifft, selbst wenn sie langfristig positiv sind, bei denen man zwischenzeitig in Insolvenz gerät.

> Jede Risikokultur ist gut, solange man sich darüber bewusst ist und man Regeln hat, die Sinn machen, und wenn die Regeln auch eingehalten werden.

MM: Gibt es den persönlichen Aspekt auch in den Unternehmen? Und gab es Unterschiede?

RG: Das Wichtigste war: Gründet man ein Unternehmen und führt man ein Unternehmen nur, damit die Kassen gefüllt sind? Bei dem ersten Unternehmen würde ich das schon primär so sagen, da ging es darum Geld zu verdienen. Die Unternehmer haben gesagt: »Wir könnten uns als Angestellte irgendwo verdingen, aber wir machen das als Unternehmer.« Das sieht man auch an dem, womit die Firma ihr Geld verdient, würde ich sagen. Bei der ersten Firma ist es so. Aus der Sicht der Informatik, vom Wissenschaftlichen her, sind es keine besonders interessanten Dinge. Keine Dinge, wo man jetzt sagen würde: Das macht ungeheuer Spaß, auf dem Gebiet zu arbeiten und zu entwickeln.

> Gründet man ein Unternehmen und führt man ein Unternehmen nur, damit die Kassen gefüllt sind?

MM: Und bei cismet und Margis?

RG: Das ist bei den beiden deutlich anders. Wobei ich ehrlich sagen muss, ich bin nicht ganz objektiv. Die Firma cismet hat bis heute ihre Hauptkompetenz auf einem Gebiet, das meinem Kompetenzgebiet an der Hochschule entspricht. Da ist automatisch eine größere Nähe. Aber die machen auf jeden Fall diese Projekte auch, weil es spannend ist, und nicht nur, weil man damit Geld verdient. Ähnlich ist es auch mit der Firma Margis. Die sind auf einem völlig verminten Markt, wo es Platzhirsche gibt, die mit unsäglichen Methoden versuchen, andere platt zu machen. Trotzdem haben die gesagt: »Wir haben ein tolles Produkt, das ist sehr anspruchsvoll und sehr schwierig, das wurde immer weiter perfektioniert.«

Diese Freude daran, ein Spitzenprodukt zu haben, war in der ersten Firma nur einmal der Fall. Das war zu Anfang wissenschaftlich sehr interessant und hat danach den wissenschaftlichen Anspruch verloren. Bei den beiden anderen geht es noch um mehr, nicht nur um den wissenschaftlichen Aspekt. Bei der Firma Margis würde ich sagen, es geht auch um persönliche Bestätigung. Wir machen das, wir halten durch und wir kriegen die Firma auf die Beine, so wie wir es wollen und nicht wie es von anderen vorgegeben wird. Und diese persönliche Bestätigung bekommen sie jetzt. Und das, muss ich sagen, macht mir viel Freude, dass sie das so konsequent durchhalten, beide Firmen.

MM: Bei der ersten Firma, da hat ja Geld zwischen Ihnen irgendwann eine besondere Rolle eingenommen. Sie haben eben schon gesagt, das ist das Unternehmen von dem sie sagen, dort stand bei der Gründung das Geldverdienen eher im Vordergrund. Wie hat sich Ihre Erfahrung im Umgang mit Geld und mit den Mitgründern entwickelt?

RG: Rein formal hatte jeder einen gleichen Anteil an der Firma, was dann, wenn nicht spezielle Dinge im Gesellschaftervertrag vorgesehen sind, dazu führt, dass wenn Gewinne erwirtschaftet werden, die zu gleichen Teilen verteilt werden.

MM: Was ist passiert als das Geld kam?

RG: Es hat zu Unstimmigkeiten geführt. Die Kollegen haben die Frage aufgeworfen: »Ist es gerecht, dass du nach dieser Regel den gleichen Anteil am Gewinn bekommst wie wir? Es lief darauf hinaus, auf einmal die Regel in Frage zu stellen. Das führte zu Diskussionen und auch teilweise zu erheblichen Verstimmungen.

MM: Sie haben es eben Regel genannt. Die Regelung der gleichteiligen Verteilung. Haben Sie denn irgendwann, bevor es so weit war, darüber nachgedacht, was sie machen, wenn viel Geld im Raum ist?

RG: Ehrlich gesagt nein. Ich habe darauf vertraut, für mich war die Sache klar. Ich hatte zu Anfang gesagt, ich werde mir die Wochenenden nicht um die Ohren schlagen und wenn ihr ein Problem damit habt, dann gebt mir einen kleineren Anteil. Das wollten meine Partner nicht. So wurde damals darüber gesprochen. Deswegen habe ich mich darauf verlassen.

MM: Haben die Mitgründer sich noch daran erinnert? Und wenn ja, was hat sich aus Ihrer Sicht für sie geändert, so dass sie anders reagiert haben?

Plötzlich kam dann der Gewinn und damit auch die Unzufriedenheit.

RG: Es geht jetzt sehr ins Menschliche. Meine Partner hatten sich sehr wohl daran erinnert, sahen das aber rückblickend anders. Am Anfang ist man ständig am »Ochsen«. Da gab es kein Geld zu verteilen, also machten wir uns auch keine Gedanken darüber. Meine Partner wussten, was ich bereit war einzubringen und was nicht – und trotzdem waren sie mit der Regelung nicht mehr einverstanden.

MM: Wie ging es aus?

RG: Wir haben uns getrennt, aber dann fair. Da möchte ich mich gar nicht beschweren. Bei so etwas lernt man Menschen sehr genau kennen. Deswegen sehe ich auch meine damaligen Mitstreiter sehr individuell und unterschiedlich.

MM: Haben Sie von der ersten Gründung etwas mitgenommen?

RG: Ja, unbedingt. Ich habe vor der Gründung der beiden anderen Unternehmen, den Mitgründern bis ins Kleinste dargelegt, wie die Trennung verlief und was mich dabei geärgert hatte. Die wussten also alle, was aus meiner Sicht schiefgelaufen war. Mit diesem Wissen haben sie gesagt: »Wir machen trotzdem zu gleichen Teilen.« Deswegen bin ich da sehr viel hoffnungsvoller und habe bisher allen Grund zur Annahme, dass das auch so bleibt.

MM: Spannend. Gibt es heute noch eine brennende Frage zu Geld?

RG: Eine Frage zu Geld würde ich im Moment nie als brennend bezeichnen. Dafür ist es mir nicht wichtig genug. Es erleichtert manche Dinge. Ich bin zwar überhaupt nicht reich, aber ich habe keine Geldsorgen.

MM: Vielen Dank.

Mitarbeiter reifen im Umgang mit Geld und Risiko

Der angestellte Unternehmer
Dr. Heiter Schlenker
Assistent der Geschäftsführung
Olympia Apotheke
»Mit dem Generationenwechsel 2004, als die erste Generation schon
operativ in den Hintergrund getreten ist, da hat es begonnen: Das
Unternehmen hat plötzlich gespürt, dass mehr möglich ist.«

Heiter Schlenker,
40 Jahre alt, ist seit 2008 Assistent der Geschäftsführung der
Olympia Apotheke in Durmersheim bei Karlsruhe. Die Ge-
schäftsführerin ist zugleich seine Ehefrau. Er ist Doktor der Biologie und B.A. Unternehmertum. Seine Aufgabe im Unternehmen:
Neuland betreten.

Olympia Apotheke
Eine Apotheke im Wandel – 1972 gegründet und seit 2004 in der
Nachfolgephase. Die Übergabe vom Gründer an die Tochter
fand 2008 statt. Das Familienunternehmen wächst. Mit der Übergabe war auch ein grundlegender Werte- und Strategiewandel
verbunden. Die Apotheke arbeitet weitgehend klassisch, ist
aber sehr groß. Wenn man es mit Branchenschnitten vergleicht,
außerhalb der eigentlichen Skala vom Umsatz, trotz ganz normalem Endkundengeschäft. Die Apotheke beschäftigt ca. 20–25
Teilzeitmitarbeiter, die in der Summe etwa 16 Vollzeitstellen
entsprechen würden.

▶ http://www.olympia-apotheke.de

- **Das Unternehmen**

MM: Guten Tag Herr Schlenker, ich danke Ihnen, dass wir das Interview heute führen dürfen. Ihr Unternehmen wächst – wie hat sich
diese Umsatzstärke entwickelt. Ist das neu oder hat es Tradition?
HS: Tradition ist die Größe nicht. Mit dem Generationenwechsel
2004, als die erste Generation schon operativ in den Hintergrund
getreten ist, da hat es begonnen: Das Unternehmen hat plötzlich gespürt, dass mehr möglich ist.
MM: Wie ist das Wachstum dann konkret entstanden?
HS: Mit Lagerautomatisation, Schubladen beseitigen im Laden oben,
Platz gewinnen, mehr Personalstamm aufbauen. Darüber ist es gewachsen. Auch der Kunde hat es gemerkt: Hoppla, da geht was. Da
geht mehr als woanders. Wenn der Kunde zu uns kommt, selbst wenn
der Laden voll ist, muss er nicht ewig warten. Und er hat unheimlich
viele Leute zur Auswahl, die eine Spezialisierung haben. Letztendlich
machen wir das Gleiche, wie eine kleine normale Apotheke, nur etwas
mehr und optimiert.
MM: In welcher Phase befindet sich das Unternehmen heute?

Das Unternehmen hat plötzlich
gespürt, dass mehr möglich ist.

Das Unternehmen ist auf der Suche nach seinem richtigen Platz für die Zukunft.

HS: Wandel und Orientierung würde vielleicht am ehesten zutreffen. Hauptsächlich ist das Unternehmen – wie alle in der Branche – auf der Suche nach seinem richtigen Platz für die Zukunft.

MM: Nach dem Eintritt in das Unternehmen haben Sie noch einmal mit einem Studium begonnen?

HS: Ja, 2008. Leider zu spät. Wir hatten 2008 die Nachfolge, der Studiengang lohnt sich sehr gut, um so etwas vorzubereiten. Aber da hätte ich 8 Jahre früher anfangen müssen.

MM: Was hätten Sie anders gemacht?

HS: Ich hätte viel mehr Wert auf Abstimmung und klare Kommunikation gelegt. Im Familienumfeld läuft so viel unbewusst. Es gibt so viele Informationen in den Köpfen, die nie ausgetauscht wurden. Allein die Ziele und Strategien sind nicht klar und das sorgt dann in so einem Nachfolgeprozess für unheimlich viel Spannung. Letzten Endes hätte ich versucht, so viel wie möglich Spannung rauszunehmen.

MM: Wie hätten Sie das gemacht?

HS: So lange kommunizieren, bis jeder sagen kann: O.K. So war es bisher, so machen wir die Übergabe, und so soll das Unternehmen danach weiter gehen und erfolgreich sein. Das habe ich auch bei anderen Unternehmen, bei denen es gut geklappt hat, gesehen. Da hätte ich ein Viertel der Energie vorher einsetzen können, und hätte mehr rausbekommen.

MM: Sind Sie trotzdem zufrieden mit der Entscheidung, noch einmal zu studieren?

HS: Ja, ich konnte beides gut verbinden. Ich habe meinen Betrieb eingebracht und konnte eine Personalwesensoptimierung fürs Geschäft entwickeln und umsetzen. Das war sehr wertvoll, für mich und für das Unternehmen.

■   **Finanzentscheidungen unter Unsicherheit**

MM: Wie treffen Sie Finanzentscheidungen im Unternehmen? Gibt es Regeln, Prozesse?

HS: Die Prozesse laufen im Prinzip gestaffelt nach Budget. Kleinere Dinge entscheidet derjenige, der dafür zuständig ist. Wenn es größere Entscheidungen werden, dann bereitet im Prinzip einer aus dem Betrieb die Entscheidung vor, derjenige, der das Projekt führt. Dann wird wie bei einem brainstorming Information gesammelt und gemeinschaftlich entschieden. Ich bin zwar der angestellte Unternehmer, aber meine Frau, als die Inhaberin, muss das dann absegnen.

MM: Wie ist die Rolle der Familie?

HS: Wir sind ein Familienunternehmen mit Familie im Haus. Praktisch redet da natürlich immer noch der Vorgänger mit rein.

MM: Wie kommt das?

HS: Früher oder später kriegt man ja immer alles mit. Man kann schlecht so einen Seminarraum wie den hier bauen, der der ehemalige Privatkeller von den Vorgängern ist, und nix sagen.

MM: Was sind die Kriterien bei so einer Entscheidung unter Risiko?

HS: Ganz wichtig sind die Werte der Menschen, die daran beteiligt sind. Wenn die nicht berücksichtigt werden, produziert man Ängste, die zu Ablehnung, Boykott, zu gegeneinander arbeiten führen. Das konnte ich bei uns sehr gut studieren. Man sieht es schnell, aber es hat gedauert, bis ich es verstanden habe.

MM: Wie konnten Sie damit umgehen?

HS: Zuerst musste ich lernen zu akzeptieren, dass die Senioren diese Wertewelt haben. Die ist da, ob ich die jetzt schön finde oder nicht. Und die junge Generation hat andere Werte. Wenn die zusammen eine Entscheidung treffen, dann muss man das berücksichtigen.

MM: Was, wenn das nicht passiert?

HS: Die Risiken sind gigantisch in einem Familienunternehmen. Wenn man die Werte übergeht, kann man einfache Investitionen zum Untergang des Unternehmens hochpuschen.

MM: Was war die schwierigste Finanzentscheidung der letzten Zeit und wie haben Sie sie gemeistert?

HS: Die Modernisierung am Standort. Da gab es schon ein großes Projekt und da haben wir die Notbremse gezogen.

MM: Können Sie das beziffern?

HS: Das war ein Markenstoreprojekt. Das ganze Projekt hat angefangen mit 180.000 Euro. Dann waren da zunächst die schwierigen Besitzverhältnisse der Immobilie. Familie und Unternehmen. Das ist ja jetzt komplett durcheinander. Wir haben drei Eigentümer, die Vorgänger, meine Frau und das Unternehmen. Und auch Gebäudetechnisch hat sich der Aufwand immer mehr gesteigert. Nachher waren wir bei 400.000 Euro für eine einfache Ladeneinrichtungsmodernisierung. Dann haben wir gesagt: »Nur für das Gleiche in hübsch können wir es nicht erwirtschaften.« Das Risiko war einfach zu groß.

MM: Wie betrachten Sie die Entscheidung im Nachhinein?

HS: Letzten Endes hat es sich bewiesen, dass es genau die richtige Entscheidung war. Der Staat hat nochmal die Ertragschancen mächtig runtergedreht bei den Apotheken. Wenn wir letztes Jahr »ja« gesagt hätten, wäre Frühjahr 2010 alles gelaufen gewesen. Wir würden jetzt dastehen, mit einer finanziellen Belastung, die wir gar nicht stemmen könnten.

MM: Was waren dabei Ihre wichtigsten Erfahrungen mit Banken?

HS: Viel bla bla und nichts dahinter. Ich habe im Studium gelernt, mit solchen Menschen auf Augenhöhe zu kommunizieren, und welche Information sie brauchen. Wenn man dann hingeht, kommen per Knopfdruck Rechnungen und das war es.

MM: Warum haben Sie denn dann überhaupt mit Banken gesprochen?

HS: Das Einzige, was nach den ganzen Screening-Prozessen bei uns an Banken interessant gewesen wäre, war die Tatsache, dass man es nicht in der Familie macht und die Familie damit belastet. Wenn ich

> Man sieht es schnell, welche Bedeutung die Werte haben, aber es hat gedauert, bis ich es verstanden habe.

> Die Risiken sind gigantisch in einem Familienunternehmen.

es mir von den Vorgängern leihe, dann hat man auch wieder ein Ab-
hängigkeitsverhältnis.

■   Finanzielle Risikobereitschaft und Risikokultur

Klassisch ist das Unternehmen mit einer Risikobereitschaft von Null oder weniger aufgewachsen.

MM: Das Thema Risiko haben Sie schon angesprochen. Wie schätzen
Sie Ihre finanzielle Risikobereitschaft ein?

HS: Ich würde mich bei einer 6 platzieren.

MM: Und wie schätzen Sie die finanzielle Risikokultur des Unternehmens ein?

HS: Da liegt die Risikobereitschaft bei 2 oder so, wenn es hoch kommt.
Das wandelt sich im Moment aber ganz moderat natürlich.

MM: Und zwischen 2 und 6 gibt es ja einen Unterschied, wie wirkt es
sich aus und wie gehen Sie damit um?

HS: Das wirkt sich befruchtend aus, weil es ja auch mein Job ist. Ich
wurde als Unternehmensentwickler eingestellt, um diese Gedanken
denken zu können.

MM: Das heißt, das Unternehmen bewegt sich?

HS: Klassisch ist das Unternehmen mit einer Risikobereitschaft von
Null oder weniger aufgewachsen und auch mit Menschen einer Risikobereitschaft von Null. Es waren andere Zeiten, die haben anderes
erlebt, man wollte ganz sicher sein.

MM: Und jetzt?

Mein Job ist es, in das unbekannte Land zu gehen, erst mal alleine vorzugehen und von dort Anstöße zu geben.

HS: Mein Job ist es, in das unbekannte Land zu gehen, erst mal alleine
vorzugehen und von dort Anstöße zu geben. Ich bin wie ein Lock-Bo-
te. Ich sag: Seht her, das könnte man tun, das ist mit Risiko, aber auch
mit Möglichkeiten verbunden. Wenn man sich damit beschäftigt,
entwickelt man das Gefühl, das Richtige zu tun. Deswegen passt die
Differenz zusammen. Andersrum, wenn ich der Inhaber wäre. Dann
müsste meine Frau mit der überlieferten geringen Risikobereitschaft
ständig etwas machen, wobei sie Angst hätte.

MM: Welche Rolle spielt die finanzielle Risikobereitschaft der Mitarbeiter?

HS: Beim Change Management gibt es Bereiche, in denen der Mitarbeiter entweder in seinen Freiheiten oder in seinen Tätigkeiten verändert und eingeschränkt wird. Wir haben z. B. angefangen, darüber
zu reden, dass das 13. Monatsgehalt abgeschafft bzw. umgewandelt
wird. Da war der Schock natürlich erst mal groß.

MM: Wie haben Sie den Schock überwunden?

HS: Wir haben 2009 begonnen, die Mitarbeiter ganz behutsam in das
Denken der Führung miteinzubinden und transparent zu arbeiten.

MM: Wie war das vorher?

HS: Traditionell war das komplett abgekoppelt. Bei vielen Mittelständ-
lern und Familienbetrieben ist die Paranoia bei den Unternehmern
auch heute noch stark ausgeprägt. Dann ist aber auch das Risiko bei
den Mitarbeitern vollkommen abgekoppelt. Weil denen ja nichts gesagt wird. Die wissen nicht, was der Laden für einen Umsatz macht
und was danach dabei rauskommt, was der Laden investieren kann

und was der Gesellschafter sich in die Tasche steckt. Insofern wissen sie auch nicht, wie gefährlich es denn gerade ist. Der Mitarbeiter denkt: Hier geht Geld rein ohne Ende und das klappt ja wunderbar, mein Arbeitsplatz ist sicher. Bis das Risiko eintritt, dann ist es zu spät.

MM: Sie haben ein Gehaltssystem mit fixem und variablem Anteil eingeführt. Wie sieht das aus?

HS: Ursprünglich haben die Leute ihr Gehalt gehabt. Und da waren auch einige dabei gewesen, die sehr, sehr gut verdient haben. Im Rahmen meiner Aufgabe haben wir jetzt ein Personalentwicklungsbonussystem aufgesetzt, das jetzt eingeführt und dann intensiviert wird.

MM: Wie sehen die Schritte aus?

HS: Momentan sind wir noch beim Einstieg. Wir wechseln von selbstverständlichem Urlaubsgeld und 13. Monatsgehalt. Es gibt etwas jährlich, aber es ist abhängig von unserem Erfolg im Vorjahr. Wir haben überschaubare Regeln aufgesetzt, die jeder verstehen kann. Wer im Vorjahr dabei war und jetzt noch dabei ist, der hat erst mal einen Anspruch aus dem wirtschaftlichen Erfolg, aus dem regulären Erfolg, alle Extras rausgerechnet. Es füllt sich ein Topf, der wird auf alle ausgeschüttet.

MM: Spielt auch der Beitrag des Einzelnen eine Rolle?

HS: Diese Ausschüttung wird jetzt Schritt für Schritt immer mehr mit der eigenen Leistung verbunden. Wie sehr erfüllt derjenige Absprachen? Wie sind seine Noten, die von seinen Führungen gegeben werden? So ganz behutsam gibt es erst einmal einen jährlichen Bonus. Später soll das Ziel dann sein, dass man sehr zeitnah einen Abgleich hat, dass der Mitarbeiter weiß, o.k. darüber habe ich am Anfang des Quartals mit meinem Chef gesprochen. Das habe ich gut gemacht und jetzt kriege ich meinen Bonusanteil. Jetzt gleich. Und wenn es schlecht gewesen ist, dann redet man eben darüber. Das war nur halb genug und dementsprechend gibt es die Hälfte.

MM: Wie haben Ihre Mitarbeiter auf diese finanzielle Veränderung reagiert?

HS: Panik. Die Mitarbeiter denken: Verdammt, er will mir was wegnehmen. Deswegen benutze ich die Wörter: vorsichtig, schrittweise, dosiert, angepasst.

MM: Wie schätzen Sie die Risikobereitschaft Ihrer Mitarbeiter von 0–10 im Schnitt ein?

HS: Im Schnitt… Das sind unterschiedliche Charaktere, da kommen wir bei 5 raus.

MM: Dann sagen Sie von – bis…

HS: Risikobereitschaft. Hmmm – Die ist eigentlich gering. Ich denke, das pendelt zwischen 0 und 3. Also nicht 5. Insofern ist unsere Risikobereitschaft sehr, sehr gering ausgeprägt.

MM: Das wundert mich nicht. Die Inhaber haben auch Mitarbeiter gesucht, die ihnen ähnlich waren.

HS: Ja, und umgekehrt kann man das auch sehen: Wir haben Mitarbeiter, die sind über 30 Jahre da. Wenn da einer risikofreudig ist, der hätte jetzt die ganze Zeit gedacht: »Die stehen auf der Handbremse, da passiert nix.« Die hätten was extra machen wollen, nicht einfach nur ihren Job. Die wären irgendwo hingegangen, wo sie mehr gefordert sind.

MM: Interessant, ist denn bei den neuen Mitarbeitern ein Wandel zu spüren? Und bringt das Konflikte mit sich?

HS: Ja, und das erklärt auch, wieso manche schon früher nicht miteinander klar gekommen sind. Da waren schon die ein oder anderen dabei, die mutiger waren, und die dann sehr schnell Risikobereitschaft gezeigt haben. Die haben sich geöffnet, selbstverständlich und transparent dem Arbeitgeber gegenüber kommuniziert. Das ist einigen sehr, sehr zuwider gelaufen. Die dachten: »Oh, lass den Arbeitgeber da oben nicht so viel wissen«. Die Bremser waren eher störend, die neueren eher erfrischend.

MM: Die Heterogenität ist wahrscheinlich nützlich?

Man kann auch mal bewusst die Risikobereitschaft von anderen übernehmen.

HS: Nützlich, weil ich denke, man kann auch mal bewusst die Risikobereitschaft von anderen übernehmen. Da ist ein Mensch, dem ich vertraue, und der kommt zu dem Schluss, dass es vertretbar ist. Dann kann ich, obwohl ich noch etwas Angst habe, der Entscheidung zustimmen. Die Risikobereitschaft hat sich dann nicht geändert. Er hätte immer noch im Prinzip nein gesagt, aber er hat sich den anderen angeschlossen. Ein anderes Mal kann es umgekehrt sein.

MM: Manchmal ist es wichtig, auch noch den Unterschied zwischen Risikobereitschaft und Risikowahrnehmung unter die Lupe zu nehmen?

HS: Ja, wenn noch nicht genügend Informationen auf dem Tisch sind. Dann nimmt der eine das Risiko noch gar nicht wahr, oder sieht Risiko, wo keines ist. Wenn man das macht, dann können tragfähige Entscheidungen rauskommen. Man kann die Rahmenbedingungen optimieren mit solchen Gedanken. Letztendlich führt das auch dazu, dass es reifere Mitarbeiter gibt.

■   **Die Rolle von Geld im Unternehmen**

MM: Die Rolle von Geld im Unternehmen. Vielleicht zuerst die Frage, was bedeutet Geld für Sie?

HS: Primär ein Zahlungsmittel, in einem Unternehmen ist es ein Motor des Unternehmens. Ware gegen Geld, Dienstleistungen gegen Geld, es sind immer Tauschgeschäfte. Und Geld ist letzten Endes eine Wertschätzung vom Endverbraucher für das, was man tut.

MM: Sie haben jetzt gesagt, was das Geld bedeutet: für Sie Zahlungsmittel, für das Unternehmen Motor. Für den Kunden Wertschätzung. Was bedeutet Geld jetzt in der Phase, in der Sie sind, für das Familienunternehmen?

HS: Für das Familienunternehmen… mit Betonung auf Familie würde ich sagen: Geld ist ein Problem. Oder zumindest ein Bereich, der sehr viel Aufmerksamkeit fordert, weil natürlich auch Werte geschaffen wurden. Letzten Endes ist ja alles wieder Geld wert, spätestens wenn es um Erbe oder solche Sachen geht. Und das ist natürlich im Familienunternehmen eine schwierige Sache. Es ist alles gewachsen. Die Frage ist: Wer weiß überhaupt Bescheid, wer soll die Vermögenswerte weiter führen? Wer ist eingeweiht? Das sind alles so schwierige Dinge, die letzten Endes in den wenigsten Familien geklärt sind. Bei uns auch – noch – nicht.

MM: War das in Ihrer Familie auch schon so?

HS: Ich komme aus einer Nicht-Unternehmer-Familie. Meine Eltern hatten immer die Devise: So einfach wie möglich leben. Mein Vater hat eine Abteilungsleiterbeförderung ausgeschlagen, weil er sich gesagt hat, ist ja schön und gut, dass ich xy mehr verdiene, aber am Ende sehe ich meine Familie nicht mehr, habe kein Leben mehr, dafür einen tollen Rang. Nein, danke. Sie haben keine Immobilie gekauft, haben nichts zurückgelegt, wenn meine Eltern sterben, nehme ich das was jetzt ist, bezahle die Beerdigung und sage: »Vielen Dank ihr habt mich wunderbar erzogen« und das war es. Das ist hier anders. Je mehr da ist, desto mehr Aufmerksamkeit braucht es. Geld ist ein Stück weit Beschäftigungstherapie.

MM: Und als Biologe – was würden Sie sagen, was Geld ist?

HS: Belohnung, weil Geld und Konsum die urbiologischen Prozesse sind. Ich kriege das Geld als Belohnung für das, was ich getan habe. Auch wenn es arbeitsrechtlich bei uns nicht so ist. Jeder, der arbeitet, fühlt ja doch so. Auch wenn er mit seinem Arbeitsvertrag grundsätzlich einen Anspruch hat, ob er was tut oder nicht. Aber es ist immer ein Belohnungsgefühl. Das ist das Psychoaktive und man bekommt diese Belohnung in Geldform, geht los, belohnt sich und kauft sich einen DVD-Player.

MM: Heißt das: Ich werde belohnt und es reicht mir nicht, ich muss mich nochmal belohnen?

HS: Na gut, das Belohnungszentrum ist das, was die meisten Menschen antreibt. Und letzten Endes ist es ja nur logisch, dass das Wirtschaftssystem, das sich da aufbaut, so viel wie möglich mit diesen Elementen arbeitet. Ohne Motivation geht gar nichts. Am einfachsten motiviert man sich durch Belohnung. Und deshalb muss alles so aufgebaut sein, dass das System so oft wie möglich genutzt wird. Da kommt der Biologe in mir wieder durch.

MM: Das ist doch ein guter Abschluss. Vielen Dank für das Interview!

> Je mehr da ist, desto mehr Aufmerksamkeit braucht es. Geld ist ein Stück weit Beschäftigungstherapie.

Starke Entscheidungen durch Kraft der Intuition – »Kribbeln im Bauch«

**Der Geschäftsführer
Jochen Lauerwiz*
Norim GmbH***

»Die ganzen großen Entscheidungen werden bis zum heutigen Tag immer aus dem Bauchgefühl getroffen. Bei uns ist es so: wenn wir das Kribbeln im Bauch nicht haben, dann haben wir noch nie was ent-

schieden. Dieses Bauchgefühl wird natürlich durch eine langjährige Erfahrung und mit einer hohen Professionalität gestützt.«

Jochen Lauerwiz,
55 Jahre alt, verheiratet, zwei Kinder und seit über 30 Jahren Geschäftsführender Gesellschafter der Norim GmbH.

Norim GmbH
Gegründet in den 1970er Jahren, ist die Norim GmbH ein Einzelhandelsunternehmen mit 1.300 Mitarbeitern, an vielen Standorten in Deutschland. Eine Stiftung wurde 2008 gegründet.

*Der Name wurde von der Redaktion geändert.

■ **Das Unternehmen**

MM: Guten Tag, in welcher Phase der Unternehmensentwicklung ist Ihr Unternehmen aktuell?

JL: Wir befinden uns ganz klar in einer Wachstumsphase, weil wir wissen, wir sind in einem nicht gesättigten Markt. Wir haben langfristige Strategien, die sieht man schon daran, dass ich Unterschriften in Mietverträge setze, die 15–20 Jahre dauern.

MM: Was wäre denn Ihr Traum? Wohin könnte Ihr Unternehmen wachsen?

JL: Der Traum ist sicher nicht in einem monetären Wert zu sehen, sondern spiegelt sich immer in der Größe und der Qualität. Für uns ist es eine Herausforderung, durch das Größenwachstum nicht schlechter zu werden. Also, die hohe Identität mit den Mitarbeitern und das Persönliche, das Besondere, was uns von den Großunternehmen unterscheidet, behalten. Das ist so mein Traum, dass wir einfach wir selbst bleiben.

> Für uns ist es eine Herausforderung, durch das Größenwachstum nicht schlechter zu werden.

MM: Ging das Geschäft gleich gut?

JL: Man muss sagen, in den ersten 10–15 Jahren war das durchaus sehr mittelmäßig. Es wurden ein paar Ikea-Regale zusammen gekauft. Es war einfach ein klassischer Verkaufsladen. Mit normalem Management und betriebswirtschaftlichen Aspekten hatte das nicht für fünf Pfennige zu tun.

MM: Wie haben Sie die Chance trotzdem genutzt und ein so großes Unternehmen aufgebaut?

JL: Wir haben gesagt: »Ich fang nicht an zu rechnen, ich mache es einfach«. Das war grundschön – wie kleine Kinder: das wollen wir haben, das müssen wir machen. Heute stellen wir fest, dass viele Sachen zu sehr von Controllern, von Bedenkenträgern, von Analysten bestimmt werden. Es heißt schnell: kann nicht funktionieren. Natürlich muss es eine Basis geben, wo man sagt, das brauche ich, um zu funktionieren. Ich muss jeden Monat meine Miete und meine Mitarbeiter bezahlen.

> »Ich fang nicht an zu rechnen, ich mache es einfach.«

MM: Arbeiten Sie denn mit klassischer Budgetierung?

JL: Ja, auch das haben wir mit der Zeit gelernt. Wenn man in eine Immobilie investiert, kann man das nicht in Cashflow machen. Da gibt es Darlehen und Fördermittel, und da weiß ich schon etwa, was ich ausgeben muss und was ich für einen Umsatz mache. Wir haben so einen Richtwert – und das haut auch ziemlich genau hin.

MM: Das klingt dann doch nach strengem Management?

JL: Manchmal werden wir uns auf dieser Reise auch untreu. So kann es auch mal vorkommen, dass eine Million draufkommt. Aber nicht, weil wir schlecht geplant haben, sondern weil wir im Laufe des Prozesses gemerkt haben, das machen wir jetzt noch. Die Budgettreue wird dann häufig angemahnt. Aber es ist immer schön, dass wir die Handlungsfreiheit als Eigentümer haben.

MM: Was ist Ihre ganz spezielle Rolle und was sind Ihre besonderen Kompetenzen und Stärken?

JL: Ich bin so eher der ruhende sachliche Pol und mein Geschäftsleitungskollege mehr der chaotische Kreative. Der macht die Verrücktheiten und visionären Sachen, die ich dann in einer Ablaufpraxis umsetze, damit die Mitarbeiter klar strukturierte Aufgabenstellungen haben. Es gibt eine spannende Aussage, die er mal getroffen hat, dass wenn wir beide gleich wären, wären wir einer zu viel. Wir ergänzen uns. So eine gesunde Doppelspitze ist gut. Das haben wir durch die ganze Führungsstruktur beibehalten. Jede Schlüsselstelle wird durch eine zweite Person besetzt. Dazu pflegen wir eine Kultur der offenen Kommunikation, dass keine Entscheidungen hinter geschlossenen Türen fallen. Jeder hört jedes Gespräch mit, damit man weiß, was die Überlegungen sind.

- **Finanzentscheidungen unter Unsicherheit**

MM: Wie treffen Sie in dieser Kommunikationsstruktur und mit der Doppelspitze Finanzentscheidungen?

JL: Ich muss ehrlich sagen, dass die ganzen großen Entscheidungen bis zum heutigen Tag immer aus dem Bauchgefühl getroffen werden. Bei uns ist es so: wenn wir das Kribbeln im Bauch nicht haben, dann haben wir noch nie was entschieden. Dieses Bauchgefühl wird natürlich durch eine langjährige Erfahrung und mit einer hohen Professionalität gestützt. Natürlich kann man alles wunderbar durchrechnen: über Frequenzen in der Straße, über Nachbarschaft. Und da gibt es die tollsten Möglichkeiten sich für einen Filialstandort zu entscheiden. Wir machen es so: Wir schauen uns an, fühlen rein, es kribbelt bei uns beiden im Bauch und dann machen wir das!

Wenn wir das Kribbeln im Bauch nicht haben, dann haben wir noch nie was entschieden.

MM: Haben Sie ein Beispiel?

JL: Ja, wir haben einmal eine neue Filiale eröffnet, das war eigentlich ein architektonischer Gau. Eine Immobilie, die schon viele Jahre leer stand. Wir haben das Potenzial aber sofort gesehen. Dann haben wir 15 Monate mit 30 Statikern gearbeitet. Das war einfach nur dieses Kribbeln gewesen. Wir haben den Investor überzeugt und langfristig gemietet. Jetzt ist das ein superschönes Haus geworden.

MM: Sie sind für die Finanzierung zuständig. Was sind Ihre wichtigsten Erfahrungen mit Banken, Investoren und externen Beratern?

JL: Die wichtigste Erfahrung ist die: Es ist eine hohe Qualität, langjährig mit Personen auf Augenhöhe zu arbeiten. Wir haben jetzt Bankhäuser, Sparkassen, wo die Zusammenarbeit seit 20–25 Jahren teilweise mit den gleichen Personenkreisen funktioniert. Das Vertrauen und die lange Kontinuität einer Zusammenarbeit, das kann einem Türen aufstoßen, das glaubt man nicht.

MM: Wie ist das mit den Konditionen? Spielen die auch eine Rolle?

JL: Wir haben gerade eine große Finanzierungsumstrukturierung. Das war eine Baustelle, die ich immer vor mir hergeschoben habe. Damals kamen wir ja aus der Situation: Vier Freunde machen einen Laden auf, eröffnen ein Girokonto und unterschreiben persönlich unbegrenzte Bürgschaften. Die Bürgschaften wurden jedes Jahr erhöht. Da haben wir gesagt: »Das kann es nicht mehr sein, wir machen alles grundlegend neu.« Jetzt hatten wir die Aufgabe zu entscheiden, mit wem wir das machen. Weil mich aus meinem Ehrenamt bei der IHK alle Banken kennen, kamen natürlich viele und fragten, ob sie da was machen könnten.

MM: Wie haben Sie darauf reagiert?

JL: Ich habe mit um die 15 Banken gesprochen. Man muss bei Adam und Eva anfangen. Das mache ich auch gerne, aber dann merkt man, wie ungläubig die gucken. Man muss sich wieder bei null beweisen. Was ich auch verstehe, und ich habe wirklich ganz vorne angefangen. Aber am Ende musste ich bei aller Sympathie – einige sind ja auch mittlerweile Freunde – sagen, dass hat keinen Zweck. Wir sind größtenteils auf unsere Häuser zurückgekommen, die durchaus teurer waren, aber nachher hat es sich viel schlanker und effektiver durchgesetzt. Und plötzlich war alles mit der Finanzierung möglich, weil die Zeit und das Vertrauen geholfen haben.

MM: War das immer so?

JL: Ja, die Ehrlichkeit und Offenheit, die da waren, war ganz wichtig. Dann kämpfen unsere Ansprechpartner in den Banken auch für einen. Und wenn die selbst dann mit leuchtenden Augen dastehen und sagen: »Ich stehe dahinter, die kenne ich, was die sagen wird eingehalten.« Letztes Endes muss ich sagen, es sind noch nie Kreditentscheidungen gegen uns gefallen.

MM: Was würden Sie anderen Unternehmern empfehlen?

JL: Viele – meist kleine Mittelständler – haben die Haltung: das hat die nicht zu interessieren, das geht die nichts an, das ist meine Privatsphäre. Aber es muss einem schon klar sein, dass die Themen Privatsphäre, Eigentum und Geld ineinanderfließen.

So haben wir es auch mit Bankern gemacht und nie mit versteckten Karten gespielt. Das hat dazu beigetragen, dass das Vertrauen sehr hoch war. Das sind Früchte, die man erntet. Das hat uns immer die Möglichkeit gegeben, unsere spinnerten, nicht nachvollziehbaren Ideen zu vermitteln. Und das ist ein sehr schöner Prozess, dass sie über Jahre sehen, das hat funktioniert. Dann macht man die Banker zum Fan.

MM: Das klingt fast so, dass Sie die Unternehmenskultur Ihres Unternehmens in die Banken, mit denen sie arbeiten, eingepflanzt haben?
JL: Ja, klar. Das sind ganz wichtige Partner für uns. Das Unternehmenswachstum können wir nicht aus eigener Kraft schaffen. Geld ist eine Ware, die wir einkaufen, da verdienen ja beide dran und beide haben auch ihre Freude dran. Wir versuchen, die Begeisterung abzuholen, indem wir einladen und einfach auch Informationsgespräche fordern. Wir machen Eröffnungsfeiern oder Firmenfeiern und sagen: »Kommt mal mit, das ist unsere Welt.«

Geld ist eine Ware, die wir einkaufen.

- **Finanzielle Risikobereitschaft und Risikokultur**
MM: Kommen wir zu Risiko und Geld. Wie schätzen Sie Ihre finanzielle Risikobereitschaft ein?
JL: Es ist immer anders, wie man von außen beurteilt wird und wie man es selbst beurteilt. Ich würde mich wie 1 oder 2 beurteilen. Für Außenstehende manchmal wie 8 oder 9. Ich mache nichts, wo ich sage, das kann die Firma schädigen.
MM: Im Vergleich dazu: Wie schätzen Sie die Kultur in Ihrem Unternehmen insgesamt ein?
JL: Einen Tick großzügiger. Da bin ich sicherlich eher ein bisschen am Bremsen. Ich glaube, dass wir nicht die großen Zocker sind und würde das dann eher so bei 4 sehen, das ist aber sehr hoch angesetzt.
MM: Die Risikokompetenz der Mitarbeiter im Haus. Wie schätzen Sie die ein und wie ist die entstanden?
JL: Ich würde sie schon extrem hoch einschätzen, weil sie an Entscheidungsfindungen aktiv teilnehmen, und weil sie sich über die Auswirkung ihrer Entscheidung ganz schnell bewusst werden. Wenn ich einen Filialleiter habe, der ein größeres Investment hat, der sieht sofort seine Zahlen, kann die sofort reinrechnen und neben seiner Gefühlswelt das Ganze schnell plausibilisieren. Jeder weiß, das hat die und die Auswirkungen.
MM: Können Sie genauer sagen, welche?
JL: Bis hin zu dem Punkt der Mitarbeiterbeteiligung: Meine Entscheidungen,.. an dem Platz,.. wenn das Paket so und so viel mehr kostet,… dann weiß ich, das macht so und so viel an der Mitarbeiterbeteiligung aus.

- **Die Rolle von Geld im Unternehmen**
MM: Ein Mitarbeiterbeteiligungssystem bringt Unternehmer, Mitarbeiter und Geld in besonderer Weise in Kontakt. Wann haben Sie begonnen, das System einzuführen?
JL: Das ist ein Prozess, der im Prinzip fast seit 10 Jahren geht. Wir sind erst vor 10 Jahren aus der Gründungsphase rausgekommen. Seitdem sind wir in einer stabilen Wachstumsphase, in der wir über eine nachhaltig qualitative, stabile Ertragssituation verfügen. Da hatten wir erst eine Situation erreicht, die danach ruft: Mitarbeiter beteilige dich am Unternehmen. Es gab mal ein Jahr, als ganz viel da war, dann wieder

In dem Bereich Geld ausgeben, das ist das Schwerste, was man hat.

ganz wenig. Das ist keine Basis für eine Mitarbeiterbeteiligung, weil die Mitarbeiter ja irgendwo eine Kontinuität und Stabilität wollen.

MM: Wie haben Sie die Auswahl des Modells gestaltet?

JL: Das war ein langer Prozess über viele Jahre. Wir haben uns viele Unternehmen angeguckt. Was passt, womit können wir uns identifizieren? Und wir haben festgestellt: In dem Bereich Geld ausgeben, das ist das Schwerste, was man hat. Da ist auf einmal so ein Topf und jetzt geht die Aufgabe los, wie verteile ich den? Und man merkt, man kann leider keine richtige Entscheidung treffen, nur eine annähernd richtige. Dann haben wir ein Modell geschaffen, das auf einer großen Transparenz beruht, wo jeder Mitarbeiter weiß, wie sich so ein Topf nährt. Wenn an Parametern etwas geschraubt wird, dann bleibt das über. Aber man darf das nicht überreizen, man muss Qualität abliefern – lieber langfristiger als kurzfristiger Erfolg.

MM: Welchen Umfang hat das System?

JL: Ca. 10% des Unternehmensgewinns wird an die Mitarbeiter ausgeschüttet. Das Modell »Gießkanne: 1000 Mitarbeiter durch die Summe dividieren, dann kriegt jeder das Gleiche«, wollten wir definitiv nicht. Wir haben mit den Betriebsräten zusammen Lösungen erarbeitet, damit es nicht gute und schlechte Klassen gibt. Zum Beispiel soll Filialen, die in der Gründung sind und nicht so viel Geld haben, daraus kein Nachteil erwachsen. Es sind sehr lange und sehr gute Gespräche gelaufen. Wir haben gemeinsam ein System entwickelt, bei dem alle dahinter stehen und das zu uns passt.

MM: Gab es Einschränkungen?

JL: Das war eine Hürde, dass man für sich ein System findet und sich wieder erkennt. Wir mussten so viele Idealvorstellungen zurückstellen. Zunächst waren da nur hard facts, wie das absolute Gehalt, die Firmenzugehörigkeit, die Anwesenheit, Urlaub- und Krankentage. Das sind alles messbare Sachen. Dann kommt ein Betrag x raus. Wir brauchen aber auch noch eine flexible Komponente. Das ist jetzt so der härteste Prozess, den aber langsam alle wollen. Wir wollten da früher rangehen, haben aber gesehen, dass es noch seine Zeit braucht. Das ist jetzt so weit. Wenn man das macht mit der Mitarbeiterbeteiligung, sind sie nie fertig.

MM: Worauf müssen sich Unternehmen, die vor der Frage stehen, noch gefasst machen?

JL: Eine sehr schmerzliche Erfahrung ist diese rechtliche Unsicherheit. Die Gesetzeslage ist immer noch im Prozess. Auch ein Grund, weshalb ich dann lieber nicht so viel verspreche, keine Hoffnung wecke. Das sind ja Systeme, da hat einem der Kopf gequalmt. Und doch muss jeder, vom Lagerarbeiter bis zum Manager, es nachvollziehen können. Trotz all dieser Widrigkeiten und Hürden haben wir eine konforme, tragbare und akzeptierte Form gefunden. Ich muss einfach sagen, das ist jetzt ein superschönes Instrumentarium. Das macht einfach allen Spaß.

MM: Wie lange wird es jetzt schon eingesetzt?

JL: Wir sind jetzt im 4. Jahr der Auszahlung. Es ist ein fester Bestandteil unserer Unternehmenskultur geworden. Mit 1–2 Monatsgehältern ist das durchaus eine Sache, die der Mitarbeiter toll findet. Jetzt sind noch innovative Elemente hinterhergeschaltet worden, weil wir festgestellt haben, dass vielen Mitarbeitern die Themen Lebensarbeitszeit und Flexibilität viel wichtiger waren. So haben wir das Geldguthaben eingeführt. Dann park das Geld und ruf das in Zukunft als Sabbatical, als Fortbildungsmaßnahme, Elternzeiten oder vorzeitige Lebensarbeitszeitrücktaktung ab.

MM: Waren Sie von den Wünschen überrascht?

JL: Ja, das war eine spannende Erkenntnis, dass das Gros der Mitarbeiter das viel stärker annimmt. Die sagen: »Jetzt bin ich jung, jetzt knie ich mich rein, wer weiß, wie das in den nächsten Jahren ist. Ich möchte mich doch irgendwann mal für ein paar Monate ausklinken.« Dann ist da wieder das Thema Mitarbeiterbindung, und das hat auch eine ganz andere Denkkultur reingebracht. Was letzten Endes nicht unbedingt zum Nachteil des Unternehmens ist.

MM: Was waren die größten internen Knackpunkte in der Entwicklung? Was waren aus Mitarbeitersicht die größten Hürden?

JL: Nach wie vor der Vertrauensbildungsprozess. Auch wenn wir langjährige und gute Mitarbeiter haben, durch das Wachstum sind sehr viele Neue dazugekommen. Erstaunlich war, dass die meisten sagten: »Das glaube ich nicht. Wieso machen die das? Weshalb geben die was zurück?« Das war schon spannend, das aus der Personalabteilung zu hören. Und plötzlich war das auf dem Gehaltszettel. Und die Reaktion: Die haben das tatsächlich ernst gemeint!

MM: Obwohl sie innerlich total überzeugt waren, musste also beim Thema Geld das Vertrauen der Mitarbeiter erst noch neu gewonnen werden?

JL: Ja, man glaubt tatsächlich Vertrauen und Nähe zu haben. Man hat zusammen gegessen, gefeiert und hat sich gut verstanden. Mit dem Thema Geld kommt man plötzlich in eine ganz andere Situation. Es heißt ja auch, »da hört Freundschaft auf«. Dann wird der Freund plötzlich zum Feind oder wie bei uns: Er glaubt es eben nicht. Trotzdem war das schon eine tolle Erfahrung, dass man wieder auf Null anfangen musste. Eine Vertrauensbasis, die seit vielen Jahren dagewesen ist, hat sich in einer ganz neuen Form mitentwickelt.

MM: Und was bedeutet Geld für Sie?

JL: Nichts! Ich bin in einer relativ kommoden Situation, dass ich alles, was ich möchte, haben kann. Und ich brauche keine unendlichen Summen. Das spiegelt sich auch darin, dass wir sagen, was ich verdiene geben wir auch wieder sehr gerne weg. Für mich ist die höchste Qualität geben zu können. Wir alle sind aus ganz einfachen Verhältnissen gekommen. Dann kommt man mit anderen Kreisen und anderen Leuten zusammen, wo ich einfach feststelle, was sind das oft für unglückliche, arme Menschen. Wenn ich sehe, dass man immer mehr Geld haben kann, aber die Zufriedenheit überhaupt nicht wächst.

> Eine Vertrauensbasis, die seit vielen Jahren dagewesen ist, hat sich in einer ganz neuen Form mitentwickelt.

Nichts bedeuten heißt ja nicht respektlos damit umzugehen.

MM: Sie sagen, Sie geben gerne?

JL: Ja, auch weil wir in einer Gesellschaft aufwachsen sind, die uns ermöglicht hat, dass es uns gut geht. Die Gründung unserer Stiftung hat uns noch mal eine andere Lebensqualität gegeben. Das ist eine unheimliche Freude, von dem, was man geschaffen hat, Menschen zu geben. Das befriedigt einen viel mehr, als noch ein größeres Auto oder noch ein größeres Haus. Es ist, glaube ich, ein schönes Lebensgefühl, wenn einem Geld nichts bedeutet, ohne dann überheblich zu werden. Denn nichts bedeuten heißt ja nicht respektlos damit umzugehen, das möchte ich schon differenziert wissen. Aber ich denke da nicht groß nach. Ich mache eine Sache aus Überzeugung.

MM: Ein schönes Schlusswort – vielen Dank!

2.2.2 Der Umgang mit Risiko

Die Bank mit Bewusstsein für Risiko

Der Unternehmer
Karl Matthäus Schmidt
quirin bank AG
»Ich habe bisher noch wenige Menschen kennen gelernt, die ein Leben frei von Geldthemen führen. Und die, die es führen, sind in der Regel Menschen, die wenig Geld haben.«

Karl Matthäus Schmidt,
43 Jahre alt, hat drei Kinder, und lebt mit seiner Familie in Berlin und Oberfranken. Als Sohn einer bayerischen Bankiersfamilie in sechster Generation, gründet Schmidt 1994 den ersten Discount-broker Consors und wird Deutschlands jüngster Vorstandsvorsitzender. Schmidt entwickelt in den Folgejahren als Sprecher des Vorstands der CCB Bank AG ein völlig neuartiges Konzept für das Privatkundengeschäft.

quirin bank AG
Im Jahr 2006 formiert sich ein neues Geldhaus unter seiner Führung: die quirin bank mit Sitz in Berlin. Als erste Honorarberater-bank Deutschlands bietet sie ihren Kunden völlige Kostentransparenz und Rückvergütung aller offenen und versteckten Provisionen. Das Leistungsangebot umfasst Vermögensverwaltung, Depotberatung, Einzelberatungsmandate und ein umfassendes Risikomanagement. Im Oktober 2006 wird Schmidt für sein Geschäftsmodell mit dem National Leadership Award ausgezeichnet.

▶ http://www.quirinbank.de

■   **Das Unternehmen**
MM: Gründung, Wachstum, Stabilisierung und Wandel. In welcher Phase befindet sich die quirin bank AG momentan?

KS: Wir haben die Startup-Phase erfolgreich hinter uns gebracht und sind jetzt in der Wachstumsphase. Letztes Jahr haben wir den »break even« erreicht und bewiesen, dass ein Markt für die Honorarberatung existiert. Wir befinden uns jetzt, wie wir selber sagen, in der Exzellenzphase. Das heißt, wir verbessern sehr gezielt unsere Dienstleistungsangebote, so z. B. im Online-Banking und in unserem Kunden-Reporting. Darüber hinaus bieten wir neue Anlagestrategien, beispielsweise die Lebensliquiditätsplanung für Anleger der quirin bank an.

> Wir befinden uns jetzt, wie wir selber sagen, in der Exzellenzphase.

- **Finanzentscheidungen unter Unsicherheit**

MM: Sie als Bank haben gleich zwei Zielrichtungen für Finanzentscheidungen unter Unsicherheit und Risiko?

KS: Ja, einmal die internen Entscheidungen, die wir selber treffen – unternehmerische Entscheidungen. Und wir begleiten unsere Kunden bei ihren Finanzentscheidungen.

MM: Wie treffen Sie im Unternehmen Finanzentscheidungen? Gibt es bestimmte Prozesse, Regeln, die Sie aufgestellt haben?

KS: Wir machen es erst einmal wie viele andere Unternehmen auch, wenn es um Finanzentscheidungen geht, zunächst die notwendigen Zahlen zusammenstellen und dann versuchen auf dieser Basis, eine neutrale Sicht auf die Entscheidungen und ihre monetären Folgen zu bekommen.

MM: Wie gehen Sie als Finanzentscheider mit Verstand, Intuition und Gefühl um?

KS: Gerade wenn man unternehmerische Entscheidungen für die Zukunft trifft, hat man auch auf der Erlösseite mit sehr viel Unsicherheit zu tun. Die Kosten kommen gewiss, ob die Erlöse kommen, ist eher unsicher und man muss am Ende auch ein Stück weit an die Zahlen glauben. Das bedeutet, man befragt seine Intuitionen und das Bauchgefühl, ob z. B. so ein Markt – wie für Honorarberatung – überhaupt existiert. Man muss letztlich ganz stark an den unternehmerischen Erfolg seiner Idee glauben.

> Gerade wenn man unternehmerische Entscheidungen für die Zukunft trifft, hat man auch auf der Erlösseite mit sehr viel Unsicherheit zu tun. Man befragt Intuitionen und Bauchgefühl, ob z. B. so ein Markt überhaupt existiert.

MM: Binden Sie Intuition bewusst in Kommunikationsprozesse ein?

KS: Nein, bewusst tun wir das nicht. Aber es ist so: Für die einfachsten Entscheidungen, die man trifft, braucht man vielleicht nicht so viel Intuition, aber je komplexer das Thema wird, desto mehr Intuition ist gefragt. Von daher spielt das schon eine sehr entscheidende Rolle in ganz normalen täglichen Entscheidungen, die man im Unternehmen trifft.

> Je komplexer das Thema wird, desto mehr Intuition ist auch gefragt.

- **Finanzielle Risikobereitschaft und Risikokultur**

MM: Welche Definition von Risiko legen Sie bei Finanzentscheidungen im Unternehmen zu Grunde?

KS: Ganz konkret geht es darum, dass ich zunächst kein Geld verliere, wenn ich eine Finanzentscheidung treffe. Und das ist aus meiner Sicht auch das, was einen Kunden interessiert. Dem sind die

> Es ist der absolute Verlust in Euro, der entscheidend ist, und das ist auch aus Sicht unserer Bank das richtige Risikomaß.

Volatilität und andere klassische Risikokennzahlen, glaube ich, ziemlich egal. Er will einfach wissen: Wenn ich 100.000 Euro anlege, ist mein Geld dann in einem Jahr nur noch 95.000 Euro wert? Es ist der absolute Verlust in Euro, der entscheidend ist, und das ist auch aus Sicht unserer Bank das richtige Risikomaß. Für eine Bank ist dieser Risikobegriff eher unüblich.

MM: Kommen wir vom Risikobegriff zur Risikobereitschaft. Wie schätzen Sie Ihre persönliche Risikobereitschaft zwischen 0 und 10 ein?

KS: 8.

MM: Wie schätzen Sie die Risikokultur Ihres Unternehmens ein?

KS: 2.

MM: Sie geben als persönliche Risikobereitschaft 8 und für das Unternehmen 2 an – wie verträgt sich das?

KS: Ich finde, das passt bestens. Im Unternehmen hat man eine ganz andere Verantwortung. Hier hängen Hunderte von Mitarbeitern mit ihren Familien und ihrem sozialen Umfeld dran, hinzu kommen unsere Geschäftspartner, unsere Aktionäre, Tausende unserer Kunden. Da muss ich als verantwortlicher Unternehmer anders agieren, als wenn ich nur für mich selbst entscheide.

MM: Wie würden Sie die Risikobereitschaft Ihrer Berater einschätzen?

KS: Insgesamt sind wir in der quirin bank AG in der Anlagepolitik eher konservativ aufgestellt. Das heißt, wir liegen nach Ihrer Messlatte irgendwo zwischen 3–4.

MM: Berücksichtigen Sie die finanzielle Risikobereitschaft schon bewusst bei der Personalauswahl?

KS: Nein, das tun wir nicht. Aber wir kommunizieren natürlich unser Anlagekonzept der unabhängigen Honorarberatung und ich glaube, es ist dann jedem Bewerber ziemlich schnell klar, dass das nicht eine Risikobereitschaft von 10 bedeutet. Er kennt das zentrale Konzept und wenn es ihm nicht gefallen würde, würde er nicht zu uns kommen.

MM: Was glauben Sie, ist das bei den Kunden ähnlich? Sind Ihre Kunden eher risikoscheu, oder kommen als Kunden gerade risikofreudige Kunden zu Ihnen und sagen: »Wir müssen was von Ihnen lernen?«

KS: Es ist tatsächlich so, dass wir eher konservative Kunden mit unserem Konzept gewinnen.

MM: Woran liegt das?

> Die Kunst der Anlageberatung liegt nicht in der Jagd nach Renditen, sondern in der Verlustvermeidung.

KS: Das liegt natürlich auch daran, dass Kunden die Honorarberatung als Antwort auf Beratungsenttäuschungen wählen. Und in der Regel sind diese Enttäuschungen entstanden, weil Anleger durch Falschberatung bei ihrer alten Hausbank Geld verloren haben.

MM: Wie kam das?

KS: Weil Risiken eingegangen worden sind, die der Kunde nicht kannte. Weil mit falschen Renditevorstellungen gearbeitet wurde und vieles andere mehr. Daher gibt es auch bei den Kunden den Wunsch in erster Line, das Vermögen zu erhalten, vielleicht zusätzlich noch kontinuierlich positive Renditen zu erwirtschaften, auch wenn sie nicht so hoch sind, wie in der Vergangenheit. Die Kunst der Anlageberatung liegt nicht in der Jagd nach Renditen, sondern in der Verlustvermeidung.

■ **Die Rolle von Geld im Unternehmen**

MM: Kommen wir zum Thema »Geld«. Was ist Geld für Sie?

KS: Das Ergebnis von Aktivitäten, die hoffentlich sinnvoll sind. Das »hoffentlich« würde ich streichen.

MM: Das heißt, Sie würden sagen, Geld ist immer ein Ergebnis von sinnvollen Tätigkeiten?

KS: Es gibt bestimmt auch sinnvolle Tätigkeiten, mit denen kein Geld erzielt wird. Wenn ich mich z. B. im sozialen Bereich engagiere. Aber schauen wir mal auf die Großbanken, die, so sagen sie selbst, 25% Rendite erwirtschaften wollen, dort ist es Selbstzweck. Für die quirin bank sage ich: Unser Ziel ist es, Kunden gut zu beraten und für diese einen erfolgreichen Job machen, damit die Kunden zufrieden sind. Danach kann ich schauen, wie hoch meine Rendite, wie hoch mein monetärer Erfolg ist. Also von daher ist Geld kein Selbstzweck für mich.

MM: Welche Rolle hat das Geld bei der Gründung der Bank gespielt?

KS: Für eine Bank spielt Geld eindeutig eine Rolle, weil es Eigenkapitalvorschriften gibt und ich dadurch erst einmal Geld einsammeln musste, um die Geschäftsidee realisieren zu können. Wenn Ihre Frage dahingeht, ob Geld im Sinne von Rendite eine Rolle gespielt hat, dann sage ich Ihnen, die Rendite hat für uns keine Rolle gespielt. Und auch heute steht unsere eigene Rendite für uns nicht im Mittelpunkt.

> Die Rendite hat für uns keine Rolle gespielt.

MM: Wenn wir jetzt nochmal zum Kunden kommen. Der Kunde kommt also nicht zu Ihnen wegen seines Geldes. Er kommt mit seinem Geld zu Ihnen?

KS: Richtig!

MM: Was verbinden Kunden aus Ihrer Sicht mit Geld, wenn sie es zu Ihnen bringen?

KS: Die Kunden sind in diesen Zeiten verunsichert. Eigentlich herrscht blanke Angst. Mindestens aber Unsicherheit. Und die Leute verbinden mit ihrem Geld den Wunsch nach Sicherheit. Sie wollen, dass das Geld nicht weniger wird und vielleicht noch eine angemessene Rendite bringt. Wobei im Laufe der letzten 5 Jahre die Ansprüche bescheidener geworden sind.

> Eigentlich herrscht blanke Angst. Mindestens aber Unsicherheit. Und die Leute verbinden mit ihrem Geld den Wunsch nach Sicherheit.

MM: Und das generelle Bedürfnis nach mehr Geld. Können Sie das erklären? Weshalb Menschen oft ein Grundbedürfnis nach mehr Geld haben?

KS: Geld hängt oft zusammen mit einem Wunsch nach finanzieller Unabhängigkeit und der Idee, dass man nicht mehr arbeiten muss.

MM: Glauben Sie, ob es finanzielle Unabhängigkeit mit Geld, durch Geld gibt?

KS: Natürlich gibt es finanzielle Unabhängigkeit. Es sei denn, die Welt kracht zusammen.

MM: Haben Sie erlebt, dass ein Mensch diese finanzielle Unabhängigkeit mit einem bestimmten Betrag in Verbindung bringt?

KS: Ich befürchte, dass mit zunehmendem Vermögen und Verdienst der Betrag steigt. Wenn ich 100.000 Euro zur Verfügung habe, dann denke ich, ich bin mit einer Million unabhängig. Wenn man eine Million hat, glauben die meisten Menschen, sie sind mit 10 Millionen unabhängig.

MM: Wie haben Sie das erlebt: Wird man finanziell unabhängiger, wenn das Vermögen steigt?

> Ich habe bisher noch wenige Menschen kennen gelernt, die ein Leben frei von Geldthemen führen. Und die, die es führen, sind in der Regel Menschen, die wenig Geld haben.

KS: Nicht wirklich. Ich denke, dass bei zunehmendem Vermögen die Ansprüche steigen und das mentale Empfinden, frei zu sein, nicht, wie vielleicht erhofft, eintritt. Manchmal ist sogar das Gegenteil der Fall: Je größer das Vermögen ist, desto ängstlicher werden die Menschen. Und noch einmal zur Unabhängigkeit. Ich habe bisher noch wenige Menschen kennen gelernt, die ein Leben frei von Geldthemen führen. Und die, die es führen, sind in der Regel Menschen, die wenig Geld haben.

MM: Ja! Frei zu sein mit Geld ist manchmal schwieriger als ohne. Gibt es eine brennende Frage zu Geld, die Sie haben?

KS: Mich treibt eigentlich nur eine Frage im Sinne unserer Kunden: Ist das Geld wertbeständig oder ist es eines Tages gar nichts mehr wert?

MM: Hätte diese Antwort, wenn sie so ausfällt, wie Sie es befürchten, auch einen bedeutenden Einfluss auf Ihr Unternehmen?

KS: Definitiv. Auf das Unternehmen und natürlich auf die Kunden, die wir betreuen. Wir haben ja schon alle in der Historie so einen Neubeginn gesehen. Daher hätte das auch große Auswirkungen auf unser Unternehmen.

MM: Wäre das existenzbedrohend für das Unternehmen?

KS: Für jedes Unternehmen. Nicht nur für uns.

MM: Ich dachte, möglicherweise ist es im Finanzdienstleistungsbereich bedrohlicher als für einen Bauern?

KS: Da haben Sie sich eine Branche ausgewählt, die extrem wertbeständig sind. Klar, je mehr ich als Unternehmen heutzutage Maschinen oder physische Wertgegenstände habe, desto einfacher ist es. Sie haben Recht, als Bank haben wir eine besondere Situation.

MM: Sie haben ja selbst als Sohn einer Bankiersfamilie viel Erfahrung mit Bank, Bankwesen, und Sie haben indirekt erlebt, wie die Bank Ihrer Familie gescheitert ist. Was haben Sie gelernt aus dieser Erfahrung?

> Ich habe mich entschieden, etwas Sinnvolles, in die Zukunft gerichtetes zu machen, wo ich auch persönlich Erfüllung finde.

KS: Man verliert da, gerade wenn man jung ist, den ein oder anderen enthusiastischen Glauben an die Gesellschaft und daran, wie die Wirtschaft funktioniert. Für mich gab es im Wesentlichen ein Erleben von menschlichen Enttäuschungen, die ich wahrgenommen habe. Daher war die Entscheidung, etwas Neues zu machen, auch eine Entscheidung, mich nicht mit rückwärtsgewandten Gedanken zu beschäftigen. Ich habe mich entschieden, etwas Sinnvolles, in die Zukunft gerichtetes zu machen, wo ich auch persönlich Erfüllung finde.

MM: Und in Punkto Risiko, was haben Sie damals gelernt?

KS: Die Risikoneigung nutzt sich schon ab durch solche Erfahrungen. Auch mit dem Alter geht man eher weniger Risiken ein, was wiederum als Lebenserfahrung bezeichnet wird. Man geht nicht mehr alles mit Vollgas an. Man hat inzwischen eine differenzierte Sichtweise auf die Dinge.

MM: Haben Sie für andere Unternehmer, die momentan in einer schwierigen Unternehmenssituation sind, vielleicht Anregungen?

KS: Tja, meine Anregung ist, dass Krisen, Veränderungen, vielleicht sogar ab und zu mal wieder ganz auf Start gehen müssen, einfach zum Leben dazugehören. Leider haben wir eine Kultur in Deutschland, die vielleicht nicht ganz so offen für Brüche in Lebenswegen ist. Das ist vielleicht eine Anregung, und die andere Anregung ist, dass man sich nicht zu abhängig machen sollte, z. B. von Banken.

MM: Geht das denn überhaupt, dass man sich komplett unabhängig macht, wenn man Unternehmer ist?

KS: Das geht als Unternehmer mit Sicherheit nicht. Damit sind wir wieder bei Gefühl und Intuition: Man muss sich schon sehr sicher sein, wer das ist, von dem man sich mit Geld abhängig macht.

MM: Ja – danke, wir haben das Ende unseres Gesprächs erreicht!

> Man muss sich schon sehr sicher sein, wer das ist, von dem man sich mit Geld abhängig macht.

Finanzielle Risikokompetenz als Führungskonzept

Head Human Resources
Dr. Peter E. Mantsch
Avaloq group avaloq Evolution AG
»Das Besondere ist, dass es bei uns keine Bonusgarantie gibt. Die Auszahlung des Bonus hängt ganz klar von der individuellen Leistung ab. Aber wenn sich das Unternehmen in einer schlechten wirtschaftlichen Situation befindet, wird kein Bonus ausgezahlt. Sie können also noch so gut Fußball gespielt haben, wenn die Mannschaft kein Tor geschossen hat, dann gibt's keinen Bonus.«

Dr. Peter E. Mantsch,
42 Jahre alt, Diplom-Informatiker, Diplom-Volkswirt und promovierter Wirtschaftswissenschaftler ist seit 2009 Head of Human Resources bei der avaloq Evolution AG. Er ist begeisterter Sportler – Läufer – und lebt in Biel bei Bern.

Avaloq group
Seit über 25 Jahren bietet die Avaloq Gruppe integrierte und umfassende Bankensoftwarelösungen an, die an den Finanzzentren der Welt zum Einsatz kommen. Die Avaloq Gruppe hat in den letzten 10 Jahren die Zahl ihrer Mitarbeiter von rund 200 auf über 1.000 erhöht. Hauptsitz ist Zürich, es existieren zwei Entwicklungszentren in der Schweiz und in England sowie Niederlassungen an weiteren strategisch wichtigen Standorten.

▶ http://www.avaloq.com

- ■ **Das Unternehmen**

MM: Herr Mantsch, in welcher Phase der Unternehmensentwicklung sehen Sie die Avaloq Gruppe momentan?

PM: Nachdem wir letztes Jahr eine große Akquisition getätigt haben und auf einen Tag um 600 Mitarbeitende gewachsen sind, befinden wir uns nun in der Konsolidierungsphase.

MM: Gibt es Besonderheiten in der Kultur bei Avaloq?

PM: Ja, was mich hier begeistert, ist der family spirit und die flache Hierarchie im Unternehmen. Es ist wirklich sehr informell und wird gefördert durch die »Du-Kultur«. Und was mich sehr angesprochen hat, ist der Leitgedanke: »Das Gute ist nicht gut genug«.

MM: Welche Rolle spielt der Gründer bei dieser Kultur?

PM: Ein ganz prägendes Element. Francisco Fernandez verkörpert diesen Sportsgeist nach dem Motto: Es gibt keine Probleme, es gibt nur Herausforderungen, die lösen wir. Eine »Can do«-Mentalität, diese unermüdliche Energie, wird sehr stark von ihm vorgelebt. Er verlangt von seinen Leuten nichts anderes, als das er selbst bereit ist zu tun.

MM: Woran orientieren Sie sich bei Ihren Entscheidungen als Personalleiter?

PM: Wir arbeiten mit einem Institut zusammen, das uns zeigt, wie wir im Markt positioniert sind bezüglich Festteil und Bonus. Das Besondere ist, dass es bei uns keine Bonusgarantie gibt. Die Auszahlung des Bonus hängt ganz klar von der individuellen Leistung ab. Aber wenn sich das Unternehmen in einer schlechten wirtschaftlichen Situation befindet, wird kein Bonus ausgezahlt. Sie können also noch so gut Fußball gespielt haben, wenn die Mannschaft kein Tor geschossen hat, dann gibt's keinen Bonus.

MM: Gibt es Situationen, in denen es Ihnen schwer gefallen ist, diese Regeln einzuhalten?

PM: Nein, es gibt klare Regeln. Wir schaffen damit sofort ein Präjudiz, und es gibt dann keinen Grund, in einer ähnlich gelagerten Situation, die einmal gebrochene Regelung noch einmal zu brechen.

- ■ **Finanzentscheidungen unter Unsicherheit**

MM: Menschliche Entscheidungen werden nach meiner Wahrnehmung immer mit 3 Komponenten getroffen – Verstand, Intuition, Gefühl, – was ist da Ihre Strategie?

Habe ich gegen meine Intuition entschieden, ist es nicht gut gekommen.

PM: Wenn ich so entscheiden würde, wie ich veranlagt bin, würde ich rein nach Intuition entscheiden. Aber bei wichtigen Entscheidungen habe ich gerade in dieser sehr verantwortungsvollen Rolle des Personalleiters gelernt, es nochmals liegen zu lassen. Auch wenn ich das Gefühl habe, dass ich die richtige Entscheidung treffen werde. Ich ziehe dann eine Faktenbasis hinzu, und ich berate mich bei sehr wichtigen Entscheiden auch mit Kollegen. Aber ich würde schon sagen, für mich ist die Intuition wichtig. Mir hat die Vergangenheit gezeigt: Habe ich gegen meine Intuition entschieden, ist es nicht gut gekommen.

MM: Haben Sie das trainiert, geübt, verbessert in den letzten 20 Jahren?

PM: In dem Unternehmen, in dem ich vorher gearbeitet habe, ist bei jungen Führungskräften sehr viel Wert darauf gelegt worden, dass sie das Handwerk beherrschen. Ich bin neben meinen Führungsaufgaben immer wieder formal trainiert worden – Entscheidungstheorie, Umgang mit schwierigen Situationen – das konnte ich direkt im Arbeitsumfeld umsetzen. Dann kommt die Erfahrung hinzu, irgendwann hat man das schon einmal erlebt.

MM: Wie sieht das Risikomanagement bei finanziellen Entscheidungen, an denen Sie beteiligt sind, aus?

PM: Das ist bei uns dreistufig.

Erstens: Wir haben ein finanzielles Risikomodell eingeführt, das sehr klar festlegt, wofür man verantwortlich ist bei Entscheidungen unter Risiko, und wie diese Entscheidungen getroffen werden, also was man liefern muss, um eine Investition zu tragen.

Zweitens: Unser Führungsreglement zeigt sehr klar, wer was entscheidet, und ab welchen Beträgen mehrere Unterschriften eingeholt werden müssen.

Drittens: Entscheide, die einen bestimmten Betrag überschreiten, werden immer noch einmal von der Geschäftsleitung abgenommen. Das bedingt einen Antrag, der dann durchdacht formuliert werden muss. Und für mich speziell, da ich ja nicht Mitglied der Geschäftsleitung bin, vertritt mein Vorgesetzter, der CFO, meinen Antrag als Sponsor in der Geschäftsleitung. Das heißt, ich präsentiere vor der Geschäftsleitung und er vertritt den Antrag dann mit mir. Auf meiner Ebene bin ich relativ gut abgesichert.

- **Finanzielle Risikobereitschaft und Risikokultur**

MM: Bevor wir zum Thema Risikobereitschaft kommen, würde ich gerne die Frage stellen: Was ist Ihre Definition von Risiko?

PM: Meine Definition: Das ist entscheiden unter Unsicherheit. Ich treffe eine Entscheidung unter Zuhilfenahme von Hypothesen, die mehr oder weniger sicher sind. Und je unsicherer sie werden, umso größer ist das Risiko.

MM: Was ist das größte finanzielle Risiko, das Sie bei Einstellungen haben?

PM: Eine Fehleinstellung ist für uns per se ein großer finanzieller Schaden. Ebenso ungewollte Fluktuation. Das Besondere bei uns ist, dass wir eine sehr komplexe Software herstellen. Wir müssen in die Mitarbeitenden investieren. Die Mitarbeitenden dürfen erst an unserer Software arbeiten, wenn sie zertifiziert worden sind. Stellt man in der Probezeit fest, dass der Kandidat die Ziele nicht erreichen kann, dann hat die Linie Zeit investiert, wir haben in die Zertifizierung Geld investiert und die Suche fängt von vorne an.

MM: Kommen wir zu dem Thema Risikobereitschaft und Risikokultur. Wie schätzen Sie Ihre Risikobereitschaft ein?

PM: 7.

MM: Und wie schätzen Sie die finanzielle Risikokultur des Unternehmens ein?

PM: 8. Das ist sehr stark geprägt durch den Gründer. Der immer wieder strategische Risiken eingegangen ist. Und wie man sieht, hat sich das ausgezahlt.

MM: Spielt die Risikobereitschaft bei der Auswahl der Mitarbeiter auch eine Rolle?

PM: Ich persönlich bin vorsichtig Leute einzustellen, die unbedarftes Risiko eingehen. Das heißt, ich möchte jemanden der kalkuliert weiß, wann gehe ich Risiko der Stärke 8 ein, und was bedeutet das für das Unternehmen. Deshalb gehe ich bei der Einstellung weniger Risiko ein. Ich will mir sicher sein, dass er die Risikobereitschaft 8 kalkuliert trägt.

MM: Auf was achten Sie noch bei der Einstellung?

PM: Wir kriegen hier am Schweizer Arbeitsmarkt, auf Grund unserer sehr guten Reputation und durch eine enge Bindung zur ETH Zürich, sehr gute Leute. Wirklich Match entscheidend ist aber die Attitude. Wir legen großen Wert darauf, dass wir Leute haben, die zu uns passen. Wir selektieren Leute, die unser Tempo halten können, die mit unserer Leistungsbereitschaft mithalten können, die mit unserem Intellekt mithalten können und die auch kalkuliert Risiken eingehen (können).

MM: Und wenn die Kandidaten bei Ihnen sind, wie geht es dann weiter?

PM: Wir fördern bewusst Unternehmertum. Das Konzept der neuen finanziellen Führung im Unternehmen basiert ganz klar auf dem Unternehmertum. Und zwar nicht Unternehmertum, das ich mich maximiere, sondern ich denke, wie wir das machen müssen, damit das Unternehmen gut dasteht. Und da wird Risikobereitschaft erwartet, aber kalkulierbare. Und deshalb bin ich bewusst risikoavers bei der Einstellung. Denn es gibt wenige Leute, die Unternehmertum wirklich gut leben können.

MM: Die finanzielle Risikobereitschaft und Risikokompetenz sind Ihnen wichtig – wie finden Sie die heraus?

PM: Das machen wir über Referenzen. Wir holen Informationen über den Mitarbeiter ein, und zwar von den vorhergehenden Positionen. Da wollen wir wirklich track records, Leistungsausweise, sehen. Und wenn es um Sales Positionen geht, dann heißt es, welches Volumen hat er verantwortet, wie hat er das reingebracht? Auch unsere Geschäftsleitungsmitglieder achten sehr auf die finanzielle Mündigkeit der Bewerber.

MM: Was tun Sie noch, um möglichst sicher zu sein?

PM: Wir legen einem Kandidaten auch schon mal einen konkreten Fall aus unserem Unternehmen vor, wo er zeigen kann, wie er das

> Wir fördern bewusst Unternehmertum. Das Konzept der neuen finanziellen Führung im Unternehmen basiert ganz klar auf dem Unternehmertum.

lösen würde. Letztlich kann man nicht 100-prozentig sicher sein, ob man den Richtigen eingestellt hat.

MM: Wo würden Sie die Risikobereitschaft der Mitarbeiter sehen?

PM: Das kann ich so generell nicht sagen. Wir haben zwar eine Kultur, aber verschiedene Familien. Wir haben die Softwareentwickler, den Vertrieb, die Implementationsspezialisten. Ich würde sagen, die Risikobereitschaft der Mitarbeiter liegt bei 6. Wenn ich es vergleiche mit anderen großen Unternehmen, sind wir deutlich risikofreudiger.

MM: Wie zeigt sich die Risikobereitschaft im Gehalts- und Mitarbeitersystem?

PM: Wir haben im Lohnsystem ganz deutlich den Leistungs- und Risikoaspekt drin. Sie haben bei uns bis zu 50% Bonusanteil, je nach dem auf welcher Stufe sie im Unternehmen tätig sind. Und es gibt bei uns kein Recht auf Mitarbeiterbeteiligung. Sie erhalten auch keine Aktie geschenkt. Sie kaufen sie und beteiligen sich wie ein Partner an einer Anwaltskanzlei.

MM: So ein hohes Risiko ist doch auch eine Herausforderung?

PM: Ja, man muss eben mit dem Risiko leben, dass ein Jahr kein Erfolg da war. Wir haben jetzt ein Jahr hinter uns, in dem uns die Finanzkrise gezeigt hat, dass Null wirklich Null ist. Wie abgemacht, wie im Arbeitsvertrag unterschrieben. Das war für einige Leute schwierig, vor allem für diejenigen, die die Zeiten vorher kannten.

> Wir haben jetzt ein Jahr hinter uns, in dem uns die Finanzkrise gezeigt hat, dass Null wirklich Null ist.

MM: Kann der Mitarbeiter bei seinem Gehalt das Risiko wählen?

PM: Nein, das geben wir ihm vor. Wenn er eingestellt wird, wird diese Funktion bewertet und dann sagen wir: so und so viel Prozent des Gehaltes ist Bonus.

MM: Die Entscheidung, wie viel Risiko ein Mitarbeiter im Unternehmen nehmen wird, trifft er mit?

PM: Ja, gerade jetzt mit unserem neuen financial framework. Der Mitarbeiter hat bestimmte Hebel in der Hand, also kann er beispielsweise einen Investitionsantrag stellen, muss aber einen business case auf den Tisch legen. Da nimmt er Risiko, er muss die Zukunft beurteilen – also dort entscheidet er mit. Das war früher nicht genug formalisiert, das haben wir erkannt, und das hat die Geschäftsleitung jetzt eingeführt.

▪ Die Rolle von Geld im Unternehmen

MM: Kommen wir zum Thema Geld – Was ist Geld für Sie?

PM: Soll ich jetzt eine volkswirtschaftliche Antwort geben – dann ist es das Schmiermittel, um Bedürfniskoinzidenz herzustellen. Nein, was ist Geld für mich? Natürlich ist Geld etwas Schönes. Es sollte den Gegenwert zur Arbeit darstellen oder ich sage eine Belohnung für gute Arbeit sein. Aber es darf keinen Stellenwert einnehmen, der gefährlich wird. Also, ich komme nicht her wegen des Geldes.

MM: Wie meinen Sie das genau?

Ich versuche dem Geld in meinem Leben den Stellenwert zuzuweisen, den es hat, und das ist nicht die Nummer 1.

PM: Klar, ich habe Kinder, ich habe ein Haus und das muss finanziert sein, aber wenn ich mich hier nur reinschleppen müsste wegen Geld, dann würde ich lieber eine Mietwohnung haben und vielleicht auch immer nur zu Hause Ferien machen. Für mich ist Geld da, um Bedürfnisse zu decken, auch mal um es im Leben schön zu haben. Aber für mich wird Geld nicht zu irgendetwas, was in meinem Leben einen solchen Platz einnimmt, dass ich die wesentlichen Sachen aus dem Fokus verliere. Das ist meine persönliche Einstellung. Ich bin nicht käuflich. Ich versuche dem Geld in meinem Leben den Stellenwert zuzuweisen, den es hat, und das ist nicht die Nummer 1.

MM: Wenn wir jetzt den logischen Schritt machen, wie schaffen Sie es, dass das auch Ihren Mitarbeitern so geht?

PM: Wir versuchen Auswüchse zu stoppen. Wir achten auf die Durchsetzung des Spesenreglements, wir tolerieren dort keine Spielchen. Die zweite Sache ist: wir versuchen, dass die Mitarbeiter nicht aus einer individuellen Finanzoptimierung Entscheide für das Unternehmen treffen. Ich denke, wir haben mit dem letzten nicht ausgezahlten Bonus ein Stück Katalysator gehabt, weil uns dort die Leute verlassen haben, für die Geld sehr stark im Mittelpunkt steht.

MM: Wie begegnen Sie dem Thema Geld im Unternehmen noch?

PM: Wir sind jetzt mit der Einführung unseres finanziellen Führungsmodells beschäftigt, das ist eigentlich der größte Wandel.

MM: Was ist also das Besondere an dem finanziellen Führungsmodell?

PM: Ich als HR-Leiter verkaufe Dienstleistungen, und genauso muss ein Marktleistungsverantwortlicher sehen, dass seine Marktleistung profitabel ist. Das ist ein größerer Change im Unternehmen, das wird den Mitarbeitern immer bewusster, wie sich das persönliche Handeln verändern muss.

MM: Wie unterstützen Sie das bei den Mitarbeitern?

PM: Wir haben jetzt gerade das obere Management vorinformiert. Wir haben sie in der Diskussion des finanziellen Führungsmodells beteiligt, und jetzt gibt es ganz konkret Trainings direkt am Tool.

MM: Haben Sie ein Beispiel?

PM: Für einen Kostenstellenleiter bedeutet es ganz konkret: Wie bekomme ich eine bestimmte Verrechenbarkeit hin? Wir kaskadieren das Ebene für Ebene auf die Benutzer bzw. Bedürfnisgruppe hin. Das wird nicht einfach nur angekündigt, sondern es wird sauber durch die Organisation durchtrainiert.

MM: Was ist dabei die größte Herausforderung für die Mitarbeiter?

PM: Die größte Herausforderung ist, dass man nicht überreagiert. Das ausgewogene, verantwortliche Umgehen mit dem Instrument, ohne eine Vermeidungsstrategie zu entwickeln, ist die Herausforderung.

MM: Was genau könnte passieren?

PM: Jemand könnte nach dem Motto handeln: Irgendwie kriege ich alles verrechnet, und auf der anderen Seite die Strategie entwickeln: Wenn Du mir nicht die Projektnummer gibst, dann spreche ich nicht mehr mit Dir. Das in einen guten, eingeschwungenen Zustand zu bringen, wird die Herausforderung sein.

MM: Welche Ressource brauchen die Mitarbeiter und Führungskräfte dafür?

PM: Für den Mitarbeiter, also für den Softwareentwickler ist der Change am geringsten. Was braucht es bei den Führungskräften, damit es auch konsequent gelebt und durchgezogen wird? Erst wird es angekündigt, dann wird es kontrolliert im Sinne von »Wo stehen wir?« und dann muss gemeinsam mit den Führungsteams besprochen werden: Wenn wir nicht dort sind, wo wir sein sollten, was tun wir jetzt? Also, wirklich in der Interaktion das Thema über das ganze Jahr heiß behalten.

MM: Haben Sie selbst noch eine brennende Frage zu Geld mitgebracht?

PM: Eine Frage, die mir aus der HR-Optik durch den Kopf geht, ist: Sind wir am Ende vom Bonussystem angekommen? Können wir das Unternehmertum beim Mitarbeiter wirklich durch Bonuszahlungen stimulieren? Ist es das richtige Anreizsystem? Oder kann man Unternehmertum auch in einer anderen Art und Weise als mit Geld erreichen? Ist das Bonussystem, fixer und variabler Anteil, der richtige Weg? Oder müsste alles in einer Bonusbank landen?

MM: Wie könnte das aussehen?

> Können wir das Unternehmertum beim Mitarbeiter wirklich durch Bonuszahlungen stimulieren?

PM: Sie erhalten heute einen Bonus ausgezahlt, der ist aber nicht zu Ihrer Verfügung, der wird auf ein fiktives Konto eingezahlt und verzinst. Aber wenn man nach 3 Jahren sieht: Ihre Entscheidung war falsch, dann wird der Bonus abgeräumt. Das ist jetzt sehr schwierig. Wie will ich wissen, ob das gut oder schlecht war?

MM: Gute Frage – Was ist Ihre Vorstellung?

PM: Wenn Sie als Projektleiter einen Business case bringen und die ersten beiden Jahre funktionieren gut, aber ab dem dritten Jahr geht es nach unten, dann wird von dem Bonus wieder ein Teil zurückgenommen. Das ist natürlich verwaltungsmäßig extrem aufwendig.
Ich behaupte, wir haben bei uns einen sehr guten Weg, ich habe noch keine Auswüchse in den 3 Jahren festgestellt. Aber auf lange Frist, so in 3 bis 5 bis 10 Jahren, wo werden wir mit den Gehaltssystemen stehen? Eines ist klar, das was die letzten 10 Jahre war, wird es so nicht mehr geben. Systeme, die nach oben hin vollkommen offen sind, ich glaube, die Zeit ist durch.

MM: Das ist ein gutes Schlusswort – auch unsere Zeit ist durch. Ich danke Ihnen sehr für das Gespräch.

2.2.3   Dem Wandel zum Greifen nah

»Der Begriff Manager kommt bei uns nicht vor«

**Der Unternehmer
Urs Wyssli*
omwise AG***
»Das Geld wird erst ausgegeben, wenn es verdient ist.«

Urs Wyssli,
43 Jahre alt, verheiratet, 2 Kinder und seit mehr als 6 Jahren Vorstandsvorsitzender der omwise AG in der Schweiz.

omwise AG
Gegründet in den 1990er Jahren, ist die omwise AG mit rund 30 Mitarbeitenden ein Dienstleistungsunternehmen der IT-Branche.

*Der Name wurde von der Redaktion geändert.

▪ **Das Unternehmen**

MM: Vielen Dank für Ihre Bereitschaft, mit mir das Interview zu führen. Können Sie mir zum Einstieg etwas über Ihr Unternehmen erzählen?

UW: Wir sind eine unabhängige Firma mit absolut flacher Hierarchie. Die Firma gehört den Mitarbeitern. Wer eine gewisse Zeit im Unternehmen ist und einen Antrag stellt, bekommt ein Aktienpaket zu gleichen Teilen. Chefs gibt's bei uns nur als Funktion auf der Businesscard.

> Wir sind ein Kollektiv, wo am Schluss die ganz harten strategischen Themen die Vollversammlung entscheidet.

Wir sind ein Kollektiv, wo am Schluss die ganz harten strategischen Themen die Vollversammlung entscheidet. Wir haben keine Schulden, keine Fremdaktionäre, wir haben vielleicht Kreditlinien, die wir für gewisse Geschäfte anpassen müssen.

MM: Das verspricht uns einen Einblick in ein ganz besonderes Unternehmen. Doch zunächst: Können Sie uns etwas über Ihre Rolle bei der Gründung und im Unternehmen erzählen?

UW: Meine Kollegen waren bei der Gründung technisch orientiert. Und da brauchten wir noch jemanden, der den Rest macht. Am Anfang waren das nur Back-Office-Arbeiten, aber mit den Jahren ist daraus die Rolle des Verantwortlichen für Finanzen und Personal in der Firma geworden.

MM: Also, eine klassische Rolle in einem ungewöhnlichen Unternehmen?

UW: Ja, einerseits eine klassische Verwaltungsrolle, zum anderen bin ich aber auch in einer Moderatorenrolle.

MM: Wie muss ich mir das vorstellen?

UW: Wir haben flache Hierarchien und wichtige Entscheidungen im Bereich Finanzen sind bei uns immer in einem Gremium, einem

Team, eingebunden. Und diese Entscheidungsprozesse müssen moderiert werden. Es ist gut, dass man bei uns Entscheidungen nicht alleine im stillen Kämmerlein treffen muss. Sie dauern zwar länger, werden dann aber breit abgestützt.

MM: Woher kommt diese Form der Unternehmenssteuerung?

UW: Wir, also die Gründer, haben uns zu viert in einer Firma kennen gelernt, die eigentlich das Gleiche machte wie wir später. Dort war alles traditionell, da haben wir gelernt, wie man es nicht macht.

MM: In welcher Phase der Unternehmensentwicklung befindet sich Ihr Unternehmen heute?

UW: Wir haben vor 2–3 Jahren einen ziemlichen Wandel durchmachen müssen. Wir sind jetzt mehr als die 10 Mann von früher. Das ist komplexer, da muss man anders strukturieren. Während wir früher im gesamten Plenum entschieden haben, entscheiden wir jetzt mehr in Teams. Aber immer mit dem Warnfinger oben, der sagt: Wir wollen kein »Gärtchendenken«. Denn am Ende geht es ja wieder um die ganze Firma.

MM: Welche Fragen sind durch die Veränderung aufgetaucht?

UW: Durch die Trennung in Sektoren haben wir z. B. in meinem Bereich gesehen, wie die Leute den Bezug zu Geld und zu Finanzen verlieren. Der Einzelne weiß nicht mehr so genau, wie die Firma unterwegs ist.

MM: Wie haben Sie das gelöst?

UW: Wir haben angefangen, mit Finanzverantwortlichen in Teams zu arbeiten. Ich hatte eine Gruppe mit Finanzverantwortlichen, denen ich die Kennzahlen vom Monat oder Quartal mitgegeben habe, und die haben es in ihren Teams wiederum gestreut und versucht zu erklären. Das ging aber nicht gut. Jetzt gibt es einen Termin im Monat, wo ich im Teammeeting eine Viertelstunde die Zahlen erläutere. Das kommt viel besser an.

MM: Was noch?

UW: Wir haben gemerkt, dass wir uns eingehender mit der Strategie befassen müssen. Früher hat man ein neues Geschäftsfeld fast mehr zufällig entdeckt.

MM: Und jetzt?

UW: Wir haben jetzt ein Gremium, das sich regelmäßiger und nachhaltiger mit den Fragen der Strategie auseinandersetzt und dann auch immer wieder Rückmeldung in die weiterführenden Gremien gibt. Das wird wohl ein konstanter Wandel sein, weil man sich nicht nur anpassen, sondern dem Markt eine Spur voraus sein will.

Wir sind irgendwo zwischen Stabilisierung und Wandel.

- **Finanzentscheidungen unter Unsicherheit**

MM: Wie trifft das Unternehmen Finanzentscheidungen? Wie weiß jeder, wann treffe ich die Entscheidung alleine, wann mit anderen – gibt es da Muster oder Regeln?

Wir treffen selten eine Finanzentscheidung. Finanz- und technische Entscheidungen sind meist nachgeordnete Entscheide. Hauptsächlich treffen wir unternehmerische Entscheide.

UW: Ganz generell: wir treffen selten eine Finanzentscheidung. Finanz- und technische Entscheidungen sind meist nachgeordnete Entscheide. Hauptsächlich treffen wir unternehmerische Entscheide. 80–90% entscheidet man selber, und wo es über die Grenzen hinaus geht, gibt es vor allem eine Kultur des sich nicht Anmaßens es »nicht besser wissen zu wollen«. Daraus ergeben sich die Entscheidungsstrukturen.

MM: Wie sehen die aus, haben Sie ein Beispiel?

UW: Wenn man merkt, man muss mehr Leute einbeziehen, dann geht man in ein Lenkungsgremium, dem ich und mein Kollege alle 2 Wochen beiwohnen. Aus jedem Team kommen immer zwei Mitglieder dazu. Die Firma erwartet von dem Lenkungsgremium, dass es auch Finanzfragen vorbespricht und Grundlagen zu einer Entscheidung bietet, die dann vielleicht in einem weiteren Gremium gefällt werden muss.

MM: Gibt es für das Risikomanagement noch andere Prozesse, die Sie speziell etabliert haben?

Das Geld wird erst dann ausgegeben, wenn es verdient ist.

UW: Ja, ein wichtiger Leitgedanke ist »Das Geld wird erst dann ausgegeben, wenn es verdient ist«. Den muss man bei uns einfach im Kopf haben. Davon leitet sich für einfaches Risikomanagement einiges ab.

- **Finanzielle Risikobereitschaft und Risikokultur**

MM: Wie würden Sie Ihre finanzielle Risikobereitschaft einschätzen?

UW: Wahrscheinlich 4, aber mit Luft nach oben, wenn ich mich begeistern lasse.

MM: Wie würden Sie die finanzielle Risikokultur und dementsprechend die Risikobereitschaft des Gesamtunternehmens einschätzen?

UW: Man muss einfach nochmal in Klammern sagen unternehmerische Risikobereitschaft. Das ist wahrscheinlich ungefähr gleich. Die finanzielle Risikobereitschaft folgt dann vielleicht noch.

MM: Unterscheiden sich die Mitarbeiter in ihrer Risikobereitschaft?

UW: Es gibt die Risikobereiten und die weniger Risikobereiten, es gibt aber auch viel Indifferenz. Sie haben vorhin gefragt, in welcher Phase sich die Firma befindet. Wir haben das Durchschnittsalter von 40 Jahren. Und wir geben uns im Moment sehr Mühe, dass wir das etwas runterbringen. Wenn das so weiter geht, werden die maßgebenden Leute immer älter. Dann ist es fraglich, ob sie noch weiter risikobereit sind. Das beschäftigt uns schon.

MM: Was verstehen Sie unter Risiko?

UW: Wenn ich eine Entscheidung zu treffen habe, die möglicherweise das ganze Unternehmen betrifft, und deren Auswirkungen ich nur zu einem mir im Moment gering scheinenden Teil kenne. Das wäre so eine einfache Definition von Risiko.

MM: Gibt es weitere Aspekte von Risiko in Ihrer Firma?

UW: Wir haben uns in den letzten 17 Jahren kein großes Polster erarbeitet. Für Krisenzeiten haben wir einen Mechanismus: Jeder ist arbeitsvertraglich bereit, 15% seines Lohnes nicht ausgezahlt zu bekommen – ein Quartal lang. Aber wir haben keine Kriegskasse wie beispielsweise unsere Partnerfirma. Dieses Polster, diese Sicherheit gibt es nicht. Ja, irgendwo leben wir permanent mit einem gewissen Risiko. Wir sind permanent gefordert.

MM: Denken die Mitarbeiter darüber nach, was sie tun, wenn es soweit ist mit den 15% für ein Quartal?

UW: Ja, ich auch. Was macht man mit einem ausgezahlten Bonus? Sollte man den quasi als diese 15% Reserve anlegen?

- **Die Rolle von Geld im Unternehmen**

MM: Welche besonderen Aspekte gibt es noch beim Lohn?

UW: Zunächst kann man sagen, wir zahlen für gut bis sehr gut ausgebildete Mitarbeitende – mit viel Berufserfahrung – etwas unter dem Marktdurchschnitt. Dafür haben wir hier viel mehr Freiraum. Dann gibt es Bandbreiten und Stufen in dem Modell, worin man sich bewegt. Und das ist transparent, jeder weiß in dieser Firma was der andere verdient, es ist auch im Intranet, jeder kann sich einordnen.

MM: Woran orientieren Sie diese Kriterien?

UW: Jeder hat die gleichen Rechte, aber ist nicht gleich. Wir haben mit der Zeit akzeptiert, dass es nun einmal individuelle Unterschiede gibt. Aber wir wollen die große Differenz nicht mit dem Lohn festmachen. Es ist ein ganz wichtiger Aspekt, aber nicht der wichtigste. Die Umsatzstärke soll überhaupt keine Rolle spielen.

MM: Können Sie uns den Grundsatz erklären?

UW: Wir denken: »Der Fakt, dass du vielleicht umsatzmäßig drei Mal so viel wie dein Kollege mit reingebracht hast, hat damit zu tun, dass du die Hilfe von dem und dem und dem hast. Sei froh, dass du was reinbringst, es hat aber nichts mit deiner wahren Leistungsstärke zu tun.«

MM: Wie geht es Mitarbeitern damit, die aus einem anderen System kommen?

UW: Die staunen und müssen sich damit auseinandersetzen. Man merkt aber schnell, dass der ganze Druck von ihnen weggeht. Wir möchten diesen Druck auch nicht, obwohl es natürlich auch Leerläufe in dieser Firma gibt. Wir möchten den Druck mit positiver Motivation oder nachhaltigen Methoden ersetzen.

MM: Wie ist dieser Gedanke denn mit dem Preismodell für Ihre Kunden gekoppelt?

UW: Ja, das ist eine interessante Frage. Früher haben wir ein Gefühl entwickelt, was der richtige Preis für diese Firma ist. Zum Beispiel haben wir gesagt: »Wir gehen jetzt zu einem Kunden, da dürfen wir schon einen guten Preis erwarten, weil wir auch gute Arbeit abliefern.« Anderseits wollen wir keinesfalls den Eindruck vermitteln, man kommt mal eben her und grast ab. Wir wollen längerfristig arbeiten.

> Sei froh, dass du was reinbringst, es hat aber nichts mit deiner wahren Leistungsstärke zu tun.

MM: Wie begründen Sie den Unterschied?

UW: Wir sagen den Kunden, bitte akzeptiere, dass wir nicht die Person X hier reinbringen, sondern ein Team. Ein Know-how-Team. Da kann einer mit der höchsten Zertifizierung dabei sein, aber auch einer, der lernt. Also Leute, die sich gegenseitig unterstützen. Das heißt auf den Preis übertragen, dass darin ein Durchschnittswissen steckt. Und das setzt alle nicht so unter Druck und macht nachhaltiges Arbeiten möglich.

MM: Können Sie damit alle Preisfragen lösen?

UW: Als wir vor einigen Jahren damit begonnen haben, eigene Produkte zu entwickeln, wurden ganz andere Fragen wichtig. Da hat man Handgelenk mal PI ausgerechnet, ohne groß auf Modelle zurückzugreifen, und durch Trial und Error hat man gelernt sich am Markt zu positionieren.

MM: Beobachten Sie Unterschiede, wie Mitarbeiter diesen Weg mitgehen?

UW: Ja, sehr große Unterschiede, es gibt auch emotional gefärbte Diskussionen. Gerade in einem Bereich der Hard- und Softwareentwicklungen nach 2 Jahren mit null Einnahmen, aber natürlich entsprechenden Kosten. Da habe ich nach Gründen gefragt. Und heraus kam: Ja, wir haben da nicht so das richtige Modell und auch keinen klassischen Sales, der jetzt zu den Kunden rausgeht und das vertreibt.

MM: Wie ging das weiter?

UW: Dann begann auch ein gewisses Versteckspiel. Teilweise gab es auch zu wenig kritisches Nachfragen. In dem Fall sind die Struktur und unsere Kultur eher hinderlich. Man müsste schneller erkennen können, ob das Projekt zumindest die Kosten trägt. Man müsste den Zeitpunkt festlegen und so ein Projekt auch mal stoppen. Wir tun uns damit sehr schwer. Es gibt Auseinandersetzungen, die sind bis zum heutigen Tage noch nicht geklärt.

MM: Was fehlt dem Unternehmen, um diesen Schritt zu schaffen?

UW: Wahrscheinlich bräuchte man dann den Deus ex machina, der heruntersteigt und sagt: »So wird's gemacht… fertig!«

MM: Wenn Sie die Zeit zurückdrehen könnten, gäbe es etwas, was Sie anders machen würden?

UW: Ja, wenn etwas aus dem Ruder läuft, gibt es bei uns zu wenig Kontrollmechanismen oder Leute, die wirklich hart einschreiten. Ein Hersteller etwa hat eines der Kernstücke nicht mehr weiter unterstützen wollen. Dann gab es ein kleines Erschrecken. Und das war der »Fakt«, das ein bestimmtes Produkt ausgelaufen ist. Das war also keine Entscheidung von der Firma aus, sondern die Entscheidung kam von außen.

MM: Also müssen Sie auch in Zukunft warten, bis jemand von außen für Sie entscheidet?

UW: Wir müssten irgendwie darauf hinwirken, dass man sich stärker überlegt, ob ein Projekt in die Firmenstrategie passt, und wie der Businessplan aussieht. Aber diejenigen, die Kontrollfunktion haben

> Wahrscheinlich bräuchte man dann den Deus ex machina, der heruntersteigt und sagt: »So wird's gemacht… fertig!«

oder einschreiten sollten, sind zu schwach. Es sind halt Techniker. So bleibt die Frage ein Stück weit hypothetisch.

MM: Kann man sagen, die Firma wird von den Fachkräften statt von Managern oder dem Unternehmer gesteuert?

UW: In unserer Firma ist »Manager« ein verpönter Begriff. Niemand betrachtet sich als Manager, obwohl es einzelne gibt, die mit den Jahren geschaut haben, dass bestimmte Prozesse und Regeln einfachster Art eingeführt werden.

MM: Welche Rolle übernimmt da das Geld?

UW: Wenn eine Fachkraft, die mit Herzblut arbeitet, am Anfang überzeugt ist und dann vielleicht nicht mehr so sehr, dann muss sie unternehmerisch denken und sich fragen: Verlier ich jetzt Geld, mit dem was ich mache? Wie viel ist das? Ist das richtig, dass das so ist? Oder müsste ich es stoppen? Uns fehlen Kriterien, wenn es ans Eingemachte geht. Das ist schon kennzeichnend.

MM: Was glauben Sie wird passieren, wenn das Geld mal weniger in die Firma reinfließt, wie reagiert das System darauf?

UW: Da kommt jetzt schon etwas ins Stocken. Es gibt Leute, die mehr leisten, zeitlich, emotional, und die dieser Team- und Lohnstruktur deshalb kritisch begegnen. Auch jetzt, wo es uns gut geht.

MM: Wäre das anders, wenn es finanziell schlecht läuft?

UW: Ja, wenn es wirklich schlecht laufen würde, dann reißt es emotional nieder, man ist unter Druck. Dann weiß man, man hat nur ein Quartal und muss bereit sein, die 15% zu liefern.

MM: Wie schätzen Sie das ein?

UW: Als Firma wissen wir jetzt schon, dass es eigentlich nicht mehr geht. Es gibt heute bei uns viele Leute, die Familienvater geworden sind, Kinder haben, Ansprüche haben, Zinsen zahlen müssen. Ja, was wäre dann…? Vielleicht sollten wir als Firma den Bonus auf die Seite tun, um eben in extrem schlechten Phasen selber die 15% zu haben. Doch das lassen wir ein Stück weit offen. Wir haben kein Polster, um ein halbes Jahr zu überleben.

MM: Das war ein spannender Einblick in Ihre Firma – danke für das Gespräch.

In unserer Firma ist »Manager« ein verpönter Begriff.

Den richtigen Umgang mit Risiko für den Wandel finden

Der Unternehmer
Hans Peter Canziani
Unitek Engineering AG
»In der IT ist es schwierig, präzise zu planen. Und das hat zum Großteil mit den Köpfen zu tun, die etwas umsetzen. Wenn jemand brillant ist, dann kann er etwas in einem Jahr machen, was andere nicht in fünf Jahren machen können. Deswegen sind finanzielle Risiken bei IT-Entwicklungen eher groß.«

Hans Peter Canziani,
57 Jahre alt, verheiratet, 2 Söhne. Er stammt aus einem kleinen Handwerksbetrieb und ist Dipl. Elektroingenieur ETH. Mit einem Partner führt er die Firma Unitek Engineering AG.

Unitek Engineering AG
Unitek entwickelt seit 1988 Software, insbesondere zur Verarbeitung von Finanzdaten (Marktdaten, Stammdaten, News). Gegründet von ETH-Absolventen beschäftigt das Unternehmen mit Sitz in der Züricher Altstadt mittlerweile 10 Mitarbeiter.

▶ http://www.unitek.ch

▪ Das Unternehmen

MM: Herr Canziani, in welcher Lebensphase befindet sich Ihr Unternehmen?

HC: Ich würde sagen, wir sind im Moment in einer einigermaßen stabilen Phase. Aber Wandel ist eigentlich nötig, weil es keine Wachstumsmöglichkeit mehr gibt.

MM: Wie kommt das – keine Wachstumsmöglichkeiten?

HC: Wir haben nur einen Hauptkunden – eine Großbank. Zwar haben wir einen Einstieg ins Mobilgebiet (Apple Apps) versucht und einen Kunden gewonnen, das reicht natürlich nicht. Wir müssen uns überlegen – das ist auch eine Finanzentscheidung –, wo wir aktiv sind. Und das ist eine ziemlich teure Sache, weil man ja Skills, Fähigkeiten, aufbauen muss, weil man auch eine Botschaft für den Markt haben muss, irgendetwas was man anzubieten hat.

MM: Ihre Rolle im Unternehmen, wie würden Sie sie beschreiben? Sind Sie hier die Quelle von Ideen und Entwicklungen?

HC: Ja. Gerade weil wir hier in einer stabilen Phase sind, ist das mit den vielen Ideen ein bisschen in den Hintergrund getreten. Ich sehe mich schon als Quelle von Ideen zusammen mit meinem Partner, aber wir müssen auch die Leute mit einbeziehen. Das ist ja auch schon rein von der Altersstruktur wichtig. Ich bin jetzt 56, was eigentlich für die IT-Branche nicht mehr unbedingt das Alter ist, indem die brillanten Ideen kommen.

MM: Was ist denn wichtiger?

HC: Ich habe mich um die Finanzen gekümmert. Mehr jetzt im administrativen Sinn als im strategischen Sinn. Es gibt einfach die üblichen Routinedinge zu erledigen. Vielleicht so eine Woche im Monat.

▪ Finanzentscheidungen unter Unsicherheit

MM: Wie treffen Sie Finanzentscheidungen?

HC: Finanzentscheidungen, die bei uns Gewicht haben, sind: Soll man weitere Mitarbeiter anstellen? Oder wenn man beschließt, in ein neues Gebiet zu investieren. Dann müsste man einen Businessplan machen, sich aber immer etwas davor hüten, dass dieser Businessplan nicht aufgeschriebenes Wunschdenken ist. Man muss schauen: Können wir etwas stemmen, können wir etwas nicht stemmen?

MM: Was hat Sie denn bisher davon abgehalten?

HC: Wir hatten nicht so viel Mut, weil man zu viele hat scheitern sehen. Aber man muss auch mal etwas anpacken und nicht das ganze Monstrum zu beschreiben versuchen, sondern schauen: Kann es in diese Richtung weitergehen? Und dann etappenweise sagen: »O.K., das sieht gut aus, so machen wir weiter.«

MM: Von der Stabilität zum Wandel, wie müssen Sie Ihre Prozesse da verändern?

HC: Das würde ja bedingen, dass man überhaupt Prozesse hat, die so etwas entscheiden. Wir entscheiden letztlich aus dem Bauch raus. Man muss das Gefühl haben, es muss sich lohnen zu investieren. Bei diesem Mobilbereich ist es etwas unglücklich gelaufen. Die zwei Leute, die sich damit beschäftigt haben, sind weiter gezogen, weil sie gefragt sind und viele Angebote bekommen. So läuft das eben – ein Risiko, das man als Kleiner hat.

MM: Wenn Sie eine größere Investitionsentscheidung treffen. Woher würden Sie das Geld nehmen?

HC: Das würden wir auf keinen Fall fremd finanzieren wollen. Das haben wir schon erlebt. Wir haben uns schon einmal als Partner privat an einer anderen Firma beteiligt, also nach dem Prinzip der Ausgründung.

MM: Können Sie das genauer beschreiben?

HC: Wir hatten etwas entwickelt und daraufhin beschlossen, auch eine Firma mit anderen Partnern zu gründen, ohne dafür Venture Capital aufzunehmen. Wir sind dann aber wieder ausgestiegen, nachdem die Entscheidung gefallen war, doch Venture Capital aufzunehmen. Es war nicht so viel, vielleicht eine halbe Million, aber da wollte ich einfach nicht dabei sein. Ich finanziere lieber 100.000, die ich mir leisten kann.

- **Finanzielle Risikobereitschaft und Risikokultur**

MM: Wie hoch ist Ihre persönliche Risikobereitschaft?

HC: Ich würde sagen in der Mitte, bei 5 irgendwo. Das hat immer mit den Mitteln zu tun, die einem zur Verfügung stehen, und auch mit der privaten Lebenssituation. Mal hat man Familie und Kinder, die in der Ausbildung sind, dort wird genug Geld verbraucht, ob man will oder nicht. In einer Situation, die eigentlich stabil ist, viel Risiko auf sich zu nehmen, ist wahrscheinlich nicht die richtige Entscheidung. Jemand der keine Familie hat, kann ein Risiko wagen.

MM: Wie schätzen Sie Ihren Partner ein zwischen 0 und 10?

HC: Ich würde sagen so ähnlich wie mich. Er ist eher der methodische, der weniger aus dem Bauch heraus entscheidet, er will einen Businessplan. Und das finde ich grundsätzlich einen guten Gegenpol. Er fordert immer: »Jetzt musst du mir genau sagen wie.« Das geht zwar nicht immer, ist aber gut. Wenn man keinen Entwurf hat, wird man Abweichungen einfach länger nicht erkennen.

MM: Wenn es Ihnen nicht gelungen ist, das Risiko bei Ihren Projekten richtig vorauszusagen, woran lag das?

Aber man muss auch mal etwas anpacken und nicht das ganze Monstrum zu beschreiben versuchen, sondern schauen: Kann es in diese Richtung weitergehen?

Wir entscheiden letztlich aus dem Bauch raus.

In einer Situation, die eigentlich stabil ist, viel Risiko auf sich zu nehmen, ist wahrscheinlich nicht die richtige Entscheidung.

HC: Es ist wirklich gerade in der IT schwer Dinge vorherzusagen. Und das hat zum Großteil mit den Köpfen zu tun, die etwas umsetzen. Wenn jemand brillant ist, dann kann man etwas in 1 Jahr machen was andere nicht in 5 Jahren machen können. Deswegen sind finanzielle Risiken bei IT-Entwicklungen eher groß. Ein Hersteller hat eine Produktion, und sieht, wenn der Markt mehr aufnehmen könnte, dann muss er auch eine Entscheidung treffen: Stell ich jetzt eine Fabrikhalle dazu, lease ich die? Aber bei einem neuen IT-Produkt ist das Risiko einfach sehr groß.

MM: Sie selbst haben also eine mittlere Risikobereitschaft, und sind in einer Situation, in der die Firma ein großes Risiko nehmen müsste. Die Frage ist: Wie finden Sie die richtige Mischung für den nächsten Schritt?

HC: Die Frage ist, wie viele Mittel uns, die wir nicht fremd finanzieren wollen, zur Verfügung stehen. Vor 10 Jahren gab es eine Phase, da haben wir sehr gut verdient mit dem Verkauf von Finanzdaten. Das hat uns dann auch ermöglicht ein Projekt zu machen, was letztlich aber an rechtlichen Gründen gescheitert ist. Wir waren nicht in der Lage, Wiederverkaufsrechte von den Daten an den Börsen zu beschaffen. Das Problem war die rechtliche, die urheberrechtliche Situation.

MM: Wie haben Sie damals versucht, den Engpass zu lösen?

HC: Da gab es eine Firma in Genf, die haben wir zufällig kennen gelernt, weil sie den gleichen Datenlieferanten hatten. Wir haben ihnen berichtet, was wir machen. Der CEO wollte uns dann kaufen. Und wir haben gefragt: »Wie kommt Ihr auf die Idee?«

MM: Was haben die bei Ihnen gesehen?

HC: Wir hatten eine solide Software, die man hätte nutzen können. Das war genau das, was sie gebraucht haben. Das war natürlich eine Frage des Preises. Es war eine Venture Capital finanzierte Firma, die in kurzer Zeit von 30 auf 80 Leute angewachsen war. Dieses Wachstum konnte sie natürlich nicht verdauen.

MM: Wie wurden Sie sich einig?

HC: Man hat uns einen zweistelligen Millionenbetrag geboten. Aber vieles sollte bloß in Shares ausgegeben werden. Es gab verschiedene Faktoren, die uns bewogen haben, vom Ganzen wieder abzulassen. Und 4 Monate später wurde der Stecker rausgezogen. Venture Capitalists sind halt einfach so, die wollen nur Knete machen, sonst nix. Das sind keine Unternehmer.

MM: Kommen Sie aus einem Unternehmerhaushalt oder wie kam es dazu, dass Sie ein Unternehmen gegründet haben?

HC: Nein, nein. Also mein Vater hatte schon ein Unternehmen, eine kleine Feinmechanikerwerkstatt mit 3–4 Leuten. Die haben mechanische Dinge entwickelt für größere Firmen, die eben keine Prototypen-Werkstatt hatten. Wenn sie mal 100 Stück produzieren mussten, war das viel. Das war auch ein sehr zyklisches Geschäft. Wir in der Software-Branche sind das im reduzierten Maße, weil eben Software auch gewartet werden muss.

MM: Wie sehen Sie heute Ihre Rolle als Unternehmer?

Nein, ich bin nicht wirklich ein Unternehmer, sonst wären wir keine 10 Leute. Ich bin eigentlich ein Ingenieur.

HC: Nein, ich bin nicht wirklich ein Unternehmer, sonst wären wir keine 10 Leute. Ich bin eigentlich ein Ingenieur. Man ist kein Unternehmer, wenn man nach 25 Jahren nur 10 Leute hat. Auf der anderen Seite will ich auch gar keine 500 Leute. Bei 500 Leuten trägt man Verantwortung für 500 Leute. Dann kann ich Ihnen nicht einfach so ein Interview geben und an sonnigen Tagen im Garten essen.

MM: Was wäre denn Ihr Ziel? Sie haben gesagt, 500 wollen Sie nicht. Was sind denn Ihre optimalen Vorstellungen?

HC: Das Vernünftige, was wir handhaben können, wären bei uns maximal 20. Das würde dann auch bedeuten, dass wir hier bleiben können, wo wir sind. Das würde durchaus reichen. Nur möchten wir gerne breiter abgestützt sein.

MM: Wie bewerten Sie das Risiko, nur einen Kunden zu haben?

HC: Das ist wie ein Damoklesschwert. Und es gab auch viele Gefahren. In der Finanzkrise ist dieser Kunde fast Konkurs gegangen. Erstaunlicherweise sind viele seiner Dienstleister dabei unter die Räder gekommen, wir aber nie. Strategisch sind wir schon zig Mal gekippt worden. Taktisch sind wir die Firma, die noch unter dem Radarschirm fliegen kann.

MM: Zum Thema Risiko vielleicht noch abschließend: Wo liegt die Risikokultur des Gesamtunternehmens – aller Mitarbeiter?

HC: Also ich würde die Leute – im Herzen – als risikofreudig betrachten. Die gehen gerne mal was Neues ein. Die Leute wollen auch Spaß und das ist letztlich fast wie eine Art Verpflichtung für meinen Partner und mich, ihnen das zu bieten. Das Problem haben wir eigentlich noch nicht gelöst. Die Leute laufen uns auch nicht wegen des Geldes davon, sondern weil die Arbeit langweilig wird.

> Also ich würde die Leute – im Herzen – als risikofreudig betrachten. Die gehen gerne mal was Neues ein. Die Leute wollen auch Spaß.

- **Die Rolle von Geld im Unternehmen**

MM: Das Gehaltsystem, wie haben Sie das aufgebaut?

HC: Durch den Branchenverband, der nach Funktion, Erfahrung, Ausbildung jährliche Statistiken erhebt, haben wir eine Richtschnur. Und wir haben das System: gutes Jahr/schlechtes Jahr. Wir zahlen einen Bonus aus, der in der Regel einen guten Monatslohn ausmacht, der aber nicht vertraglich gesichert ist.

MM: Und welche Kriterien legen Sie an?

HC: Wir haben lange überlegt, wie wir das machen sollen. Letztlich sind wir bei einem Verfahren geendet, bei dem man einfach pro Arbeitsstunde einen Bonusanteil zahlt und zwar allen denselben. Man kann die Leistung nicht wirklich bemessen. Jeder trägt irgendetwas bei. Der eine macht ein Projekt, was sich gut rentiert, der andere ein Projekt, das nicht läuft. Und das ist ja nicht seine Schuld. Wir sind ein Team und jeder soll, wenn es gut geht, im Prinzip nach Maßgaben seiner Arbeitsstunde bezahlt werden.

MM: Welche Rolle spielt dann aus Ihrer Sicht das Geld als Anerkennung?

HC: Im Verhältnis von einem Jahresgehalt ist ein Tausender mehr oder weniger eigentlich nichts. Da sind andere Formen der Anerkennung

> Der eine macht ein Projekt, was sich gut rentiert, der andere ein Projekt, das nicht läuft. Und das ist ja nicht seine Schuld.

schon eher etwas wert. Mal laden wir Leute zum Mittagessen ein, es gibt mal eine Flasche Whiskey, was eben jeder so gerne hat.

MM: Dann hat das Gehalt andere Funktionen?

HC: Ja, vor allem beim Grundgehalt schaut man, wer wichtiger ist und wer nicht.

MM: Was verbinden Sie mit Geld. Was für eine Rolle spielt Geld für sie?

HC: Gut, Geld bedeutet ja auch Unabhängigkeit. Es ist eine Form von Freiheit. Natürlich kann es auch das Gegenteil sein, also wenn man viel Geld hat und sich ein Umfeld mit diesem Geld aufbaut, das nach noch mehr Geld schreit, um unterhalten werden zu können. Dann macht man eigentlich einen Fehler.

MM: Also viel Geld macht eher abhängig?

HC: Sagen wir so, mehr Geld übrig zu haben, als man braucht, das macht unabhängig, das ist Freiheit. Viel Geld per se zu haben, hat durchaus eine Tendenz, sich in Unfreiheit rein zu manövrieren.

MM: Haben Sie das jemals erlebt?

HC: Mir ist erspart geblieben, dass ich wirklich down-scaling machen musste. Aber ich bin jetzt auch in einer Situation, wo es doch reichlich Geld kostet. Es schmilzt im Moment eher, als dass sich welches aufbaut. Das ist auch o.k., es kann ja mal Phasen geben.

MM: Die Bedeutung von Geld für Ihr Unternehmen, wie würden sie die definieren oder beschreiben?

HC: Ja, es ist das normierende Mittel, das Blut, das das Ganze am Leben hält. Es ist das Austauschmittel, womit man Arbeitsleistung und andere Geschichten gegeneinander austauschen und aufwiegen kann. Das ist der Charakter von Geld, das Lebensblut letztlich. Aber zu viel Geld zu haben ist auch nicht gut.

MM: Das ist ein gutes Schlusswort. Danke…

> Geld bedeutet ja auch Unabhängigkeit. Es ist eine Form von Freiheit.

2.2.4 In Krisen brauchen Unternehmen Kraft von innen und außen

Krise als Chance für die Zusammenarbeit

Der Leiter Firmenkunden
Peter Radermacher
Commerzbank AG, Mainz
»Natürlich müssen Entscheidungen schon mal unter Druck fallen, aber das ist eben nicht das normale Leben. Denn das normale Leben lässt uns immer auch ausreichend Zeit, klar abgewogene Entscheidungen zu treffen.«

Peter Radermacher,
50 Jahre alt, hat 2 Söhne und lebt mit seiner Familie im Taunus. Er leitet seit 2006 als Vorsitzender der Geschäftsleitung Gebiet Mainz das Mittelstandsgeschäft der Commerzbank in den Bun-

desländern Rheinland-Pfalz und Saarland. Seit über 20 Jahren betreut er Firmenkunden der Commerzbank.

Commerzbank AG, Mittelstandsbank

In diesem Konzernbereich ist das Geschäft mit mittelständischen Kunden ab einem Jahresumsatz von 2, 5 Mio. Euro, Großkunden, dem öffentlichen Sektor und institutionellen Kunden gebündelt. Den Kern der Vertriebsorganisation bilden die Firmenkundenbetreuer in 150 deutschen Filialen sowie 7 Großkundencentern, die durch Produktspezialisten unterstützt werden. Als Partner begleitet die Bank mit ihren Niederlassungen in Europa, Asien und Amerika sowohl die internationalen Aktivitäten der deutschen Firmenkunden als auch internationale Unternehmen mit Geschäftsaktivitäten in Deutschland.

▶ http://www.unternehmerperspektiven.de
▶ http://www.firmenkunden.commerzbank.de/de/main.htm

- **Die Person – der Banker**

MM: Herr Radermacher, in unserem Gespräch geht es um die Wirkung von Geld und Risiko bei Finanzentscheidungen. Was verbinden Sie als Banker persönlich mit Geld?

PR: Dazu passt vielleicht eine kleine Episode: Mein ältester Sohn kam eines Tages zu mir und sagte: »Lass uns mal Lotto spielen« Und ich sagte: »Ja und? Angenommen wir haben 30 Millionen. Was ist dann?« Und mein Sohn: »Dann könnten wir uns einen Q7 kaufen, könnten uns einen Porsche kaufen und dann können wir das noch kaufen…« Und ich sagte: »Wir können immer nur mit einem Auto fahren. Wir können immer nur in einen Fernsehen gucken und du kannst auch immer nur auf einem PC spielen.« Dann war das Thema auch für ihn beendet.

MM: Daran sieht man recht schön: Geld kann je nach Kontext ganz unterschiedliche Bedeutung haben?

PR: Genau, ich habe zwar täglich mit diesen großen Beträgen zu tun, kann die aber in meinem privaten Leben nicht einordnen. Wir haben ein Haus, da ist ein Garten dabei, die Kinder haben Spielzeug, das Licht brennt immer, es ist warm im Winter, es ist angenehm im Sommer, wir fahren mit Autos, wir machen Urlaub usw. Insofern vermag ich nicht einzuschätzen, was eine Million oder auch mehr zusätzlich in meinem Leben für mein familiäres Umfeld bedeutet und bewirkt. Geld allein macht ja bekanntlich nicht glücklich. Das ist meine Einschätzung zu Geld.

MM: Das ist eine interessante Lehrstunde für Ihren Sohn und sicher für den einen oder anderen Leser, der so seine Bilder über Banker hat.

- **Finanzentscheidungen unter Unsicherheit**

MM: Wie treffen Sie Entscheidungen? Gibt es Regeln, Rituale Vorgehensweisen, über die Sie berichten können? Welche Rolle spielen Ratio, Intuition und Gefühl?

Grundsätzlich bin ich ein eher chancenorientierter Mensch. Ich habe ein positives, optimistisches Grundbild.

Das Wichtigste ist, einen Perspektivwechsel vorzunehmen. Deswegen sollte man sich bei Entscheidungen auch nicht zu stark unter Druck setzen lassen, sondern immer genau die Zeit nehmen, die man braucht.

PR: Beim Eintritt in eine Finanzentscheidung spielt immer das Gefühl, das Bauchgefühl eine wichtige Rolle. Das ist immer der Beginn einer Entscheidung. Grundsätzlich bin ich ein eher chancenorientierter Mensch. Ich habe ein positives, optimistisches Grundbild. Und ich versuche zunächst einmal nicht in eine Ja/Nein-Situation hineinzukommen, sondern zu schauen, wie man etwas machbar machen kann.

MM: Wie gehen Sie nach dem ersten Gefühl weiter vor?

PR: Da hilft Erfahrung, die man sich über viele Jahre aneignet, und, dass man immer wieder mit unterschiedlichen Leuten zusammenkommt. Das Wichtigste ist, einen Perspektivwechsel vorzunehmen. Deswegen sollte man sich bei Entscheidungen auch nicht zu stark unter Druck setzen lassen, sondern immer genau die Zeit nehmen, die man braucht.

MM: Da werden unsere Leser aber durchatmen, haben Sie nie Zeitdruck?

PR: Natürlich müssen Entscheidungen schon mal unter Druck fallen, aber das ist eben nicht das normale Leben. Das normale Leben lässt einem eigentlich immer ausreichend Zeit für Entscheidungen. Und man kann den Perspektivwechsel auch relativ schnell vornehmen. Ich meine damit: »Wechsle mal die Seiten, setz dich quasi auf die andere Seite des Tisches.«

- **Finanzielle Risikobereitschaft und Risikokultur**

MM: Zu Entscheidungen über Geld gehört auch finanzielle Risikobereitschaft. Was ist Ihre eigene finanzielle Risikobereitschaft? Wie schätzen Sie die ein?

PR: Auf einer Skala von 1–10 finde ich mich bei der 7 ganz gut wieder. Insgesamt steht bei meinen privaten Geldanlageentscheidungen der langfristige, nachhaltige Vermögensaufbau im Vordergrund. Daneben gibt es einen Sockelbetrag, der schnell verfügbar ist, der letztendlich für den Notfall da ist. Für diesen Sockelbetrag gilt der Grundsatz einer hohen Sicherheit und einer schnellen Verfügbarkeit. Und es gibt auch einen Betrag, mit dem ich freier agiere, d. h. höheres Risiko, aber auch höhere Rendite. Da Geld mein berufsbedingtes Metier ist, habe ich einen guten Einblick in die Märkte, in Produkte, so dass ich am Ende ein Stück risikobereiter bin – also in Bezug auf mein eigenes Geld.

MM: Zum Thema Risikobereitschaft und Risikokultur von Kunden, gibt es wichtige Unterschiede zwischen kleineren oder größeren Kunden im Hinblick auf Entscheidungsprozesse?

PR: Bei kleineren Unternehmen haben sie es üblicherweise direkt mit den Entscheidungsträgern zu tun. Bei größeren Unternehmen redet man mit dem Leiter Finanz- und Rechnungswesen, mit dem Buchhalter. Und je nach Größe ist deren Entscheidungskompetenz eingeschränkter. Dann stellt man eine Lösung vor und der Gesprächspartner hat die auch übernommen, findet die gut, aber er trifft nicht die Entscheidung. Und dann versickert das Ding wieder. Und auch von der Motivation her gibt es Unterschiede. Der Leiter Finanzen agiert nicht mit seinem Geld, sondern mit dem Geld des Unternehmens und ist deswegen auch ein Stück vorsichtiger.

MM: Heißt das, dass diese zwei Personen möglicherweise auch eine unterschiedliche Risikobereitschaft haben?

PR: Definitiv. Der eine agiert aus dem eigenen Portemonnaie heraus und der andere aus dem Portemonnaie der anderen. Das ist schon ein himmelweiter Unterschied. Wobei rein fachlich der Leiter Finanzen oft auch mein besserer Gesprächspartner ist, weil er sich permanent mit diesen Dingen beschäftigt und somit auch besser folgen kann.

MM: Und wie steht es um die Risikobereitschaft beim Berater? Was verstehen Sie unter Risiko?

PR: Risiko ist ein ganz dehnbarer Begriff. Risiko ist nämlich überall da, wo nicht Sicherheit vorherrscht. Und wenn man alle Lebenslagen betrachtet, dann gibt es relativ wenige Lebenslagen, wo Sicherheit vorhanden ist. Risiko, heißt auf der einen Seite etwas einzugehen, was eigentlich über meine Kräfte geht. Was ich, wenn es schief geht, nicht verkraften kann, sei es als Unternehmer, sei es als Privatmann oder im Umgang mit Mitmenschen, wo Beziehungen scheitern. Das ist Risiko im Extremfall. Ansonsten ist Risiko alles das, was mindestens eine andere Alternative zeigt: ich gehe in die eine Richtung und ich gehe in die andere Richtung. Insofern steckt überall Risiko drin.

MM: Was verbinden Sie mit Risikobereitschaft?

PR: Ich verwende immer den Begriff »Risikofreude«. Man muss eine positive Einstellung zum Thema Risiko haben. Risiko ist Verantwortung haben und dann trifft man auch gute Entscheidungen. Jemand der nicht entscheidungsstark ist, jemand der nicht gerne Verantwortung übernimmt, der hat auch keine gute Wahrnehmung für ein Risiko und wird tendenziell eher schlechte Entscheidungen treffen.

MM: Wenn Sie jetzt auf Ihre Abteilung schauen und auf Ihre Mitarbeiter. Wo liegen die im Hinblick auf ihre Risikobereitschaft?

PR: Ganz unterschiedlich. Da bin ich auch froh drum. Wenn man die Risikoneigung eines Mitarbeiters kennt, kann man ihn auch Kunden zuordnen. Kunden, die eher in ihrer Risikostrategie konservativ sind, ordne ich einem Mitarbeiter zu, der zwischen 0 und 4 liegt. Das macht es einfacher, wenn die beiden auf einer Wellenlänge liegen.

MM: Haben Sie das auch über die Aktiv- und Passivseite so heterogen verteilt?

PR: Sie meinen jetzt Vertriebs- und Kreditrisikoseite? Dadurch, dass die ja strikt getrennt sind, findet schon eigentlich der Ausgleich statt. Die Leute, die auf der Kreditseite arbeiten, haben häufig eine andere Persönlichkeitsstruktur als die, die im Vertrieb arbeiten.

MM: Können Sie konkreter werden? Wo liegt der Hauptunterschied?

> Risiko ist überall da, wo nicht Sicherheit vorherrscht. Und wenn man alle Lebenslagen betrachtet, dann gibt es relativ wenige Lebenslagen, wo Sicherheit vorhanden ist.

PR: Ich würde es auch an zwei Begriffen festmachen. Bei der Marktfolge steht die Risikoorientierung und bei der Vertriebsseite steht die Chancenorientierung im Vordergrund.

MM: Risiko nehmen ist wie die Beschleunigung beim Autofahren, mal notwendig, mal zu gefährlich. Wie stellt sich das für unterschiedliche Phasen eines Unternehmens dar?

> Eine Wachstumsphase kann ja für einen Unternehmer genauso kritisch sein wie eine Wandlungsphase.

PR: Ja, eine Wachstumsphase kann ja für einen Unternehmer genauso kritisch sein wie eine Wandlungsphase. Stürmisches Wachstum, Managementkapazitäten, die aufgebaut werden müssen, daran sind schon viele Unternehmen gescheitert.

MM: Wie berücksichtigen Sie diese Erfahrungen bei der Beratung der Kunden?

PR: Wenn ein Unternehmen mehr als 125% Wachstum hat, dann bekommt das Unternehmen im Ratingsystem einen kleinen Malus. Das kann korrigiert werden, wenn dahinter liegende Fragen nachvollziehbar beantwortet werden. Wurden z. B. parallel Managementkapazitäten aufgebaut? Erfolgte das Umsatzwachstum nur, weil der Rohstoffpreis gestiegen ist oder wurde auch die Menge deutlich gesteigert? Wurden entsprechende Investitionen in Produktionskapazitäten vorgenommen? In normalen Wachstumsphasen ist das Unternehmen eigentlich immer auf einem guten Weg. Schwierig wird es häufig, wenn solche Sprunginvestitionen stattfinden, die ein Unternehmen von heute auf morgen auf einen anderen Level führen. Oder wenn eine Übernahme eines anderen Unternehmens erfolgt.

MM: Das bedeutet Wachstum ist auch ein Risiko?

> Aber wir haben nicht die Kultur, dass man auch mal schrumpfen kann.

PR: Ja, denn Wachstum ist ja nicht per se gut. Also wir sind alle Wachstumsfetischisten, immer höher, besser weiter. Aber wir haben nicht die Kultur, dass man auch mal schrumpfen kann.

- **Die Rolle von Geld im Unternehmen**

MM: Welche Unterschiede sehen Sie noch, wenn über Geld gesprochen wird?

> Ich stelle immer wieder fest, dass Unternehmer nicht klar trennen zwischen Unternehmen und Privatsphäre.

PR: Ich stelle immer wieder fest, dass Unternehmer nicht klar trennen zwischen Unternehmen und Privatsphäre. Es ist alles eins. Ich spreche immer mit den Unternehmern darüber, wie wichtig es ist, genau diese Trennung vorzunehmen. Aber das sehen gerade die Patriarchen in mittelständischen Unternehmen eher weniger. Es gilt der Grundsatz »Alles mein«. Das spürt man auch, wenn man in das Unternehmen kommt oder eine Betriebsbesichtigung macht.

MM: Was ist die Gefahr?

PR: Es ist letztendlich immer eine existenzielle Frage. Die Wirtschaftskrise hat gezeigt, wie rapide es abwärts gehen kann mit einem Unternehmen. Dann kann sich durch einen externen Faktor die Situation eines Unternehmens und damit auch des Unternehmers unverschuldet völlig verändern. Seine private Existenz steht vor dem Scherbenhaufen.

MM: Worin unterscheiden sich denn Unternehmer bzw. Unternehmen, denen diese Trennung gut gelungen ist?

PR: Oft spielt im Hintergrund ein Berater eine Rolle, respektive ein gutes Netzwerk mit anderen Unternehmern. Diese Unternehmer trennen strikt zwischen der privaten und der Unternehmensbankverbindung. Sie wollen keine Vermischung und sagen: »Nein, das ist wie eine Charta für mich. Ich weiß, dass ich bei Ihnen vergleichbare Konditionen zum Unternehmen erzielen könnte, die gut sind, aber an der Stelle setze ich eine andere Priorität.«

MM: Das ist doch schade für Sie, wenn die Beziehung zum Kunden schon besteht?

PR: Ja und nein. Insgesamt ist es auch für die Bank von Vorteil, dass die Unternehmer deutlich besser informiert sind und transparenter kommunizieren. Da ist nicht mehr nur der Mittelständler, der alles versteckt, wo man die Bilanzen nicht einsehen kann und darf, sondern da hat sich eine andere Kultur und ein anderes gegenseitiges Verständnis entwickelt.

MM: Was würden Sie jemandem empfehlen, der sein eigenes Unternehmen gründet?

PR: Entscheidend ist natürlich das Geschäftsmodell. Da spielen ja viele Facetten rein. Das Produkt und vor allen Dingen auch die Innovation, die in dem Unternehmen steckt. Unternehmen, die erfolgreich im Markt sind, haben immer neue Produkte in der Pipeline und sind auch so ausgerichtet, dass die neuen Produkte für die nächsten 3 Jahre schon 25% des jährlichen Umsatzes ausmachen. Und die nächste Produktgeneration ist bereits wieder in der Entwicklung, also im Anmarsch.

MM: Gibt es noch weitere Erfahrungen?

PR: Ein weiterer Punkt ist, keine Abhängigkeiten zu schaffen. Ein Unternehmen sollte sich nicht in die Hände eines Einzelnen begeben. So wie es mehrere Kunden, mehrere Lieferanten hat, sollte es auch auf der Bankenseite mehrere Partner haben. Es ist natürlich schön, wenn man z. B. Siemens als Kunden hat. Aber wenn ich 80% meines Geschäfts mit Siemens mache, dann habe ich ein großes Problem. Siemens ist ein Weltkonzern, die können mich morgen austauschen, aber ich kann ohne Siemens morgen nicht leben. Also ich sollte immer eine gute Balance finden in meinem Unternehmen, in alle Richtungen überlebensfähig zu sein, auch wenn der eine oder andere Kunde mal wegspringt oder der ein oder andere Geschäftspartner abhanden kommt.

MM: Welche Rolle spielen die Entwicklungsphasen eines Unternehmens bei Ihrer Beratung?

PR: Wir begleiten ein Unternehmen durch alle Lebensphasen. Das heißt, ob jetzt eine Restrukturierung ansteht oder ein Wandel, oder eine Wachstumsphase, wir sind in allen Situationen dabei und bleiben, leider Gottes, das muss man auch mal sagen, manchmal auch beim Sterben.

MM: Welche der drei Phasen erleben Sie in Ihrer Rolle als die schwierigste?

> Ein Unternehmen sollte sich nicht in die Hände eines Einzelnen begeben.

PR: Das ist definitiv der Wandel, weil Wandel auch Restrukturierung, Anpassung, Veränderung heißt. Und das sind Themen – Veränderung –, damit tut sich der Mensch an sich ja schwer. Das sind dann eigentlich die härtesten und schwierigsten Phasen, wo alte Zöpfe abgeschnitten werden und auch Personalaustausch stattfindet.

MM: Welche Entwicklung können Sie da beobachten?

PR: Gerade der Mittelstand hat sich enorm weiterentwickelt, der früher als beratungsresistent galt. Das kann man heute über den Mittelstand überhaupt nicht mehr sagen. Der Mittelstand ist in den letzten 5–10 Jahren richtig professionell geworden, im Führungsbereich, aber auch beim Risikomanagement.

MM: Können Sie beschreiben, was Sie in dieser Wandlungsphase als besondere Herausforderungen im Umgang mit Geld beobachten können?

> Zunächst einmal ist in Wandlungsphasen Geld besonders wichtig, weil es auch knapp ist.

PR: Zunächst einmal ist in Wandlungsphasen Geld besonders wichtig, weil es auch knapp ist. Geld wird gebraucht, um neue Produkte zu entwickeln und neue Prozesse aufzusetzen, was teuer ist. Altes läuft nicht mehr so gut und Neues läuft noch nicht so richtig. Das heißt, da gibt es viele Reibungsverluste im Unternehmen. Also muss man über ausreichend Liquidität verfügen, um durch diese Phase sicher und stabil durchzusteuern.

MM: Was können Unternehmer dafür tun, dass es klappt?

PR: Wichtig ist, in Phasen, in denen es dem Unternehmen gut geht, bereits den Wandel einzuläuten und voranzutreiben, weil man es sich dann am ehesten leisten kann. Wenn meine Produkte gut am Markt abgesetzt werden können, dann muss ich mir die Gedanken machen, wie es in 3 Jahren aussehen wird. Es gilt also vorausschauend zu agieren – und dann diesen notwendigen Wandel frühzeitig anzustoßen und voranzutreiben. Das zeichnet auch gute Unternehmen aus.

MM: Spielt in dieser Wandlungsphase auch die finanzielle Risikobereitschaft eine Rolle?

PR: Ja, definitiv. In der Phase der Wandlung führen Fehlentscheidungen zu existenziellen Fragen. Weil ich dann eben nicht die finanzielle Stabilität und Substanz habe, um das durchzustehen und voranzutreiben. Deswegen kommt an der Stelle auch das Thema »Berater mit reinnehmen« auf, also externe Unterstützung hinzuzuziehen.

MM: Was ist das Besondere an der Beziehung in diesen Phasen?

> In Krisen müssen Unternehmer und Bank besonders eng zusammen arbeiten.

PR: In Krisen müssen Unternehmer und Bank besonders eng zusammen arbeiten. Der Austausch wird viel intensiver und das ist auch der Punkt, wo ich sage: »Die Risikobereitschaft der Bank ist unverändert da, aber das Risiko will besser abgeklopft sein, intensiver von der einen und der anderen Seite beleuchtet sein«. Es ist dann sinnvoll, die Einschätzung eines fremden Dritten, also neben dem Unternehmer und der Bank, einen kompetenten Berater einzubeziehen.

MM: Kommen wir zur psychoaktiven Wirkung von Geld. Welche Aufgabe und Rolle übernimmt Geld aus Ihrer Sicht in der Wandlungsphase für den Unternehmer?

PR: Könnten Sie mir das Wort »psychoaktiv« erläutern?

MM: Psychoaktiv bedeutet: Es löst etwas in uns aus. Nehmen Sie Alkohol. Wenn Sie den trinken, passiert etwas in Ihnen. Ihre Empfindungen verändern sich, Ihr Ausdruck verändert sich, Ihr Umgang mit Dingen verändert sich. Geld hat auch eine psychoaktive Wirkung. Sei es das Gehaltssystem, oder Mitarbeiterbeteiligungsmodelle – Geld wirkt auf die Beziehung zwischen Unternehmer und Mitarbeiter und Mitarbeiter untereinander.

Gibt es in der Wandlungsphase eine besondere Wirkung, die Geld hat, oder eine Aufgabe, die Unternehmen Geld zu übertragen versuchen, die es vielleicht gar nicht übernehmen kann?

PR: Schwierig. Das Kostenmanagement wird dann ganz streng und straff, z. B. Reisekosten oder andere leicht zu greifende Posten. Aber da wird letztendlich ja nur eins ausgelöst oder der Gedanke, der dahinter steckt: Wir müssen – das Geld – zusammenhalten.

MM: Es werden also unbewusst Dinge auf Geld übertragen, die Geld alleine eigentlich nicht erfüllen kann?

PR: Ahh, o.k. Definitiv. Geld bedeutet Sicherheit. Und Geld gibt eigentlich keine Sicherheit. Wenn ich produziere und mein Produkt erfüllt nicht die Bedürfnisse des Marktes, es besteht also keine Nachfrage, dann hilft mir das viele Geld auch nichts mehr, weil mein Unternehmen den Bach runtergeht. Geld gibt Sicherheit, aber nur für einen begrenzten Zeitraum. Wenn ich mit meinem Unternehmen nicht vorankomme, dann wird das Geld irgendwann versiegen. Das Gleiche gilt für das Thema Unabhängigkeit.

MM: Und es kann in der Krise nicht plötzlich den nötigen Zusammenhalt in der Familie herstellen, wenn der zuvor nicht grundgelegt wurde?

PR: Das ist wie ein ganz alter Reflex. Dafür gibt es genügend Beispiele, woran Unternehmerfamilien auch letztlich zugrunde gehen. Wenn über eine Wandlungsphase das Geld knapp wurde und eigentlich alle hätten zusammenrücken müssen, aber genau an dem Punkt Familien, die 30, 40, 50 Jahre gut miteinander konnten, auseinanderfliegen und ein Unternehmen an den Abgrund führen oder auch darüber hinaus. Stimmt!

MM: Dann bedanke ich mich für das Gespräch.

PR: Gern geschehen, hat mir Spaß gemacht. Sie haben auch viele Herzpunkte getroffen, auf die es wirklich ankommt.

> Geld bedeutet Sicherheit. Und Geld gibt eigentlich keine Sicherheit.

Goliath trifft David – Geld und Risiko bei Fusionen

Der Interimsmanager
Klaus Neumayer
Humanworx
»Die Manager – im Konzern – brauchen die Sicherheit, dass das klappt. Da werden Zahlen in einer Scheingenauigkeit bis drei Stellen hinter dem Komma reportet. So glaubt jeder, man hätte das Risiko im Griff.«

> **Klaus Neumayer,**
> ist 47 Jahre alt und lebt in Freising bei München. Er ist Diplom-
> kaufmann mit Schwerpunkt Personal, war bis 2004 angestellter
> Personalleiter und hat Erfahrung in allen Facetten der Personal-
> arbeit im In- und Ausland. Seit 2005 unterstützt er Firmen als
> externe Personalleitung und als Interimsmanager in Personal-
> fragen.
>
> ▶ Humanworx: http://www.humanworx.com
> ▶ Bundesverband selbstständiger Personalleiter: http://www.
> bvsp.de

▪ Die Person – der Interimsmanager

MM: In welchen Lebensphasen eines Unternehmens werden Sie als Interimsmanager ins Unternehmen geholt?

KN: Ich selbst komme hauptsächlich dazu, wenn ein Unternehmen im Wandel ist. Das sind dann Merger, also Übernahmen von Firmen, oder auch bei Personalabbau, also immer in schwierigen Firmensituationen.

MM: Eins ist in dieser Phase immer dabei: Unsicherheit. Was müssen Sie für eine solchen Aufgabe mitbringen?

KN: Unkompliziert muss ich sein in dieser Rolle. Ich muss mich schnell anpassen können, verstehen, wie das System funktioniert, weil ich gegen das System keine Chance habe. Das heißt, ich brauche Leute, Schlüsselpersonen, mit denen ich gut zusammen arbeiten kann. Mein Weg funktioniert über das Persönliche – das Verstehen und das Mögen.

MM: Wenn Sie dann drin sind im Unternehmen, was ist Ihr wichtigster Beitrag?

KN: In dieser Phase geht es erfahrungsgemäß turbulent zu. Sie müssen mit Chaos und Unstrukturiertheit umgehen können, und es dabei immer wieder schaffen, ruhig zu bleiben. Führungskräfte und Personalleiter, die noch keinen Merger mitgemacht haben, sind oft hilflos und haben manchmal Angst, dass das, was sie erleben, nicht beherrschbar ist. Denen dann Stabilität zu geben, mit der Erfahrung, das alles geht, zwar nicht in jeder Qualität, aber man kommt durch – das ist neben meiner fachlichen Arbeit das Wichtigste.

▪ Finanzentscheidungen unter Unsicherheit

MM: Lassen Sie uns jetzt zu den Finanzentscheidungen der Unternehmen kommen, in denen Sie tätig waren.

KN: Ich habe diese Frage wirklich noch nicht reflektiert. Das ist ein neues Gebiet, auf das ich jetzt gestoßen werde. Von daher finde ich das sehr interessant, mit Ihnen darüber zu reden.

MM: Welche Prozesse und Regeln können Sie beobachten in den verschiedenen Unternehmen, und vor allem wo liegen die Unterschiede?

Ich muss mich schnell anpassen können, verstehen, wie das System funktioniert, weil ich gegen das System keine Chance habe.

KN: In Konzernen dominiert das Reporting, die Zahlen, ob es Investitionen oder Risiken sind, das ist die Richtlinie. Sämtliche anderen Prozesse – auch die Personalprozesse – sind dem unterzuordnen. Wie man jetzt in den Strukturen zu Finanzentscheidungen kommt, ist aus meiner Rolle heraus nicht ganz einfach zu beurteilen. In Großkonzernen erlebe ich schon, dass man bewusst Risiko eingeht. Man sieht eine Chance sich einen neuen Markt zu erschließen, darum kauft man ein kleineres Unternehmen.

MM: Und wenn es schief geht?

KN: Dann sind durchaus das Verständnis und das Geld da, um das entsprechend vernünftig abzuwickeln. Es wird nicht auf Gedeih und Verderb an den Abfindungen gespart. Man ist schon um einen vernünftigen Abgang bemüht. Denn eins ist klar: Das hinterlässt immer Schmerzen. Darum wird auch nicht um den letzten Groschen gefeilscht.

- **Finanzielle Risikobereitschaft und Risikokultur**

MM: Bleiben wir beim Thema Risiko: Wie schätzen Sie die finanzielle Risikobereitschaft der Unternehmen ein, für die Sie arbeiten?

KN: Das ist schwer zu sagen. Ich denke, bei einem Unternehmenskauf oder einem Produktkauf ist die Risikobereitschaft sehr hoch – die ist höher als 7 – eher 8 oder vielleicht sogar 9. Wenn der Kauf getätigt ist, dann sinkt diese Risikobereitschaft aber sehr schnell. Dann versucht man Strukturen zu legen, Prozesse zu implementieren, um das Risiko sofort wieder im Griff zu haben. Ich erlebe auch so eine Scheinwirklichkeit oder Scheinsicherheit, die man sich durch Reportings und durch ganz enge Kontrollen schafft, womit man glaubt, das Risiko beherrschbar zu machen.

MM: Heißt das, das Risiko ist eigentlich immer noch da und man versucht eine Sicherheit, die so schnell gar nicht entstanden sein kann, darüber zu legen?

KN: Ja, man legt für die Konzernmanager, die weit weg sind und die Entscheidung getroffen haben, eine Projektstruktur darüber. Die Manager brauchen die Sicherheit, dass das klappt. Da werden Zahlen in einer Scheingenauigkeit bis drei Stellen hinter dem Komma reportet. So glaubt jeder, man hätte das Risiko im Griff.

MM: Wie gehen denn die Führungskräfte damit um, blenden die das aus?

KN: Die Leute vor Ort nehmen das schon wahr. Insbesondere wenn sie neu in einem solchen System sind. Auch die Mitarbeiter des übernommenen Unternehmens, das solche Reportinglinien oft nicht kennt, wehren sich extrem dagegen, haben aber keine Chance sich dem zu widersetzen.

MM: Augen zu und durch – Wie kann sich das so aufrechterhalten?

KN: Ich habe den Eindruck, dass Mitarbeiter in Konzernen dies nicht mehr in Frage stellen und spielerischer mit dem System umgehen. Sie wissen, dass sie das nicht ändern können, aber in den Grenzen, die sie haben, nehmen sie das mit der Wahrheit auch nicht mehr so genau.

MM: So, dass die Einschätzung von Risiko hier über die Darstellungsform gesteuert ist?

KN: Ja, würde ich so sagen.

MM: Haben die Mitarbeiter eines inhabergeführten Unternehmens eine ähnliche Risikobereitschaft wie die Konzernmitarbeiter?

Die Mitarbeiter von inhabergeführten Unternehmen sind sparsamer und vorsichtiger. In größeren Konzernen wird das Geld leichter ausgegeben.

KN: Die Mitarbeiter von inhabergeführten Unternehmen sind sparsamer und vorsichtiger. In größeren Konzernen wird das Geld leichter ausgegeben. Ich würde sagen, das hat beides entsprechende Vor- und Nachteile.

MM: Wenn diese Risikokulturen jetzt zusammenkommen, werden die Unterschiede denn genutzt?

KN: Nein, der Stärkere setzt sich durch. Im Gegenteil: Die Großkultur belächelt eher dieses »Sparsame«. Der Vorwurf ist: »Die denken nicht groß genug, sind in ihrer kleinen Welt gefangen«. Während die Übernommenen die Welt nicht mehr verstehen – für die ist das Verprassen von wertvollen Geldern. Und eigentlich könnten beide voneinander lernen.

MM: Wenn Sie jetzt Unternehmen vergleichen, die es geschafft haben, und welche, die das nicht geschafft haben, die also Risiko genommen haben und gescheitert sind, was haben die einen besser gemacht als die anderen?

KN: Ein konkretes Beispiel habe ich gerade nicht. Aber meine These oder Vermutung ist, dass man dem übernommenen Unternehmen mehr Vertrauen entgegenbringen und öfter das Positive übernehmen sollte. Das ist letztendlich nur eine Vertrauensfrage. Wenn man mehr Freiheit geben würde, davon bin ich überzeugt, dann würde manches besser laufen.

MM: Was könnten die Übernehmer und das übernommene Unternehmen tun? Was ist der Preis dafür, es nicht zu tun?

KN: Der übernommene Inhaber könnte noch eine Zeit lang als Integrationsbeauftragter für sein eigenes Unternehmen fungieren. Allerdings ohne über alles die schützende Hand zu halten. Dazu müsste der Unternehmer mit erhobenem Haupt auf den Vorstand des übernehmenden Konzerns zugehen und ihm seine neue Rolle anbieten. Menschlich und mental ist das eine sehr schwere Aufgabe. Aber wenn es gelingt, dann ist das sicher für alle ein Riesengewinn.

MM: Wie sieht es auf der Konzernseite aus?

KN: Mehr Mut und Vertrauen in die eigene Entscheidung wären nötig. Man kauft letzten Endes ein Unternehmen dazu, weil es gut funktioniert und gute, attraktive Produkte hat. Man stülpt aber als Konzern sofort Prozesse und Strukturen darüber, die vieles von der Flexibilität, von dem was das Unternehmen erfolgreich gemacht hat, zunichte macht. Und dann wundert man sich, dass die Beiträge der Mitarbeiter nicht mehr die sind, die sie früher mal waren.

MM: Am Anfang hat man also eine große Risikobereitschaft – in der Übernahmeentscheidung – und versucht dann möglichst schnell das Risiko rauszunehmen?

KN: Auf null zu gehen sozusagen. Machen wir es, wie wir es kennen, und damit meint man, das Risiko sei beherrschbar, wenn nicht gleich ganz weg, zumindest in der Vorstellung. In Wirklichkeit ist das eine Illusion.

- **Die Rolle von Geld im Unternehmen**

MM: Kommen wir nun zum Geld. Wie erleben Sie die Rolle von Geld in den Unternehmen, in denen Sie arbeiten?

KN: Wie vorhin schon gesagt, das Finanzielle ist der Überbau, dem Sie alles andere unterordnen – wie z. B. Personalarbeit. Das Unternehmen muss sich in der Regel in einem festen finanziellen Rahmen abspielen – also Kostenvorgaben, Budgets, das bestimmt letzten Endes das Handeln.

MM: Also Geld bestimmt das Handeln?

KN: Ja, oder setzt den Rahmen. Ich als Personaler kann in einem gesetzten Rahmen dann so oder so damit umgehen und kreativ sein, aber im Großen und Ganzen ist das vorgegeben.

MM: Wie würden Sie demgegenüber die Rolle von Geld in einem inhabergeführten Unternehmen beschreiben?

KN: In der Regel agieren KMUs, also kleine und mittlere Unternehmen, sparsamer, weniger freizügig. Andererseits erlebe ich diese Firmen als willkürlicher und den Entscheidungsrahmen dabei schwankend. Die Allokation geht eher nach den Kriterien, die dem Unternehmer wichtig sind. Nach welchen Kriterien auch immer.

> In der Regel agieren KMUs sparsamer, weniger freizügig. Andererseits erlebe ich diese Firmen als willkürlicher und den Entscheidungsrahmen dabei schwankend.

MM: Ist Geld dann ein direktes Ausdrucksmittel für den Unternehmer?

KN: Ganz genau. Er entscheidet, was es ihm wert ist, wofür er das Geld ausgibt. Und es kann dann sehr unterschiedlich sein: soziale Projekte, für die Darstellung nach außen, für die Integration in eine Gemeinschaft oder einen Ort, dem man verbunden ist, oder in Kultur, in Weihnachtsfeiern, sonstige Dinge.

MM: Und die Individualität der Menschen in Konzernen, worin drückt die sich aus?

KN: Unterschiede ja, Individualität nein. Große Firmen haben Performance-Managementsysteme sprich Zielvereinbarungssysteme, Feedback und daran gemessen individuelle Boni. Darüber wird gesteuert, oder man glaubt zu steuern.

> Unterschiede ja, Individualität nein. Große Firmen haben Performance-Managementsysteme sprich Zielvereinbarungssysteme, Feedback und daran gemessen individuelle Boni. Darüber wird gesteuert, oder man glaubt zu steuern.

MM: Haben Sie während Ihrer Tätigkeit schon einmal ein neues Gehaltssystem implementiert, oder das bestehende gravierend verändert?

KN: Ja, in Richtung Bonus, dass man Fixgehälter zum Teil auflöst und einen Teil davon variabel gestaltet, der durchaus beträchtlich sein kann. Das ist der Klassiker. Da sind die Widerstände anfangs sehr groß, weil man glaubt, nicht mehr die Sicherheit zu haben. In der Regel haben die Mitarbeiter eher Probleme damit. Selbst wenn sie die Chance auf ein Mehr haben.

MM: Wird die Risikobereitschaft der einzelnen Mitarbeiter dabei berücksichtigt?

Leider wird aus meiner Erfahrung die Sicht der Skeptiker und deren Vorbehalte im Nachhinein immer wieder bestätigt.

KN: Bisher nicht. Da wird aus dem Fixgehalt variabilisiert und der Mitarbeiter erfährt, dass er 200% daraus machen könnte. Aber es herrscht großes Misstrauen. Leider wird aus meiner Erfahrung die Sicht der Skeptiker und deren Vorbehalte im Nachhinein immer wieder bestätigt. Manchmal werden dann aus einem Unternehmenserfolgsfaktor doch nur 70 oder 80%, weil die Budgets kleiner sind. Und auch die Performer werden so enttäuscht.

MM: Wenn ich gut zugehört und mitgerechnet habe, bedeutet das eigentlich, dass diese Flexibilisierung zu Beginn geheißen hätte, wir müssen euch das Gehalt eigentlich kürzen?

KN: Ja, das wäre manchmal ehrlicher. Das ist natürlich schwer durchsetzbar. Es gibt ja Betriebsräte, Besitzstände ect. Aber ich habe auch erlebt, dass es gelingt. Das ist allerdings schon ein paar Jahre her und war vielleicht auch ein bisschen blauäugig von den damaligen Betriebsräten, dieses zuzulassen. Jetzt erlebe ich eher, dass das Flexible ein on Top ist.

MM: Wenn die zwei Welten – Konzern und KMU – aufeinander treffen, was löst ihr unterschiedliches Verhalten im Umgang mit Geld und Risiko bei den Mitarbeitern aus?

KN: Bei den »Aufgekauften« oft ein völliges Unverständnis. Es entsteht die Erwartung, jetzt kommt eine größere Firma, die auch anderswo Werke hat. Man vergleicht sofort, auch wenn man vorher mit dem Gehalt zufrieden war. Und schlagartig ist Unzufriedenheit da mit dem was vorher selbstverständlich und richtig war. Ja, und wider gespiegelt wird das letztendlich durch den vermeintlich lockereren Umgang mit dem Geld, weil plötzlich die großen Limousinen dastehen.

MM: Was passiert dann da genau?

Das Geld wird wichtiger. Plötzlich bekommt es eine Bedeutung, die es vorher nicht gehabt hat.

KN: Die Leute denken: Dafür ist Geld da, aber für uns nicht. Sie fühlen sich abgewertet. Die Unzufriedenheit ist sehr schnell da. Das Geld wird wichtiger. Plötzlich bekommt es eine Bedeutung, die es vorher nicht gehabt hat. Das kommt mit der Wahrnehmung der Diskrepanz oder vielleicht auch der vermeintlichen Diskrepanz.

MM: Wir haben vorhin darüber nachgedacht, was passieren würde, wenn der Inhaber sein Unternehmen noch eine Weile begleiten würde. Welche Rolle würde dann das Geld übernehmen?

Kommt jedoch der Großkonzern, nüchtern, kalt mit Strukturen und Prozessen, dann ist Geld eben schnell eine Ersatzbefriedigung.

KN: Ich denke, es hätte nicht diese Bedeutung, weil die Persönlichkeit, die Menschen, beim Unternehmer im Vordergrund stehen. Er würde eine ganz andere Wärme und Identität anbieten. Kommt jedoch der Großkonzern, nüchtern, kalt mit Strukturen und Prozessen, dann ist Geld eben schnell eine Ersatzbefriedigung.

MM: Zurück zu Ihnen und Ihrer besonderen Rolle: Wie geht es Ihnen denn nach dem Jahr, wenn Sie wieder gehen müssen?

KN: Gute Frage, das hat schon beides. Man investiert sehr stark, man taucht tief ein in die Organisation, baut Beziehungen auf, man versteht sich mit dem einen oder anderen gut, das ist schwierig zurückzulassen. Aber es gibt auch Situationen und Unternehmen, da bin ich froh auch wieder Abschied nehmen zu können.

MM: Und das machen wir jetzt auch. Herzlichen Dank für den interessanten Einblick, den Sie uns als Interimsmanager geben konnten.

2.2.5 Unternehmen mit tiefer Verbindung zwischen Geld und Menschen

Mitarbeiterbeteiligung total

Der Geschäftsführer
Peter Lachenmeir
Grünbeck GmbH
»Unsere Mitarbeiter sind Unternehmer; die treffen auch andere Entscheidungen als Manager. Das sehe ich als zentralen Vorteil. Sie tragen Entscheidungen mit, die erst mal gegen ihren eigenen Geldbeutel gehen, weil sie das Ganze im Auge haben.«

Peter Lachenmeir,
42 Jahre alt, war von 1996 bis 2005 Abteilungsleiter Qualitätsmanagement und Controlling bei Grünbeck, wurde 2003 zum kaufmännischen Leiter benannt und ist seit 2010 kaufmännischer Geschäftsführer der Grünbeck Wasseraufbereitung GmbH.

Grünbeck GmbH
Die Grünbeck GmbH, gegründet 1949 am Standort Höchstädt, hat sich auf Wasseraufbereitung und Anlagebau spezialisiert. Sie beschäftigt ca. 750 Mitarbeiter und erwirtschaftet als konzernunabhängiges, mittelständisches Unternehmen an 25 Standorten in Deutschland und mit weltweiter Präsenz in allen wichtigen Märkten einen jährlichen Außenumsatz von rund 120 Mio. Euro. Der Gründer, Herr Josef Grünbeck, und seine Frau Loni haben in ihrem Unternehmen in den 1980er Jahren eine umfassende Mitarbeiterbeteiligung eingeführt. Grünbeck war eines der ersten Unternehmen in Deutschland mit einem derartigen Konzept. Lesen Sie mehr über das Unternehmen und die Entwicklung der sozialen Partnerschaft bei Grünbeck:

▶ http://www.gruenbeck.de/de0211_de.htm

■   **Das Unternehmen**
MM: Ihr Unternehmen ist eines der wenigen Unternehmen in Deutschland, das seinen Mitarbeitern gehört. Wie lange entwickeln Sie jetzt schon das Mitarbeiterbeteiligungsmodell bei Grünbeck?
PL: Seit über 30 Jahren hat sich das Modell entwickelt und selbst heute ist es noch nicht fertig. Wir sind jetzt gerade dabei, es nochmals weiter zu entwickeln und das immer aufgrund ganz spezifischer Erfahrungen.
MM: Haben Sie schon Nachahmer?

PL: Nachdem wir ein etabliertes System und viele Erfahrungen, positive wie negative, haben, kommen schon viele andere Unternehmen auf uns zu, um unser Modell kennen zu lernen. Gewisse Bausteine haben Modellcharakter, die man sicherlich in anderen Unternehmen genauso einsetzen kann. Aber es muss echt zu jedem Unternehmen und zu den Menschen, die dort handeln, passen.

MM: Herr Lachenmeir, wie sind Sie denn zu Grünbeck gekommen? Und was ist Ihre Aufgabe hier?

Ich bin wieder in das Unternehmen zurückgegangen. Einfach, weil ich es als etwas Einzigartiges erlebt habe.

PL: Ich bin hier jetzt schon seit 1996 im Unternehmen, habe schon vorher meine Diplomarbeit hier geschrieben und war dann noch eine Weile in der Unternehmensberatung aktiv. Ich bin wieder in das Unternehmen zurückgegangen. Einfach, weil ich es als etwas Einzigartiges erlebt habe.

MM: Was hat Sie zurückgebracht?

PL: Es war schon unglaublich, welche Verantwortung man hier übernehmen durfte, welche unternehmerische Freiheit auch von normalen Mitarbeitern hier eingefordert wurde. Auch das Produkt Wasser ist unglaublich spannend. Gerade die handelnden Personen hier haben mich gereizt.

MM: Seit wann hatten Sie das Ziel, Geschäftsführer von Grünbeck zu werden?

PL: Von Anfang an (lächelt). Man muss halt Zeit mitbringen, aber es waren einfach gewisse Dinge, die mich zu dem Schluss brachten: »Ja, das macht einfach Freude« – in so einem Unternehmen wie Grünbeck.

MM: Was können Sie bei Grünbeck als Geschäftsführer sein, was Sie in einem anderen Unternehmen vielleicht nicht sein könnten?

PL: Ich darf hier sein wie ich bin und ich finde eine Unternehmenskultur wieder, in der ich mich nicht verbiegen muss. Hier werden meine Werte gelebt. Das war für mich zentral.

MM: Können Sie uns noch ein bisschen was zu dem Gründerehepaar sagen? Wir sehen Ihre Bilder auf der Website.

PL: Ja, sie sind noch präsent und allgegenwärtig. Auch wenn Joseph Grünbeck jetzt seit 1995 nicht mehr im Unternehmen aktiv mitmachen konnte. Lange Zeit hat er das Unternehmen auch nach dem Ausscheiden noch mental mit seinem Erfahrungsschatz mitbegleitet. Loni Grünbeck ist noch im Unternehmen aktiv, auch im Beirat. Sie vertritt natürlich auch mehr als 50% der Anteile und ist somit für uns auch ganz wichtig als Großgesellschafterin. Wir kümmern uns auch sehr menschlich und nachhaltig um die Familie. Sie haben keine Kinder. Die Firma ist die Familie. Und da ist das Vertrauen, das da gegenseitig wächst, schon enorm.

MM: Was hat Herrn Grünbeck dazu gebracht, so früh das Thema Mitarbeiterbeteiligung voran zu bringen?

PL: Ich kann es nur aus Erzählungen reflektieren. Der wichtigste Beweggrund war einfach der, dass er Mitarbeiter am Unternehmen beteiligen wollte. Da Herr Grünbeck auch ein sehr engagierter politischer Mensch war und auch gerne nach außen gewirkt hat, gab ihm das Thema sicher auch eine gute Möglichkeit, ein Profil aufzubauen.

MM: In welcher Phase würden Sie sagen befindet sich Grünbeck momentan?

PL: Ich denke, es sind zwei Phasen. Der Wandel von einem inhabergeführten Unternehmen hin zu einem professionell geführten Industriebetrieb. Wir haben eine gewisse Marktstellung und brauchen jetzt noch mehr Professionalität in allen Bereichen, um erfolgreich zu sein.

MM: Was sind die wichtigsten Veränderungen? Und was die Herausforderungen dabei?

PL: Wir wollen hin zu Teamorientierung, Methodeneinsatz und professioneller Personalentwicklung. Dabei trotzdem noch einen gewissen Grad am Pragmatismus beizubehalten, das ist gerade das Schwierige. Aber das macht erfolgreiche Unternehmer aus, dass sie schnell sind und trotzdem professionell.

MM: Und was ist die zweite Phase?

PL: Die zweite Phase ist für mich Wachstum. Weil wir jetzt deutlich internationalisieren.

MM: Kommen wir noch einmal zur Mitarbeiterbeteiligung und der Gesellschafterstruktur, wie sieht die konkret aus?

PL: Es sind über 110 Gesellschafter und über 50% sind nach wie vor in Händen von Familie Grünbeck, wobei von diesen nun etwa 37% in eine Stiftung hineingebracht worden ist. Das ist nochmal ganz zentral und wesentlich. Das ist auch relativ wesentlich für unsere Zukunft, weil diese Stiftung für uns stabiler Ankergesellschafter ist. Im Prinzip wird die Stiftung dann die Funktion der Eheleute Grünbeck wahrnehmen können. Auch später, so dass wirklich ein großer Gesellschafter da ist, der nur das Unternehmensinteresse im Fokus hat.

> **Im Prinzip wird die Stiftung dann die Funktion der Eheleute Grünbeck wahrnehmen können.**

MM: Wieso ist das so wichtig?

PL: Wir haben aus der bisherigen Beteiligung gelernt, dass es durchaus auch unterschiedliche Interessen geben kann, die so weit gehen, dass sich ein paar größere Gesellschafter zusammen tun können und die Anteile in den Markt geben wollen, was eigentlich nicht so vorgesehen ist. Und da ist die Stiftung ganz wesentlich.

MM: Gibt es noch weitere Funktionen?

PL: Sie ist natürlich auch Garant für nachhaltige Entscheidungen. Wir können sehr langfristig denken und Entscheidungen treffen, die auch in 10–20 Jahren noch Bestand haben. Genauso wie Familienunternehmen, die in Generationen denken, so ist auch unsere Haltung. Beide Geschäftsführer sind ja auch persönlich beteiligt und wir haben auch sehr viel Herzblut drin stecken.

MM: Wie groß ist die Tiefe an Mitarbeiterbeteiligung im Unternehmen?

PL: Das ist alles Kapitalbeteiligung, das geht natürlich schon sehr weit. Mitarbeiter haben Anteile am Stammkapital und sind in einer Gesellschafterversammlung vertreten. Sie können wesentliche Beteiligungen blockieren, Geschäftsführer bestimmen, Entlastung der

Geschäftsführer, Jahresabschluss bestätigen, Dividendenausschüttungen… Das sind schon wesentliche Rechte, die sie wahrnehmen können.

MM: Wie sieht das im Alltag aus?

PL: Für uns ist Überzeugungsfähigkeit wichtig, die Bereitschaft Gesellschafter mitzunehmen. Wir sind offen, informieren z. B. alle Mitarbeiter in so genannten Kantinenrunden, wo wir auch Auftragseingänge und Ergebnisse besprechen, so alle 2–3 Monate. Unsere Mitarbeiter sind Unternehmer, die treffen auch andere Entscheidungen als Manager. Das sehe ich als zentralen Vorteil. Sie tragen auch Entscheidungen mit, die möglicherweise gegen ihren eigenen Geldbeutel gehen, weil sie das Ganze im Auge haben. Das ist schon was Besonderes. Das spürt man auch im Haus.

> **Sie tragen auch Entscheidungen mit, die möglicherweise gegen ihren eigenen Geldbeutel gehen, weil sie das Ganze im Auge haben.**

■ **Finanzentscheidungen unter Unsicherheit**

MM: Kommen wir ganz konkret zu den Finanzentscheidungen. Wie treffen Sie Entscheidungen? Gibt es bestimmte Prozesse, Regeln, bestimmte Aspekte, die Sie vielleicht beschreiben könnten und die eine Finanzentscheidung bei Grünbeck ausmacht?

PL: Die Firma Grünbeck hat einen Beirat. Das ist eine verkleinerte Form der Gesellschafterversammlung. Ganz wichtig, um auch unterjährig schnell entscheidungsfähig zu sein und solche Beschlüsse fassen zu können. Dazu gehören auch Entscheidungen wie größere Darlehen aufzunehmen. Das sind dann Entscheidungen, die in einem Kontrollgremium stattfinden, und das sind die Restriktionen, die ich jetzt auch als Geschäftsführer erlebe. Handhabbar wird das dadurch, dass unser Beirat fest in der Strategie eingebunden ist, die Ziele kennt und gut informiert ist. Und dadurch in der Regel auch der Strategie folgt, die die Geschäftsführer hier gestalten.

MM: Wie viele Personen sind da vertreten?

PL: 7 Personen. Ein relativ großer Beirat. Zwischen 5 und 7 müssen es sein.

MM: Und wenn Sie auf diese Meetings schauen, wie schaffen Sie es, dass weitgehend Konsensentscheidungen getroffen werden?

PL: Offene Kommunikation und Transparenz, frühzeitig integrieren in Entscheidungsprozesse, da wo notwendig, und auch nur Integration in Entscheidungen, wo notwendig. Man muss aufpassen, dass man nicht zu viel Tagesgeschäft oder Operatives in den Beirat reinträgt.

MM: Das heißt durch einen kontinuierlichen Informationsfluss?

PL: Ja. Regelmäßige Sitzungen, mindestens 4 Mal im Jahr. Eine Agenda, die immer ähnlich ist. So können sich die Beiräte in den Entwicklungen wiederfinden, den Fortgang der Geschäftsentwicklung wahrnehmen und den Verlauf auch wirklich beurteilen.

> **Regelmäßige Sitzungen, mindestens 4 Mal im Jahr. Eine Agenda, die immer ähnlich ist. So können sich die Beiräte in den Entwicklungen wiederfinden, den Fortgang der Geschäftsentwicklung wahrnehmen und den Verlauf auch wirklich beurteilen.**

MM: Welche Rolle spielen Gefühle in diesen Teams?

PL: Die spielen definitiv eine Rolle. Emotionen, Gefühle. Es gibt natürlich verschiedene Menschen, die einen sind rationaler, die anderen emotionaler, andere arbeiten intuitiv. Jeder hat gewisse Ausprägungen in seiner Persönlichkeit. Da muss man schon sehr sorgsam die Leute informieren und integrieren.

MM: Wenn Sie die schwierigste Entscheidung der letzten Jahre, die Sie getroffen haben, mal anschauen. Was war da besonders und wie haben Sie es geschafft, diese Entscheidung auch gut zu treffen?

PL: Also, die schwierigste Entscheidung, die ich jetzt kenne, ist sicherlich die Einführung der Stiftung. Damit haben wir langfristig einen neuen Ankergesellschafter installiert.

MM: Wie haben Sie es geschafft?

PL: Indem wir die Zukunftsfähigkeit des Modells aufgezeigt haben. Bilder aufzeigen, die für die Zukunft wirken, und diese so konkret ausgestalten, dass man es sich vorstellen kann. Dann war die Entscheidung eigentlich ganz klar.

MM: Was waren die größten Bedenken, Befürchtungen, die aufgetaucht sind?

PL: Ja, dass jemand denkt, man nimmt ihm persönlich was. Aber dadurch, dass das Bild, wo wir hinwollten, so stark war, waren die Bedenken relativ untergeordnet.

- **Finanzielle Risikobereitschaft und Risikokultur**

MM: Auf etwas verzichten, um irgendwann in der Zukunft mehr zu bekommen?

PL: Ja, oder aber auch in der Gegenwart etwas zu behalten. Das zeigt, was die Stiftung will: den Namen Grünbeck, den Standort Höchstädt und feste Arbeitsplätze erhalten. Das gibt Selbstständigkeit, Sicherheit und Berechenbarkeit. Und das ist das was Menschen brauchen.

MM: Sie meinen, Ihre Mitarbeiter bekommen Sicherheit dadurch, dass sie etwas Neues wagen und erst einmal etwas weggeben?

PL: Ja, und auch das Unternehmen hat eine größere Sicherheit. Das ist ein Werterhalt und langfristig eine Wertsteigerung, weil Vertrauen in das Geschäftsmodell existiert. Es gibt ja genügend Beispiele, wo mittelständige Unternehmen in einen Konzernverbund kommen, dann wird ein Teil rausgelöst, weiterverkauft, das erleben wir heute zum Teil auch bei Wettbewerbern. Das ist sehr traurig.

MM: Die Frage, was ist Risiko, was ist Sicherheit? Gibt es eigentlich das eine ohne das andere?

PL: Nein, die gehören zusammen.

MM: Was ist Risiko für Sie?

PL: Was ist Risiko? Wissen Sie, wir haben ein Chancen- und Risikomanagement. Eigentlich sagen wir Chancenmanagement. Vielleicht ist das auch die Haltung: Ist Risiko etwas Negatives, oder ist es etwas Positives? Ich sehe Risiko als Chance einer Weiterentwicklung. Aber ich sage auch und das ist ganz wichtig, Risiko muss überschaubar bleiben und darf kein Himmelfahrtskommando werden. Wer kein Risiko eingeht, der unternimmt nichts. Wenn man kein Risiko eingeht, bedeutet es für mich Stillstand oder Rückschritt.

> Ich sehe Risiko als Chance einer Weiterentwicklung. Aber ich sage auch und das ist ganz wichtig, Risiko muss überschaubar bleiben und darf kein Himmelfahrtskommando werden.

MM: Und haben Sie schon erlebt, dass Mitarbeiter einen anderen Risikobegriff haben?

PL: Ja, klar. Viele sehen Risiko als etwas negativ Behaftetes: nur keine Fehler machen. Wir erleben schon noch Leute mit einem negativ ausgeprägten Risikobewusstsein, und das ist nicht unternehmerisch. Wir brauchen ja Unternehmer, auf jedem einzelnen Stuhl, um uns entsprechend zu entwickeln.

MM: Noch eine weitere Frage zum Thema Finanzentscheidungen und Ihre Erfahrung mit Banken. Wie haben denn die Banken das Modell von Grünbeck begleitet und was haben sie dazu beigetragen, dass es gut gehen konnte? Hat sich etwa Ihr Rating dadurch verbessert, dass Sie die Mitarbeiterbeteiligung in dieser Form haben?

Wie wollen Sie Entscheidungen treffen, wenn 100 Leute mitreden dürfen?

PL: Nein. Ich denke, es wurde bei dem ein oder anderen vielleicht sogar kritisch gesehen. Wir wurden schon gefragt: »Wie wollen Sie Entscheidungen treffen, wenn 100 Leute mitreden dürfen?« Es waren auch Banken dabei, die es eher negativ gesehen haben.

MM: Wie würden Sie den Risikobegriff der Banken einschätzen?

PL: Gewagt, die Frage. Sie definieren ihr Risiko in Ratingklassen, Ausfallwahrscheinlichkeit, das ist bei denen Risiko.

MM: Also Gefahr?

PL: Gefahr, klar, Risikominimierung. Auch gesetzlich gefordert von dem BaFin. Die Banken müssen ihr Engagement beurteilen und das wesentliche Beurteilungskriterium meiner Kenntnis nach ist die Ausfallwahrscheinlichkeit. Entsprechend wird man geratet und das berechnet den Zuschlag, den man bezahlen muss. Ein knallhartes Geschäft.

MM: Vom Unternehmerischen her haben Sie einen anderen Risikobegriff. Wie gehen Sie in der Kommunikation mit den Banken mit den zwei verschiedenen Begriffen um?

Jeder neue Berater bekommt den Betrieb gezeigt. Er kriegt die Produkte gezeigt, die Menschen, die hier arbeiten und entscheiden. Er muss unsere Strategien verstehen und die Entscheidungen nachvollziehen können.

PL: Ich versuche, die Banken auf unseren Risikobegriff runterzuholen. Die müssen unser Geschäft verstehen, wissen was wir tun. Jeder neue Berater bekommt den Betrieb gezeigt. Er kriegt die Produkte gezeigt, die Menschen, die hier arbeiten und entscheiden. Er muss unsere Strategien verstehen und die Entscheidungen nachvollziehen können.

MM: Und was macht er damit?

PL: Wir glauben, dass er persönlich Einfluss nehmen kann auf die Bewertung. Denn das Rating ist ja auch qualitativ bestimmt. In dem Maße, in dem er Vertrauen gewinnt in die hier handelnden Menschen, wird er das auch positiv beeinflussen.

MM: Das heißt, dass bei diesen Entscheidungen des Bankers Intuition eine Rolle spielt?

PL: Ja, Intuition, Erfahrung. Absolut. Wobei die Ratingsysteme immer mehr versuchen es zu rationalisieren.

MM: Wie schätzen Sie denn Ihre finanzielle Risikobereitschaft ein?

PL: Was ist maximale Bereitschaft, dass ich auch mal was auf eine Karte setze und es weg sein kann … 6.

MM: Wie schätzen Sie die finanzielle Risikokultur von Grünbeck ein?

PL: Eher 4. Sehr konservativ.

MM: Und wie schätzen Sie das Wissen und die Risikokompetenz der Mitarbeiter, Mitunternehmer bei Grünbeck ein?

PL: Wir haben ein Risikomanagementsystem eingeführt. Dabei haben wir sehr intensiv Risikokataloge erarbeitet und die Abteilungen jeweils mit ihren Risiken konfrontiert. Einmal im Jahr machen wir einen Risikobericht und haben einen Risikomanager, der hier im Controlling eingesetzt ist. Wir haben auch institutionalisiert, dass gewisse Risikochecks vorgenommen werden. Zum Beispiel bespricht die Geschäftsleitung einmal im Quartal Toprisiken auf Unternehmensebene, so dass auch der Abteilungsleiter im Quartalsbericht rein theoretisch über Risiken in seinem Bereich berichten müsste. Dadurch ist das Risiko natürlich im Bewusstsein.

MM: Sind die Mitarbeiter geschult, im Umgang mit dem inneren Dialog zu Risiko?

PL: Nein, da muss man noch was tun, denke ich. Es muss noch mehr Bewusstsein entstehen: Wie kann ich Risiken begegnen, wie kann ich darauf eingehen, wie muss ich sie kommunizieren? Vor allem hat es etwas mit Unternehmenskulturen zu tun. Darf ich Fehler machen? Wie kann ich mit Risiken umgehen, wenn sie größer werden?

MM: Wie ist das Risiko bei dem Mitarbeiterbeteiligungsmodell von Grünbeck verteilt?

PL: Bei unserer Ausgestaltung gibt es 110 Gesellschafter, die am Stammkapital des Unternehmens beteiligt sind. Die sind somit gewinnbeteiligt in Form von Dividendenausschüttungen, die die Gesellschaftsversammlung beschließt. Sie sind aber auch voll verlustbeteiligt. Wenn das Unternehmen insolvent geht, sind sie auch beteiligt. Also ist das Risiko, das da ist, in der Höhe des Stammkapitals.

Die zweite Stufe ist, dass wir stille Beteiligte haben, die hier Einlagen bringen können. Das ist eine Möglichkeit, im Rahmen vermögenswirksamer Leistungen Kapital anzusparen. Das wird mit 5% fest verzinst, ohne Verlustbeteiligung. Dem Unternehmen wird Kapital zur Verfügung gestellt, mit entsprechenden Informationsrechten, aber keine Mitbestimmung. Dafür ist das Risiko geringer.

> Es muss noch mehr Bewusstsein entstehen: Wie kann ich Risiken begegnen, wie kann ich darauf eingehen, wie muss ich sie kommunizieren?

- **Die Rolle von Geld im Unternehmen**

MM: Kommen wir zur Rolle von Geld im Unternehmen. Zunächst an Sie die Frage: Wie definieren Sie persönlich Geld?

PL: Für mich persönlich ist Geld die Voraussetzung, um eine gewisse Lebensqualität zu haben. Aber ein mehr von Geld heißt nicht mehr Lebenszufriedenheit. Man braucht nicht mehr, um zufrieden zu sein. Mir sind moralische Werte viel wichtiger. Aber ich weiß, Geld zu haben bedeutet auch Unabhängigkeit. Dann kann ich mich auch anders

Ich glaube, man ist unabhängig oder man ist es nicht.

verwirklichen, das heißt auch unternehmerisch frei zu sein. Wenn ich abhängig bin, dann ist es schwieriger.

MM: Wann haben Sie finanzielle Unabhängigkeit zum ersten Mal in Ihrem Leben gespürt?

PL: Schon immer! Ich glaube, man ist unabhängig oder man ist es nicht.

MM: Stellen Sie sich mal vor, Sie würden es schaffen, dass sich alle Unternehmer bei Grünbeck unabhängig fühlten.

PL: Es gibt Unternehmenskulturen, die können das. Die unglaublich viel Freiheit lassen, die Vertrauen geben, die wollen einfach, dass man verantwortet, und fordern das mit allen Konsequenzen ein. Daran arbeiten wir, dass wir eine Unternehmenskultur schaffen, wo jeder einzelne verantwortet,

jeder einzelne leisten will, jeder einzelne ein Stückchen unabhängig sein darf und sich selbst verantworten darf, im Unternehmensinteresse.

MM: Lassen Sie uns nochmal zur Rolle von Geld bei Grünbeck zurückkommen.

PL: Für Herrn Grünbeck, glaube ich, stand einfach das Thema Unabhängigkeit im Vordergrund. Weniger das Geld. Er wollte sein eigener Herr sein.

MM: Und welche Rolle spielt Geld bei der sozialen Partnerschaft?

PL: Einerseits haben die Menschen, die sich beteiligt haben, Geld mitgebracht. Grundvoraussetzung für Wachstum. Etwas über 30% Eigenkapital ist ordentlich. Das hätte vielleicht auch Herr Grünbeck selbst bringen können. Aber sein Grundgedanke war wirklich die Beteiligung der Mitarbeiter am Unternehmen, an Entscheidungen, am Geschehen zu fördern und zu fordern. Und das Geld ist im Prinzip gefolgt. Es war nicht primär Ziel Gewinnmaximierung zu machen, oder hohe Renditen für die Gesellschaft zu erwirtschaften, sondern der Gedanke sich an einer großen Sache zu beteiligen.

MM: Hat das immer geklappt?

PL: Es gab sicher auch den ein oder anderen, der mit dem Gedanken gespielt hat, möglichst viel Geld rauszuholen oder sich zu bereichern.

MM: Woran erkennen Sie das und was ist das Schmerzhafte daran?

PL: Enttäuschung, weil jemand andere Werte verkörpert. Da ging es nur um persönliche Interessen und nicht um das Unternehmensinteresse.

MM: Und bedeutete das auch Trennung?

PL: Ja, so weit, dass wir sehr intensive Gerichtsprozesse geführt haben in den letzten Jahren, die sehr schmerzhaft waren.

MM: Das war ein spannendes und lehrreiches Gespräch. Vielen herzlichen Dank Herr Lachenmeir.

PL: Ja, gerne.

Sanfter, nachhaltiger Wandel

Der Geschäftsführer
Rolf Lorenz
Schmidt-Gevelsberg GmbH
»Frau Grünewald hat in ihrem Testament bestimmt, dass sich dieses
Unternehmen so weiterentwickeln soll, als würde es von einem guten
Unternehmer geführt. Wir schauen immer sehr, sehr weit nach vorne.
Wir fragen uns sehr häufig, was Nachhaltigkeit hat, um eben diesen
philosophischen Ansatz erfüllen zu können.«

Rolf Lorenz,
ist 60 Jahre alt, verheiratet und hat einen erwachsenen Sohn.
Nachdem er vor zwei Jahrzehnten das Unternehmen als Geschäftsführer übernommen hatte, entwickelte sich das Unternehmen von einem kleinen erfolgreichen Mittelständler zu
einer Unternehmensgruppe konzernähnlicher Struktur, ohne
den Verlust seiner starken ethischen Identität.

Schmidt-Gevelsberg GmbH
Mit 18 Pferden und einem Großlastwagen gründete Ernst
Schmidt 1893 das Speditionsunternehmen. Seither ist das Unternehmen stets ohne Bank aufgrund eigener Leistungen gewachsen. Die Nachfolger, das Ehepaar Grünewald, strukturierten die
Firma neu. Heute agiert die Schmidt-Gevelsberg GmbH mit über
300 Mitarbeitern im Speditions- und Logistikwesen national,
europäisch und interkontinental. Gemeinsam mit ihren Tochter-
unternehmen und Netzwerkpartnern erbringt die Gruppe Trans-
port- und Serviceleistungen auf dem Land, zu Wasser und in
der Luft. Schon 1960 entstand die Idee einer Stiftung, in die das
Unternehmen 1988, nach dem Tod der Inhaberin, überging.

▶ http://www.hans-gruenewald-stiftung.de
▶ http://www.schmidt-gevelsberg.de

- **Das Unternehmen**

MM: Ich danke Ihnen für die Bereitschaft für dieses Gespräch. Sie
waren bei der Gründung des traditionsreichen Unternehmens nicht
dabei, können Sie uns trotzdem etwas dazu erzählen?
RL: Die ehemaligen Inhaber, das Ehepaar Grünewald, haben in ihrer
aktiven Zeit sehr sparsam gelebt. Es wurden z. B. Geschäftsreisen so
gemacht, dass man ins Auto gestiegen ist, Butterbrot und Kaffee dabei hatte und nicht irgendwo angehalten hat, um sich unterwegs ein
Essen zu gönnen, also eine sparsame Lebensweise. Auf diese Weise
konnte ein großes privates Vermögen entstehen, das nach Frau Grü-
newalds Tod in das Vermögen der Stiftung geflossen ist.
MM: Wie kam es, dass sich das Unternehmen dann nach ihrem Tod
auch in dem Sinne weiterentwickeln konnte?

Somit haben wir jetzt die besondere Konstellation, dass das Stammkapital der GmbH praktisch von der Stiftung als Gesellschafter mitverwaltet werden muss.

RL: Das Vermögen wird auch heute von der Stiftung gehalten, einer Verzinsung zugeführt und gepflegt. Entsprechende Beträge werden Jahr für Jahr gemeinnützigen Zwecken zugeführt. Das erfolgt durch ein Kuratorium. Zum privaten Vermögen gehören auch die Anteile an einer GmbH. Somit haben wir jetzt die besondere Konstellation, dass das Stammkapital der GmbH praktisch von der Stiftung als Gesellschafter mitverwaltet werden muss. Und dieser Gesellschafterversammlung muss ich als Geschäftsführer Rechenschaft ablegen. Frau Grünewald hat in ihrem Testament bestimmt, dass sich dieses Unternehmen so weiterentwickeln soll, als würde es von einem guten Unternehmer geführt. Wir schauen immer sehr, sehr weit nach vorne. Wir fragen uns sehr häufig, was hat Nachhaltigkeit, um eben diesen philosophischen Ansatz erfüllen zu können.

MM: Gibt es weitere wichtige Unterschiede zu anderen Unternehmen in Ihrer Branche?

Wir sind so strukturiert, dass kulturelle und ethische Ansprüche in unserem Unternehmen gelebt werden. Viele Entscheidungsprozesse werden bei uns von unten nach oben entwickelt.

RL: Ich denke, ein wichtiger Faktor ist die Beteiligung der Mitarbeiter an Entscheidungsprozessen innerhalb unseres Unternehmens. Wir sind so strukturiert, dass kulturelle und ethische Ansprüche in unserem Unternehmen gelebt werden. Viele Entscheidungsprozesse werden bei uns von unten nach oben entwickelt.

MM: Dann kommen wir gleich zu der Frage: Wie ist Ihr Werdegang in dem Unternehmen?

RL: Als ich vor zwei Jahrzehnten dieses Unternehmen als Geschäftsführer übernommen habe, kam ich aus einer Geschäftsführerposition in einem europäisch geprägten Unternehmen. Hatte also schon seinerzeit Erfahrung in diesem Segment. Dieses Unternehmen war damals deutlich kleiner dimensioniert und hat sich entsprechend entwickelt.

MM: Was waren die ersten wichtigen Impulse, die Sie ins Unternehmen reingetragen haben? Können Sie sich daran erinnern?

RL: Die waren zunächst einmal fachspezifisch. Dieses Unternehmen war auch damals in einer soliden wirtschaftlichen Situation. Aber eben deutlich kleiner. Wir standen vor der Öffnung des europäischen Marktes. Diese Branche ist bis dahin sehr stark reglementiert gewesen und hat sich dann aus dieser reglementierten Welt herausbewegen müssen in den völlig freien und knochenharten Wettbewerb.

MM: Was bedeutete das genau?

Wir sind ganz zielgerichtet auf die Suche gegangen, um Netzwerker zu werden.

RL: Die großen Konzerne konnten über ihr Kapital am Markt agieren. Als kleiner Mittelständler haben wir eine andere Strategie entwickeln müssen. Das war schon ein bedeutender Wandel. Wir sind ganz zielgerichtet auf die Suche gegangen, um Netzwerker zu werden. Heute sind wir mittelständiger Netzwerker und Gesellschafter der Cargoline, einem großen Unternehmensnetzwerk mit weit über 6.000 Mitarbeitern und über 45 Standorten in der Bundesrepublik.

MM. Wohin hat das letztendlich das Unternehmen geführt?

RL: Dieser Wandel zum Netzwerkgedanken musste zunächst einmal mit allen Konsequenzen vollzogen werden. Dann kam die Entwicklung zur betrieblichen Größe in Form von Immobilien und technologischen Innovationen hinzu. Und heute kann man schon sagen, dass wir eine Größenordnung erreicht haben, die richtungsweisend ist, so dass uns auch große Dependenzen von Konzernen als Wettbewerber ernst nehmen. Innovativen Fortschritt haben wir erreicht, weil wir z. B. eine Abteilung Forschung und Entwicklung aufgebaut haben, die uns hilft, in diesem speziellen Segment der Branche auch als Mittelständler ganz weit vorne im Markt zu sein.

MM: Sie haben auch Niederlassungen in anderen Ländern?

RL: Wir haben keine Niederlassungen in anderen Ländern, sondern unsere Kooperation hat dafür gesorgt, dass wir in ganz Europa mit Kooperationsdependenzen aktiv sein können. Denn das ist der Punkt: Ein Mittelständler kann sich den Aufbau solcher Niederlassungen nicht erlauben. Also muss er etwas kompensieren, was die Konzerne über ihr Kapital gestalten können. Für uns ist das eben die Zugehörigkeit zu einer Kooperation, die hier in Deutschland gelenkt und gesteuert wird.

> Ein Mittelständler kann sich den Aufbau solcher Niederlassungen nicht erlauben. Also muss er etwas kompensieren, was die Konzerne über ihr Kapital gestalten können.

MM: In welcher Phase der Unternehmensentwicklung befindet sich das Unternehmen heute?

RL: Wieder einmal im Wandel. Wir werden uns auf diese neue Welt, so wie sie täglich spürbar ist, einstellen müssen. Wir werden uns von der Struktur, wie wir unseren Dienstleistungsprozessen begegnen, wie wir sie kontrollieren und wie wir letztendlich die Kosten dieser Prozesse unter Kontrolle halten, ein Stück weit verändern müssen. Die Orientierung zum Kunden werden wir auch intensiver betreiben. Da stehen wir jetzt am Anfang des Wandels.

MM: Ein Stichwort: »mehr hin zum Kunden«, was genau bedeutet das?

RL: Die Mitarbeiter unseres Unternehmens haben unterschiedliche Talente. Im Augenblick sind wir so strukturiert, dass wir Fahrtgebiete von Sachbearbeitern bearbeiten lassen, die sowohl den Prozess kontrollieren als auch das Gespräch mit dem Kunden führen. Aber wir wissen ja, der einzelne Mensch ist nicht in allen Bereichen gleich gut. Wir möchten also, dass der talentierte, kundenorientierte Mitarbeiter den Kontakt zum Kunden hat, und zwar ausschließlich, und dass der talentierte, prozessorientierte Mitarbeiter den Kontakt zum Prozess hat, und zwar ausschließlich. Hier ist es nun die Kunst, eine saubere Organisation herzustellen, damit das Ganze reibungslos verläuft und Schnittstellen gar nicht auffällig werden.

- **Finanzentscheidungen unter Unsicherheit**

MM: Das klingt spannend. Doch versuchen wir mal den nächsten Schritt zu den Finanzentscheidungen. Und zwar vor allem Finanzentscheidungen unter Unsicherheit. Generell die Frage, wie treffen Sie Finanzentscheidungen im Unternehmen?

RL: Unsere Finanzentscheidungen entwickeln sich von unten nach oben. Also z. B. der Verantwortliche für den Fuhrpark definiert den Bedarf, begründet diesen Bedarf und stellt letztendlich den Investitionsantrag für das kommende Jahr. Dann wird das innerhalb einer

> Unsere Finanzentscheidungen entwickeln sich von unten nach oben.

Führungsmannschaft entschieden. Und in letzter Konsequenz segnet die Gesellschafterversammlung diese Investition ab. Finanzentscheidungen, die mit der strategischen Entwicklung des Unternehmens zu tun haben, werden nach einem Reifeprozess in letzter Konsequenz von mir entschieden.

MM: Gibt es bestimmte Rituale, haben Sie für diese Gespräche bestimmte Regeln gefunden?

RR: Wir haben eine ziemlich freie Diskussion, das muss man sagen. Ein Regelwerk in dem Sinne niedergeschrieben haben wir nicht. Aber wir fragen uns natürlich, welches Ziel erreicht werden soll, warum dieses Ziel erreicht werden soll und welcher mögliche Nutzen dahinter steht. Das führt uns auch zu Diskussionen und kontroversen Gesprächen, bis wir irgendwann einen Reifepunkt erreicht haben, der letztendlich die Vorlage vor der Gesellschafterversammlung rechtfertigt.

MM: Was war die wichtigste Finanzentscheidung in den letzten Jahren?

RL: Eigentlich ist jede Finanzentscheidung wichtig, muss ich Ihnen ganz ehrlich sagen. Vielleicht ein Beispiel: Wir haben uns dafür entschieden, eine neue Software für die Speditions- und Transportgeschäfte zu entwickeln. Dazu haben wir eigens ein Unternehmen gegründet. So halten wir uns die Möglichkeit offen, die Investition zumindest teilweise zurückverdienen zu können. Das war eine Entscheidung, deren Ausgang ich weniger gut beurteilen kann als alle anderen Entscheidungen zuvor.

MM: Ja, ich denke, da steckt vieles von unseren Themen drin. Auch das Thema Risikomanagement bei finanziellen Entscheidungen. Welche Prozesse haben Sie im Unternehmen etabliert?

RL: Also, wenn wir jetzt einmal weggehen von den Investitionen hin zum Tagesgeschäft, dann haben wir für diese Geschäfte eine Kreditrichtlinie entwickelt. In diesem Regelwerk ist von der Erschließung eines Neukunden bis hin zur Bonitätsbeurteilung und Ähnliches mehr genau definiert, wer was entscheiden darf, wer was entscheiden kann und was zu tun ist.

MM: Konnten Sie aus vergangenen Erfahrungen Schlüsse ziehen?

Das Unternehmen ist in der Vergangenheit nicht ein einziges großes wirtschaftliches Risiko eingegangen.

RL: Nein, unsere Finanzausfälle halten sich in Grenzen. Das Unternehmen ist in der Vergangenheit nicht ein einziges großes wirtschaftliches Risiko eingegangen. Das liegt aber auch daran, weil wir in den letzten zwei Jahrzehnten Wert darauf gelegt haben, die Anzahl unserer Debitoren möglichst weit zu streuen, und wir haben Kunden mit überschaubaren Risiken.

MM: Was war dann der Anlass für diese Kreditrichtlinie, die Sie formuliert haben?

RL: Wir haben diese Kreditrichtlinie formuliert, weil wir in 2008 erkannt haben, dass dieses Thema in Zukunft ein wichtiges Thema sein wird. Bis dahin gab es natürlich auch ein Regelwerk innerhalb unseres Unternehmens. Aber wir haben dann für uns festgelegt, diese

Kreditrichtlinie wesentlich professioneller aufzusetzen und weiterzuentwickeln.

MM: Zum Thema Risiko kommen wir gleich noch einmal ein bisschen
intensiver. Vielleicht noch eine Frage: Was sind Ihre wichtigsten Erfahrungen mit Banken, Investoren?

RL: Die wichtigsten Erfahrungen sind die, dass wir weder Banken
noch Investoren brauchen. Wir müssen für unsere täglichen Aktivitäten keine Kredite in Anspruch nehmen. Wir nehmen Kredite in
Anspruch für Immobilien, aber ansonsten nicht. Die Substanz des
Geschäftes muss so gut sein, dass wir uns selbst finanzieren. Damit
sind wir völlig unabhängig.

> Die wichtigsten Erfahrungen
> sind die, dass wir weder Banken
> noch Investoren brauchen.

■ **Finanzielle Risikobereitschaft und Risikokultur**

MM: Zurück zum Risiko: Wie schätzen Sie Ihre finanzielle Risikobereitschaft ein?

RL: 2.

MM: Und die Risikokultur Ihres Unternehmens? Wo würden Sie die
ansiedeln?

RL: 1, also das kleinste Risiko.

MM: Wie schätzen Sie die Risikokompetenz, also das Wissen über
Risiko, Risikowahrnehmung, Risikobereitschaft insgesamt bei Ihren
Kollegen, Geschäftspartnern, Mitarbeitern ein?

RL: Wir befassen uns in unserem Unternehmen regelmäßig mit den
Risiken der Geschäfte, die wir machen. Das sind Aktivitäten, von
denen wir etwas verstehen. Da ist die Erfahrung vorhanden.

MM: Gibt es weitere Aspekte, die Ihnen den Umgang mit Risiko vor-
geben?

RL: Wir haben allerhöchsten Respekt davor, dass wir fremdes Eigentum schützen und auf unterschiedlichste Weise erhalten und weiterentwickeln müssen. Dahinter steht auch letztendlich, wenn ich an die
Stiftungsarbeit denke, ein sozialer Auftrag. Wir möchten jedes Jahr
möglichst viel Geld durch Gewinne versteuern können, um einen
gewissen Teil davon der Kinder-, Jugend- und Altenhilfe zukommen
zu lassen. Die Stiftung hat diesen Auftrag, und wir wollen die Stiftung
aus unseren Erträgen stützen. Da ist man vielleicht ein Stück weit
sensibler.

> Wir haben allerhöchsten
> Respekt davor, dass wir fremdes
> Eigentum schützen und auf
> unterschiedlichste Weise
> erhalten und weiterentwickeln
> müssen.

MM: Was bedeutet das für die Mitarbeiter?

RL: Die wissen, wofür sie arbeiten. Nicht nur, dass Ethik und Kultur
im Unternehmen stimmen müssen, sondern auch, dass das Unternehmen alljährlich entsprechende Beträge ausschüttet, um damit die
Menschen zu unterstützen, die unterstützungswürdig sind.

■ **Die Rolle von Geld im Unternehmen**

MM: Kommen wir zu dem letzten Block unseres Gespräches. Was bedeutet Geld für Sie persönlich?

RL: Hauptsächlich brauche ich Geld, um den Lebensunterhalt meiner
Familie bestreiten zu können. Ansonsten, glaube ich, habe ich ein
sehr entspanntes Verhältnis zum Geld.

MM: Was bedeutet es für die Mitarbeiter, dass das Geld, das sie mit ihrer Arbeit erwirtschaften, auch über die Stiftung in die Gesellschaft fließt. Wie empfinden sie das konkret?

RL: Sie sind stolz und unterstützen das voll und ganz.

MM: Welche Ansätze haben Sie noch, die das Gehaltssystem auszeichnen?

RL: Wenn wir Anreize geben, dann welche, die wiederum etwas mit Nachhaltigkeit zu tun haben. Gewinnbeteiligung kann eine Gewinnbeteiligung sein, die es einmal im Jahr gibt, dann ist sie weg. Wenn ich eine Gewinnbeteiligung so gestalte, dass bestimmte Beträge für die Renten zurückgelegt werden können, dann ist das eine ganz andere Situation. Wir sind ganz aktuell dabei, ein Konzept zu entwickeln, wie wir diesen eingangs beschriebenen schwierigen Wandel in unserem Unternehmen mit einer zusätzlichen Motivation versehen können. Auf lange Sicht gesehen soll sich daraus eine vorteilige Situation für das Unternehmen im Wettbewerb ergeben. Und diese vorteilige Situation soll in letzter Konsequenz auch den Mitarbeiter in Bezug auf Nachhaltigkeit zum Nutznießer machen.

MM: Noch eine Frage zu dieser veränderten Struktur: Prozess und Vertrieb. Wird diese Unterscheidung der Bereiche in Zukunft auch ins Gehaltssystem einfließen?

RL: Nein, das hat keinen Einfluss auf Lohn und Gehalt. Es ist nur so, dass wir ganz zielgerichtet die Menschen nach ihren Talenten einsetzen wollen.

MM: Abschließend – gibt es eine brennende Frage zu Geld, die Sie momentan beschäftigt oder bewegt?

RL: Nein, ich wüsste nicht, was mir dazu einfällt. Wir sehen die finanziellen Aspekte in einem absolut engen und praktischen Zusammenhang zu dem, was wir in unserem Unternehmen tun. Es wird Geld gebraucht für Investitionen, mit mehr kann ich nicht dienen.

MM: Ich danke Ihnen recht herzlich für den Einblick, den Sie uns gegeben haben. Und danke für das Gespräch.

Wie Geld über Generationen im Unternehmen verbleibt

Der Unternehmer
Dietrich
Pestalozzi Pestalozzi + Co AG
»Man kommt ohne Geld auf die Erde, man verlässt die Erde auch ohne Geld. – Und man soll das Materielle haben, als hätte man es nicht. In unserer Familie gibt es eine gewisse Distanz zum ganzen Materiellen und eine stärkere Betonung des Ideellen.«

Dietrich Pestalozzi,
62 Jahre alt, verheiratet, eine Tochter und drei Söhne, ist Präsident und Delegierter des Verwaltungsrates der Pestalozzi + Co

AG, einem in der 8. Generation inhabergeführten Familienunternehmen bei Zürich. Seit 2000 führt er das Unternehmen alleine. Die Nachfolge ist geplant: ein Sohn ist schon in die Geschäftsleitung eingetreten.

Pestalozzi + Co AG

Das Unternehmen Pestalozzi wurde etwa 1760 am Standort Zürich gegründet. Aus dem kleinen Eisenwarenhändler wuchs eine über 600 Mitarbeiter fassende Gruppe, das Sortiment war sehr groß, bis der Markt in den 1990er Jahren einen Struktur- und Strategiewandel einforderte.
Es folgte die Fokussierung auf kundenbezogene Geschäftsbereiche Heute hat das Unternehmen wieder 300 Mitarbeiter und 28 Auszubildende.

▶ http://www.pestalozzi.com

- **Das Unternehmen**

MM: Herzlichen Dank, dass Sie bereit sind, mit mir über Ihr Unternehmen zu reden. Ein Unternehmen über sieben Generationen führen, heißt lange Tradition und viel Erfahrung sammeln. Ich bin sehr gespannt auf unser Gespräch. Welche Entwicklungsphasen hat Ihr Unternehmen über die Zeit durchlaufen und wo stehen Sie heute?

DP: Die Gründung war 1760 oder so. Das Wachstum fand während verschiedener Perioden statt, besonders nach dem 2. Weltkrieg, und der Höhepunkt wurde wahrscheinlich 1980 erreicht.

MM: Und dann?

DP: Bis in die 90er Jahre waren wir einfach ein Stahl- und Eisenhändler, das Sortiment war sehr groß, breit und tief. Dann haben wir unsere Struktur und unsere Strategie etwas geändert.

MM: Was genau haben Sie verändert?

DP: Wir betrachten heute die einzelnen Kundensegmente als oberstes Kriterium und nicht mehr die einzelnen Produktgruppen. Es gibt einen Geschäftsbereich Stahltechnik mit Kunden aus den Bereichen Metallbau und Industrie, den Bereich Haustechnik mit Kunden aus der Haustechnik-Branche und den Bereich Gebäudehülle für das Dach und die Fassade. Und dann haben wir ein Transportunternehmen, das früher eine Abteilung der Pestalozzi war, jetzt aber über 10 Jahre verselbstständigt ist und am Markt als Transportdienstleister auftritt.

MM: Was gab den Anstoß für diese einschneidende Veränderung?

DP: Es war weniger ein Moment, sondern ein Prozess, ein Bewusstseinsprozess. Auf der einen Seite sahen wir, dass gewisse Konkurrenten sehr stark expandieren konnten und wir schrieben zum Teil massive Verluste. Da mussten wir uns eben überlegen: Wo haben wir als Familienunternehmen eine Chance?

MM: Und wo stehen Sie jetzt?

DP: Am Höhepunkt hatten wir 600 Mitarbeiter und nach der Reorganisation vielleicht 240. Entsprechend war dann auch der Umsatz. Von den 240 sind wir wieder auf 300 gewachsen. Aber ich würde die

> Wo haben wir als Familienunternehmen eine Chance?

letzten Jahre nicht als ausgesprochene Wachstumsphase bezeichnen, sondern eher als Stabilisierungsphase.

MM: Was ist das Besondere an der Stabilisierungsphase?

Wenn kein Wachstum oder nur wenig Wachstum da ist, auch in der ganzen Wirtschaft, dann steigt der Konkurrenzdruck.

DP: Es ist noch anspruchsvoll. Wenn kein Wachstum oder nur wenig Wachstum da ist, auch in der ganzen Wirtschaft, dann steigt der Konkurrenzdruck. Das ist auch jetzt im Moment sehr stark der Fall. Das fordert einen stark heraus. Man muss versuchen, die Kosten zu senken, rationeller zu sein, die guten Preise zu lösen. Man ist die ganze Zeit gefordert.

MM: Das bedeutet sehr viel Achtsamkeit?

DP: Ja, und der Druck ist enorm.

MM: Gehen wir nochmal zurück in der Zeit. Können Sie uns etwas über den Gründer erzählen?

DP: Wir haben nur wenige Spuren des ersten Familienmitgliedes. Es gibt eine Notiz in einem Verzeichnis der Stadt Zürich über Ereignisse der Stadt. Das war 1763.

MM: Gibt es noch weitere wichtige Hinweise?

DP: Ja, da ist der Vertrag, den er mit seinem Sohn für die Übergabe des Unternehmens abgeschlossen hat. Dieser Vertrag von 1788 enthält eine vollständige Bilanz mit dem Warenlager, mit allen einzelnen Positionen. Wir sehen also, womit die Firma damals gehandelt hat. Es ist auch eine vollständige Debitorenliste mit ca. 200 Kunden vorhanden. Auch eine Lieferantenliste und eine Vereinbarung, dass der Vater dem Sohn das Geschäft übergibt, und der Sohn dem Vater, solange er lebt, die Hälfte des Gewinns abliefern muss. Und wenn der Vater gestorben ist und die Mutter noch lebt, dann soll er dafür sorgen, dass die Mutter ein standesgemäßes Auskommen hat.

MM: Wie muss ich mir ein Geschäft in der damaligen Zeit in Zürich vorstellen?

DP: Der Sohn hatte am Fraumünster in Zürich in einer Bude das Geschäft eingerichtet. Im Parterre waren einige Warenlager. Und im oberen Stock war der Kontor, wo er die Buchhaltung führte, alles von Hand. Die ganze Sache war noch sehr stark familiär geprägt.

MM: War das mit den Kundenbeziehungen auch so?

Sehr viele Kundenbeziehungen waren sehr familiär geprägt.

DP: Ja, ich denke auch. Sehr viele Kundenbeziehungen waren sehr familiär geprägt. Es waren Schlosser, Schmiede, auch andere Berufe waren unter den Kunden vertreten. Und man erzählt sich, dass immer einmal im Jahr, an Martini, die Kunden mit der großen Geldkatze anmarschiert kamen, um die Rechnungen eines Jahres zu zahlen. Dann wurde das Geld gezählt.

MM. Gab es da schon den Schweizer Franken?

DP: Nein, es waren 10 verschiedene Geldsorten. Und die ganze Familie musste mithelfen, das Münz zu zählen. Wenn alles stimmte und abgerechnet war, dann konnte der Kunde in der guten Stube sitzen und bekam von der Mutter noch eine warme Suppe.

MM: Können wir die Werte der Firma in der Geschichte erkennen?

DP: Was eine Rolle spielte in der Geschichte unserer Firma und Familie, war schon die Nähe zu dieser Kirche. Rudolf Alexander Pestalozzi war ein Pfarrerssohn und als Kaufmann ausgebildet. Deshalb war die Verbindung zur Kirche recht eng. Dieser konservative, christliche Hintergrund hatte eine gewisse Auswirkung in der Einstellung zu Geld.

MM: Wie kann man diese Einstellung beschreiben?

DP: Es gibt den Spruch in der Bibel: »Man kommt ohne Geld auf die Erde, man verlässt die Erde auch ohne Geld.« Man sagt auch das Totenhemd hat keine Taschen. Und man soll das Materielle haben, als hätte man es nicht. In unserer Familie gibt es eine gewisse Distanz zum ganzen Materiellen und eine stärkere Betonung des Ideellen.

> In unserer Familie gibt es eine gewisse Distanz zum ganzen Materiellen und eine stärkere Betonung des Ideellen.

MM: Wie wirkt sich die Einstellung auf die Geschäfte aus?

DP: Es gibt eine Jubiläumschrift, die von Friedrich Otto Pestalozzi verfasst wurde. Über seinen Vater schreibt er darin, dass er ein sehr umgänglicher und freundlicher Mensch war, aber dass ihm für das wirkliche Vorwärtskommen im Geschäft eine gewisse Härte fehlte. Der Antrieb zum Geld verdienen, der bei anderen Leuten ja sehr groß ist, ist in unserem Fall nicht sehr ausgeprägt.

MM: Verliert sich diese Einstellung nicht über die Generationen?

DP: Wir hatten 1988 ein Jubiläumsfest, 200 Jahre nach der Vertragsübergabe. Da haben wir auch etwas geblättert in der Vergangenheit. Mein damaliger Partner Dieter Burckhardt und ich erkannten uns mit unserem Charakter wieder in unseren Vorfahren. Grundeinstellungen übertragen sich über Generationen.

> Grundeinstellungen übertragen sich über Generationen.

■ **Finanzentscheidungen unter Unsicherheit**

MM: Jetzt kommen wir zu den Finanzentscheidungen. Gibt es Prozesse, Regeln, Rituale, die sie etabliert haben?

DP: Ich denke, wir treffen diese Entscheidungen eher intuitiv, nicht sehr systematisch. Natürlich haben wir unseren Budgetprozess, wir budgetieren auch die Investitionen. Wenn etwas Großes angeschafft wird, gründen wir ein Projekt, machen eine Projektorganisation, rechnen das Projekt in der Buchhaltung ab und vergleichen das mit dem Budget.

MM: Treffen Sie die Entscheide eher allein – oder mit Ihren Mitarbeitern?

DP: Die Entscheide für Investitionen versuchen wir intern möglichst breit abzustützen. Es gibt keine Abstimmungen, wo die Mehrheit festgestellt wird, wir diskutieren bis wir uns einig sind und alle überzeugt sind von der Lösung. Manchmal ziehen wir auch einen Berater bei, wenn es um was Größeres geht. Und natürlich machen wir auch Return on Investmentrechnungen, aber die sind eher primitiv. Es gibt auch Businesspläne, wo man schaut, wie lange es geht, bis der Ertrag größer ist als die Investition.

MM: Was hält Sie davon ab, sich noch mehr moderner Kennzahlen und Berechnungen zu bedienen?

Sophistizierte Berechnungen sind immer von vielen Annahmen abhängig, die die Ergebnisse stärker beeinflussen als die Rechenmethode. Diese erzeugt nur eine Scheinsicherheit.

DP: Sophistizierte Berechnungen sind immer von vielen Annahmen abhängig, die die Ergebnisse stärker beeinflussen als die Rechenmethode. Diese erzeugt nur eine Scheinsicherheit. Man hat eine »exakte« Rechnung, aber die Sicherheit ist nicht größer. Wichtig ist uns, dass die Sache, um die es geht, zur Strategie passt. Das lösen wir mit einer SWOT-Analyse und machen die entsprechenden Überlegungen.

MM: Sie schauen also neben den Zahlen auch sehr auf den Menschen?

DP: Bei Akquisitionsprojekten kommt es darauf an, wie der Verkäufer einer Firma sich verhält, wie er verhandelt. Kann ich Vertrauen zu ihm haben? Das spielt eine große Rolle bei der Risikoabschätzung und für die Sicherheitsmaßnahmen, die ich dann treffen muss. Man macht einen Vertrag, man schreibt viele Dinge fest und – ich habe am Schluss gemerkt, Papier ist Papier. Es kommt viel mehr darauf an, wie die Menschen miteinander umgehen können.

MM: Was ist das Wichtige in der Zusammenarbeit mit Banken?

DP: Eine Bank ist auch ein wirtschaftliches Unternehmen und versucht Geld zu verdienen. Und sie hat nichts zu tun mit der Menschenfreundlichkeit. Das sind ganz normale Geschäftsleute, mit denen man gleich verhandeln sollte, wie mit einem anderen Geschäftspartner.

MM: Und wenn das nicht passiert?

Wenn es schwierig wird, wird die Bank auch schwierig.

DP: Die Gefahr besteht, dass das Verhältnis zur Bank sich verändert. Der Unternehmer wünscht sich einen Arzt, einen Berater oder Treuhänder, der einem hilft. Doch das ist leider bei der Bank nicht der Fall. Wenn es schwierig wird, wird die Bank auch schwierig.

MM: Wie kommt es, dass Unternehmer die Bank mit einem Treuhänder verwechseln?

DP: Sehen Sie, die Bank ist auch ein Geldgeber wie ein Familienmitglied, ein Aktionär. Da muss ein großes Vertrauensverhältnis bestehen. Die Bank versucht natürlich, eine gute Beziehung zu unterhalten. Sie pflegt die Kontakte. Solange alles gut läuft, gibt es auch gar kein Problem. In einer schwierigen Situation merkt man, dass die Bank auch eigene Interessen vertritt. Wenn es lange gut gegangen ist, bildet sich eine scheinbar problemlose, gute menschliche Beziehung, die dann in so einer Illusion endet.

- **Finanzielle Risikobereitschaft und Risikokultur**

MM: Zurück zu Ihrem Unternehmen. Gibt es Unterschiede, wenn Sie oder Ihre Führungskräfte Finanzentscheidungen treffen?

Es ist ja mein eigenes Geld, ich kann selbst entscheiden, dann kann man mehr Risiko eingehen.

DP: Es ist ein ganz großer Unterschied. Es ist ja mein eigenes Geld, ich kann selbst entscheiden, dann kann man mehr Risiko eingehen.

MM: Wie schätzen Sie Ihre Risikobereitschaft ein, zwischen 0 und 10?

DP: Ich würde sagen, ich bin bei 5–7 vielleicht.

MM: Und die finanzielle Risikokultur Ihres Unternehmens, wie würden Sie die einschätzen?

DP: Der würde ich vielleicht eine 6 geben.

MM: Können Sie den Unterschied bei den Entscheidungen genauer schildern?

DP: Das Führungsteam, die Geschäftsleitungsmitglieder müssen ja mir oder der Belegschaft Rechenschaft ablegen über ihre Entscheide. Wenn sie wirklich krass falsch entschieden haben, riskieren sie ihre Stelle. Also, die Folgen falscher Entscheidungen können für die Führungskraft existentiell sein.

MM: Ist das beim Unternehmer anders?

DP: Wenn ich selbst falsche Entscheidungen treffe oder falsch investiere, geht zwar auch Geld verloren, aber es ist nicht existentiell. Bei sehr großen Beträgen vielleicht, aber das kommt nur sehr selten vor. Der Rahmen und die Tätigkeit für einen Bereichsleiter sind enger gesteckt als der Rahmen des Unternehmers selbst, und deshalb ist der Bereichsleiter etwas vorsichtiger.

MM: Sehen Sie weitere Unterschiede?

DP: Ein anderer Punkt ist natürlich auch die Persönlichkeit des Geschäftsleitungsmitgliedes. Bei uns gibt es einen Bereichsleiter, der sehr genau überlegt und, bevor er entscheidet, mit mir darüber spricht. Andere gehen vorwärts und ich höre im Nachhinein, dass sie einfach entschieden haben.

MM: Risiko spielt auch beim Energie- oder Rohstoffeinkauf eine Rolle. Ist das für Sie ein wichtiger Entscheidungsbereich?

DP: Wir kaufen ziemlich viel Kupfer. Kupfer wird an der Börse gehandelt. Die Preise an der Börse bewegen sich zum Teil sehr stark. Das kann von 4 Franken auf 12 Franken pro Kilo gehen, innerhalb weniger Monate. Wir haben auch schon mal falsch entschieden, da ist ein großer Verlust entstanden. Und aus dieser Erfahrung heraus haben wir das Risiko bewusst minimiert.

MM: Wir sprechen von Risikobereitschaft und Risikowahrnehmung: Glauben Sie denn, dass die Führungskraft oder die Entscheider vorher das Ausmaß des Risikos wahrgenommen haben?

DP: Nein, da könnten wir wahrscheinlich noch Fortschritte machen. Natürlich, wir haben auch eine Risikoanalyse für die ganze Firma erstellt. Wir versuchten sie auch zu bewerten, über das ganze Unternehmen gesehen. Aber wenn es um eine einzelne Entscheidung geht, dann können wir diese ganze Risikoanalyse etwas verbessern und systematisieren.

MM: Ja, das bringt mich jetzt zu einer wichtigen Frage: Was ist denn Risiko für Sie?

DP: Das ist die Möglichkeit eines Verlustes, einerseits eines Geschäftes, eines Bereiches oder eines Schadens. Das Risiko eines Schadens.

MM: Ist das die Definition, die für alle Entscheidungen in Ihrem Unternehmen zutrifft, oder gibt es für Sie noch andere Definitionen von Risiko?

DP: Das habe ich mich noch nie gefragt. Wir unterscheiden immer zwischen Risiken und Chancen. Das Risiko kann sein, dass wir jemanden einstellen, der der Aufgabe nicht gewachsen ist. Den müssen

Ein anderer wichtiger Aspekt zu Risiko: Man blendet das aus, man vergisst es.

wir dann entlassen und jemand Neues einstellen. Aber auch das hat wieder finanzielle Auswirkungen am Schluss. Und da ist noch ein anderer wichtiger Aspekt zu Risiko: Man blendet das aus, man vergisst es. Wenn es schon lange nicht passiert ist, dann denkt man, es wird nicht mehr passieren. Auch das ist eine Gefahr.

MM: Also, Risiko ist ein sehr spannendes Thema?

DP: Ja, ich bin selbst erstaunt, wie lange wir über das Thema gesprochen haben. Im Alltag wird es oft nicht so thematisiert.

▪ Die Rolle von Geld im Unternehmen

MM: Jetzt kommen wir zum Geld, was bedeutet Geld für Sie?

DP: Ich persönlich bin froh, wenn Geld mir einen gewissen Spielraum eröffnet und eine gewisse Sicherheit gibt. Ich kann mir Dinge kaufen, leisten, wenn ich Geld habe, die mein Leben bereichern. Aber ich schränke mich freiwillig ein. Weil ich es sinnvoll finde im Hinblick auf den Umweltschutz, oder weil ich einfach als sparsamer Mensch erzogen worden bin. Aber wenn man gezwungen wird, ist es doch etwas ganz anderes. Deshalb bin ich dankbar, glücklich, dass ich einen gewissen Spielraum habe.

MM: Glauben Sie, Sie würden den Spielraum, der Ihnen so wichtig ist, auch ohne Geld spüren?

DP: Ja, das hätte ich sicher auch dann. Es ist nicht so – je mehr Geld, desto größer spüre ich diesen Spielraum. Auch mit viel weniger Geld würde ich wahrscheinlich viele Ideen haben, die ich realisieren könnte. Ich spüre eine Verantwortung für das Familienunternehmen, wo mein Geld drinsteckt. Ich bin bestrebt, wie auch meine Vorfahren, das Geld in der Firma zu lassen, damit die Firma sich weiterentwickeln kann.

MM: Gibt es im Unternehmen einen roten Faden, oder ein Muster mit Geld, dem alle folgen?

DP: In einem Familienunternehmen gibt es ja immer diesen Generationenwechsel, wo Geld eine große Rolle spielt, weil es verteilt wird. Wir wenden da einen Grundsatz an: »tüüf ine – tüüf use«.

MM: Können Sie uns den erklären?

DP: Ein Familienmitglied, das in die Geschäftsleitung kommt, kann sich daran beteiligen zu einem tiefen Preis, aber es übernimmt dann auch die ideelle Verpflichtung beim nächsten Generationenwechsel, es dann wieder zu einem tiefen Preis weiter zu geben und wieder tief auszusteigen. Das ist verankert in der Familie und wurde immer so gemacht.

MM: Kennen Sie den Erfinder des Spruchs?

DP: Ich habe ihn von meinem Vater gehört und er vielleicht von seinem Vater. Wer der Erste war, weiß ich nicht. Ich musste meine Kinder nie in diese Regel einführen, es überträgt sich automatisch.

MM: Wenn man sich fragt, wie Sie und Ihre Familie das geschafft haben, dann ist doch sicher so eine Regel ein wesentlicher Teil, wenn es zum Fall X kommt?

DP: Sie fragen: »Wie haben Sie das geschafft?« – Wir haben es überhaupt nicht geschafft. Es ist uns zugefallen. Wir haben es nicht be-

> Ich bin bestrebt, wie auch meine Vorfahren, das Geld in der Firma zu lassen.

wusst angestrebt, wir wollten es immer so machen. Es ist einfach vorhanden. Es ist schwer zu beschreiben…

MM: Ja, ich danke Ihnen – eine eindrucksvolle Familien- und Unternehmergeschichte.

Vom Unternehmer zum Finanzunternehmer – zum Lebensunternehmer

Der ehemalige Unternehmer, Gründer
Bernd Kerzman* Inforima*
»Ich freue mich jeden Tag, an dem es mir gelingt, die Distanz zum Unternehmen etwas größer werden zu lassen.«

Bernd Kerzman,
65 Jahre alt, hat im Alter von 60 Jahren sein Unternehmen verkauft.

Inforima
Das Unternehmen wurde in den 1970er in Berlin gegründet. Zum Schluss arbeiteten 20 Mitarbeiter in der Firma. Schon früh wurden die Produktion nach China und der Verkauf ins Internet verlagert. Das half dem Unternehmen, Krisen zu überstehen. Nach über 30 Jahren wurde das Unternehmen verkauft und wird heute von den neuen Besitzern erfolgreich weitergeführt. Herr Kerzman lebt heute mit seiner Familie auf dem Land.

*Der Name wurde von der Redaktion geändert.

- **Das Unternehmen – vor dem Verkauf**

MM: Wie können wir uns Ihr früheres Leben als Unternehmer vorstellen, was war charakteristisch?

BK: Im Unternehmen? Oder privat?

MM: Das ist die Frage: Kann man das überhaupt trennen?

BK: Eigentlich nicht. Das war 30 Jahre Häuserkampf, so möchte ich das bezeichnen. Das Unternehmen ist ja praktisch aus dem Nichts gegründet worden. Und sämtliche Schwierigkeiten, die so ein Unternehmen bekommt, haben wir erlebt: zu wenig Eigenkapital, extrem schwierige Bankfinanzierung. Dann kam in der Phase der Unternehmensgründung und in den Jahren danach noch die Hochzinsphase dazu. Wir hatten über 10% Zinsen in den 70iger Jahren. Das Ganze war ein ewiger Kampf – 25 Jahre lang, in den letzten 5 Jahren fing sich das an zu entspannen. Und dann hatte man gar nicht mehr das Gefühl, dass es sich entspannt. Man war mittlerweile so in den Kampf verwickelt, dass man eigentlich zu spät merkte, dass sich die Zeiten geändert und auch stark verbessert hatten.

> Man war mittlerweile so in den Kampf verwickelt, dass man eigentlich zu spät merkte, dass sich die Zeiten geändert und auch stark verbessert hatten.

- **Finanzielle Risikobereitschaft und Risikokultur**

MM: Wie schätzen Sie Ihre finanzielle Risikobereitschaft ein?

BK: Während meiner unternehmerischen Tätigkeit war meine finanzielle Risikobereitschaft anfangs sicher bei 9, hat dann über die Jahre abgenommen bis fast in den unteren Bereich, Richtung 3–4 in der genannten Skala. Am Anfang ist das Risiko hoch, was man bereit ist es zu gehen. Man ist jung, man begreift gar nicht, was für Konsequenzen das hat. Man gründet das Unternehmen, und plötzlich ist man drin und kann gar nicht mehr raus – so ging es mir jedenfalls, die Verbindlichkeiten waren da, die Verpflichtungen waren da.

MM: Hat sich das gewandelt?

BK: Mit der Zeit, und den wachsenden Erfahrungen im Umgang mit Banken und Finanzierungen, haben wir uns immer weiter aus jeglicher finanzieller Risikobereitschaft zurückgezogen. In den letzten 10 Unternehmensjahren hatten wir keine Bankkredite mehr. Angebote unserer Banken, Geld in Form von Mezzaninkapital leihen zu wollen, haben wir strikt abgelehnt. Nach dem Verkauf des Unternehmens ging die Risikobereitschaft auf 2–3 zurück und ist vielleicht bis heute noch weiter runter gegangen.

MM: Wie sah das Risikomanagement in Ihrem Unternehmen konkret aus?

BK: Na ja, das Unternehmen ist nicht so geführt worden, wie das heute populär ist. Mit Unmengen von Exceltabellen usw. Unser Risikomanagement sah so aus, dass wir wegen des weltweiten Materialeinkaufs sehr viel mit Währungen machen mussten. Wir haben die Währungen gehedged, weil wir die Währungsrisiken absichern mussten. Ansonsten war unser einziges Risikomanagement die Eigenkapitalbildung, keine Kredite.

MM: Wie haben Sie diese Strategie durchgehalten?

BK: Für unsere Strategie waren die steuerlichen Regeln, die für im Unternehmen verbleibende Gewinne unter Altkanzler Schröder erlassen worden sind, ein Segen. Dadurch konnten wir ein Unternehmen mit einer extrem gesunden Eigenkapitalquote entwickeln. Wir haben selber auch nur die zum Leben notwendigen Privatentnahmen getätigt. Wir hatten überhaupt kein freies Kapital für private Finanzanlagen zur Verfügung mit Ausnahme von kapitalbildenden Lebensversicherungen.

▪ Die Rolle von Geld im Unternehmen

MM: Welche Rolle spielte Geld für Ihr Unternehmen?

BK: Für mein Unternehmen eine große, für mich nicht so sehr. Ich habe das Unternehmen aus technischem Interesse gegründet. Also Produkte entwickeln, Produkte vermarkten, auch das Zusammenarbeiten mit Menschen, das waren mir wichtige Parameter bei der Unternehmensgründung. Natürlich wollte ich auch leben, und habe auch schnell gelernt, dass ein Unternehmen ohne Gewinne gar keinen Spaß mehr macht.

MM: Wer hat sich um das Geld im Unternehmen gekümmert?

BK: Die Rolle, das Geld zu pflegen und auf das Geld aufzupassen, hatte meine Frau. Damit war sie auf Neudeutsch der CFO. Sie war für das Geld verantwortlich. Und ich war für die Produkte und für die Vermarktung zuständig.

- Finanzentscheidungen unter Unsicherheit – der Verkaufsprozess

MM: Wann und warum haben Sie sich entschieden, das Unternehmen zu verkaufen?

BK: Das ist eine sehr schwierige Frage. Man hat natürlich Überlegungen und Glaubensansätze, warum es so gewesen sein könnte. Aber mit größer werdendem Abstand stellt man fest, dass es gar nicht so einfach ist, diese Frage zu beantworten. Alle Investoren, die das Unternehmen kaufen wollten, haben mich gefragt: »Warum machen Sie das? Warum verkaufen Sie ein so gut gehendes Unternehmen?« Meine Antwort war einmal mein Alter, das lag ja beim Verkauf um die 60 Jahre. Das zweite Argument war die Familie. Wir haben Enkel und wir wollten nicht wie bei unseren eigenen 4 Kindern, noch einmal das Erwachsenwerden der Kinder im Zeitraffer miterleben. Drittens wollten wir beginnen, unser Leben intensiver zu leben.

MM: War das auch ein Wunsch Ihrer Frau?

BK: Ja, ich glaube meine Frau spielte eine entscheidende Rolle dabei. Ich glaube, ohne dass das so deutlich bei der ursprünglichen Entscheidungsfindung zwischen uns diskutiert wurde, es war ihr ein Herzenswunsch, aus diesem Stress des Unternehmerdaseins herauszukommen. Sie hat ihren Job mit großem Engagement, mit aller Leidenschaft gemacht, wie man es besser nicht machen kann, aber sie glaubt bis heute, dass ein Unternehmen eine verdammt unsichere und risikoreiche Angelegenheit ist, und damit hat sie ja auch Recht. Sie hätte gerne in sichereren Strukturen gelebt, als man das als Unternehmer kann.

MM: Und Sie?

BK: Auch bei mir gab es andere Bedürfnisse. Mein Haus in Spanien, meine Leidenschaft fürs Segeln und Angeln mit meiner Frau, meinen Söhnen und Enkelkindern. Das bedeutet mir sehr viel und das sind die ganz persönlichen Gründe für den Unternehmensverkauf.

MM: Und gab es Gründe von der Unternehmensseite?

BK: Ich glaube, dass ich einer der ersten Berliner war, der in dieser Stadt ein Existenzgründungsdarlehen erhalten hat. Mir wurde vom leitenden Beamten der Wirtschaftsförderung damals gesagt: »Sie wollen ein Unternehmen gründen, dann beantragen Sie doch lieber Sozialhilfe.« So einen Antrag hatte der Herr noch nie auf den Tisch bekommen. Man muss die Zeit bedenken. Ich bin groß geworden in einer Zeit, in einer Stadt, in einem sozialen Umfeld, in der Unternehmer nicht sehr beliebt waren. Die Leistung, die ein Unternehmer für die Gesellschaft erbringen kann, wurde nicht erkannt und auch nicht anerkannt.

MM: Wie kam das?

BK: Die Berliner Welt war ein in sich fast abgeschlossenes System, die ganze Stadt lebte von Subventionen, die aus Bonn kamen. Eigene Leistungen zu erbringen war nicht nötig, um gut zu überleben. Es gab doch Berlinförderungen in absonderlichsten Formen. Und

> Sie wollen ein Unternehmen gründen, dann beantragen Sie doch lieber Sozialhilfe.

jedes Großunternehmen, das davon profitierte, nahm sie dankend an, schwieg und ging wieder weg, als es nach der Wende keine Subventionen mehr gab.

MM: Was hatte das für Auswirkungen auf junge Gründer?

BK: Junge Menschen, die aktiv werden wollten, um z. B. ein Unternehmen zu gründen, wurden im besten Fall kritisch betrachtet. Die Berliner Banken reihten sich nahtlos in dieses System ein, verwalteten Girokonten und Sparbücher, wollten aber von der Finanzierung junger Unternehmen nicht nur nichts wissen, sie hatten auch überhaupt keine Ahnung davon. Ein damaliger Filialleiter einer deutschen Großbank, systemrelevant wie es heute heißt, musste sich von uns eine BWA der Datev erklären lassen.

MM: Wie hat das alles Ihr Unternehmerdasein beeinflusst?

BK: So eine Zeit prägt einen, man merkt gar nicht, wie ein Unternehmen sich plötzlich entwickelt, wie ein Unternehmen stärker, reicher und kompetenter wird. Welche Möglichkeiten man plötzlich gehabt hätte. Man bleibt sein ganzes Leben in dieser Verteidigungshaltung.

MM: Also gab es doch eigentlich gar keinen Grund, das Unternehmen zu verkaufen?

Es ist immer ein Unterschied, ob man selbst für das Unternehmen haftet und das ganze Klumpenrisiko trägt, oder angestellt ist.

BK: Auf der einen Seite haben wir mental gar nicht richtig begriffen, wie gut unser Unternehmen mittlerweile gelaufen ist. Auf der anderen Seite fragen wir uns heute: Welchen Stress hatten wir eigentlich genau? Warum haben wir nicht mehr leitendes Personal eingestellt, um uns so zu entlasten usw.? Wenn wir uns überlegen, wie hoch die durch den Kauf entstandenen Zinsbelastungen sind, die nun durch das Unternehmen erwirtschaftet werden müssen, dann müssen wir eingestehen, dass wir die in unseren Augen hohen Risiken niemals eingegangen wären. Es ist immer ein Unterschied, ob man selbst für das Unternehmen haftet und das ganze Klumpenrisiko trägt, oder angestellt ist. Wenn wir aber in der Lage gewesen wären, ein wenig risikobereiter zu sein, dann hätten wir uns vielleicht gegen einen Unternehmensverkauf entschieden. Wir haben das Unternehmen noch immer im bedrohlichen Existenzkampf gesehen und wir wollten uns endlich den Gefallen tun und aussteigen. Heute kommt mir das fast blöd vor.

MM: Sie haben es ja vorhin schon gesagt, Sie waren emotional immer noch im Straßenkampf, obwohl dieser längst vorbei war.

BK: Richtig, das war so und bleibt wahrscheinlich das ganze Leben so.

MM: Wie lange hat denn der Verkaufsprozess gedauert, vom ersten »Wir verkaufen« bis zur Vertragsunterschrift?

BK: Das kann ich ziemlich genau sagen. Die Entscheidung, das Unternehmen zu verkaufen, ist in Taiwan nach einem Lieferantengespräch im Hotel getroffen worden. Der damalige Verkaufsleiter hatte während unserer Abwesenheit eine schwere Fehlentscheidung getroffen. Das konnten wir infolge eines mangelhaften Risikomanagements leider nicht verhindern, aber wir konnten den Fehler aufgrund unserer

Kapitalstärke ausbügeln. Von dem Moment an bis zum endgültigen Verkauf hat es etwas mehr als 2 Jahre gedauert.

MM: Gab es irgendwelche Prozesse und Entscheidungsregeln, die Sie im Laufe Ihres Unternehmerdaseins entwickelt haben, auf die Sie beim Verkauf Ihres Unternehmens zurückgreifen konnten?

BK: Ganz klar nein. Wir waren im Grunde genommen immer nur Unternehmer. Wir haben Produkte entwickelt, sie produziert und uns überlegt, wie wir diese vermarkten können. Haben unsere Gewinne wieder in neue Produkte, neue Produktionsmittel, Forschung und Entwicklung, Marketing oder in den Vertrieb investiert. Wir hatten überhaupt keine Ahnung, wie man ein Unternehmen verkauft. Das fehlende Wissen dafür wurde von einer Firma eingebracht, die uns bei der Verkaufsabwicklung entscheidend unterstützte.

MM: Haben Sie das mit Ihrer Frau zusammen entschieden?

BK: Das war unsere gemeinsame Entscheidung. Wir haben uns in die Augen geschaut und gesagt: »Wir haben die Nase voll, wir verkaufen jetzt und lassen uns von einem Spezialisten beraten.«

MM: Und beim anschließenden Verkaufsprozess?

BK: Wir waren ja die ganze Zeit zusammen. Natürlich, ich bin der extrovertierte Teil in unserer Beziehung. Ich habe die Präsentationen geleitet, meine Frau war immer dabei, wir hatten ja nur Finanzinvestoren und keine strategischen Investoren. Die wollten natürlich auch von ihr persönlich alle notwendigen Finanzinformationen haben. Wir waren immer zusammen, aber der Frontmann war ich. Dabei wurde uns immer bestätigt, dass man noch nie ein Unternehmen geprüft hat, das so klar und transparent war und wo es keine Widersprüche und Fragen, versteckte Leichen usw. gab.

MM: Das heißt, Sie haben in diesem Prozess noch einmal, durch die Rückmeldung der Prüfer, das Feedback bekommen, dass Sie aus dem Häuserkampf schon lange draußen waren?

BK: Ja, vor allem als die Kaufangebote auf dem Tisch lagen, die ja erheblich höher waren, als wir erwartet hatten, ist uns bewusst geworden, welches Potenzial in der Firma lag. Wir waren aber nur glücklich über die Angebote und haben uns gedacht, das ist doch toll, wenn die so viel dafür bezahlen wollen, dann nehmen wir das auch. Eine weitere intelligente oder differenziertere Überlegung, haben wir da nicht zustande gebracht. Fürchterlich.

MM: Was war die größte Herausforderung beim weiteren Verkaufsprozess?

BK: Stressig war es. Wir hatten rund 40 Bewerber, sind ein halbes Jahr lang fast täglich in Meetings gewesen. Die Meetings mussten zum Teil in Englisch abgewickelt werden, oft waren bis zu 50 Personen, Investoren, Banker, Wirtschaftsprüfer und Spezialisten für die verschiedenen Fachgebiete anwesend. Das war eine glanzvolle und spannende Zeit. Vor diesem Podium zu agieren, hat mir sehr viel Spaß gemacht. Ich habe mein Lebenswerk verkauft und war stolz auf unseren Erfolg.

MM: Was waren denn die wichtigsten Kriterien in diesem Prozess, an denen sich Ihre Verkaufsentscheidung orientiert hat?

> Vor allem als die Kaufangebote auf dem Tisch lagen, die ja erheblich höher waren, als wir erwartet hatten, ist uns bewusst geworden, welches Potenzial in der Firma lag.

BK: Es war natürlich so, dass unterschiedliche Angebote vorlagen. Ein Investor hat eine gigantische Summe geboten, da hab ich wirklich darüber nachgedacht, ob die noch wissen, was sie machen. Der hat sein Gebot aber auch davon abhängig gemacht, dass ich noch eine längere Zeit in der Firma verbleibe, und wollte das natürlich auch festschreiben.

MM: War das kein komfortables Angebot?

Derjenige kann es kaufen, der uns am Tag der Bezahlung vollständig rauslässt.

BK: Nein, denn in diesem Prozess wurde mir klar, dass ich das psychisch nicht aushalten würde. Ich habe dann für mich das ganz klare Kriterium entwickelt: Derjenige kann es kaufen, der uns am Tag der Bezahlung vollständig rauslässt.

MM: Und wie kam es zur endgültigen Entscheidung?

BK: Wir haben uns dann für drei entschieden, die ähnlich gelagerte Angebote abgegeben hatten. Wir haben ihnen aber keine Exklusivität geboten. Denjenigen Bietern, die in ihre Due Dilligence investiert haben, aber das Unternehmen dann doch nicht kaufen konnten, haben wir versprochen, dass wir die Kosten für die Due Dilligence übernehmen. Wir sind dann mit den Bewerbern zeitgleich durch die gesamte Due Dilligence gegangen. Das war natürlich eine anstrengende Sondersituation. Gott sei Dank, haben wir das so vereinbart. Weil der eigentlich ausgewählte Bewerber in der Endphase der Verhandlungen direkt, vor dem Closing, bestimmte Regelungen in den Vertrag aufnehmen wollte, die wir nicht akzeptieren konnten. Und dann sprang die Nummer zwei aufs Pferd, hat das Gebot nachgebessert, und ich glaube, die haben sich im Nachhinein im Umgang mit der Firma auch als die deutlich besseren Käufer herausgestellt. Mit dem Closing haben wir unsere Koffer gepackt und sind aus dem Unternehmen raus.

MM: Was waren so die wichtigsten Erfahrungen?

BK: Vor mir lag eine völlig neue Welt. Die neuen Herren waren ja fast alles Harvard- und Standford-Absolventen. Die hatten mein Unternehmen mit betriebswirtschaftlichen Zahlenwerken belegt, von denen ich noch nicht mal wusste, dass es so was gibt. Auch später im Aufsichtsrat habe ich viele neue Erkenntnisse gewinnen können. Ich glaube, es war für beide Teile, also für mich, der erfolgreiche, aber alt gewordene und im Kampf ergraute deutsche Mittelständler, und die andere Seite, Absolventen amerikanischer und angelsächsischer Eliteuniversitäten, vertraut mit allen Erkenntnissen moderner Betriebswirtschaftslehre, letztendlich eine Win-Win-Situation.

MM: Sind Zahlen heute wichtiger geworden?

Zur modernen, erfolgreichen und in die Zukunft weisenden Betriebsführung gehört vieles: Die alten Tugenden wie empathische Bezogenheit, Gefühl, Verantwortung Fleiß und Engagement.

BK: Ich würde sagen: Zur modernen, erfolgreichen und in die Zukunft weisenden Betriebsführung gehört vieles: Die alten Tugenden wie empathische Bezogenheit, Gefühl, Verantwortung, Fleiß und Engagement. Aber auch das gesamte Know-how moderner Betriebswirtschaft mit internationalen Kontakten und strategischer Vorgehensweise. Das Modell Heuschrecke ist genauso zum Untergang verurteilt wie das Modell alter deutscher Patriarch.

MM: Wie sieht Ihr Kontakt zum Unternehmen heute aus und welche Rolle haben Sie nach dem Unternehmensverkauf eingenommen bzw. nehmen Sie heute noch ein.

BK: Es war so, dass ich mich in diesem Verkaufsprozess sehr um meine langjährigen Mitarbeiter bemüht habe, die sind auch alle Gesellschafter in der neuen Firma geworden. Der Kontakt zu diesen Leuten ist natürlich noch da, auch privat, mit denen habe ich fast 30 Jahre zusammen gearbeitet. Ich war dann vier Jahre im Aufsichtsrat. Danach ist das Unternehmen nochmals verkauft worden, und von dem Moment an sind sämtliche Kontakte zum Unternehmen abgebrochen. Es hat sich auch niemand mehr bei mir gemeldet. Ich wollte zu den neuen Investoren auch keinen Kontakt mehr haben. Der Prozess des Auseinanderlebens musste jetzt mal beendet werden und das war ein guter Zeitpunkt.

MM: Was bedeutet Ihnen Ihr Unternehmen heute, mit diesem zeitlichen Abstand?

BK: Das weiß ich nicht genau. Mich haben Investoren angesprochen, ob ich Interesse hätte, ein anderes ähnliches Unternehmen gemeinsam zu kaufen. Aber ich habe innerlich gemerkt, das will ich nicht mehr. Natürlich, das ist mein Kind, die Trennung ist ein anhaltender schmerzhafter Prozess. Ich freue mich jeden Tag, an dem es mir gelingt, die Distanz zum Unternehmen etwas größer werden zu lassen.

> Natürlich, das ist mein Kind, die Trennung ist ein anhaltender schmerzhafter Prozess.

- **Nach dem Verkauf: Die Rolle von Geld und finanzielle Risikobereitschaft**

MM: Kommen wir zu der Zeit danach. Irgendwann war die Verkaufsunterschrift geleistet. Ihre klassische Unternehmerrolle war beendet. Nachdem Sie 30 Jahre als Unternehmer gelebt und gearbeitet hatten waren, als was würden Sie sich jetzt bezeichnen?

BK: (Lacht) – Im Freundeskreis stelle ich mich als Rentner vor. Ich habe keine Identität mehr, das ist auch ein Stück weit das Problem. Natürlich kann ich mir jetzt eine geben, aber innerlich, und darum geht es ja wohl, habe ich keine mehr.

> Ich habe keine Identität mehr, das ist auch ein Stück weit das Problem.

MM: Was hat sich jetzt innerlich und äußerlich für Sie geändert?

BK: So ziemlich Alles. Die Ehe, die Sexualität, der Blick auf die Welt, das Verhältnis zu sich selbst.

MM: Sie haben jetzt alle Möglichkeiten?

BK: Na ja, man kommt natürlich relativ schnell dahinter, wenn immer alles verfügbar ist, dann relativiert sich die Sehnsucht danach. Wenn man im Grunde genommen machen kann, was man will. Wenn man nie sehr viel Geld zur Verfügung hatte, immer alles ins Unternehmen gesteckt hat – und heute kann man sich eigentlich kaufen, was man will. Da verändert sich natürlich vieles. Ist doch klar.

MM: Das klingt erst mal ernüchternd?

BK: Es gibt natürlich auch positive Veränderungen – man wird ruhiger, man sieht das ganze Leben etwas entspannter. Man fragt sich natürlich manchmal, was hat dich eigentlich früher angetrieben? Man wird sehr kritisch, wenn man neue Angebote bekommt. Dinge, die man früher schnell entschieden hatte, sind heute lange Prozesse. Ja, die Veränderung ist allumfassend und nicht nur positiv.

MM: War der Verkauf eine gute Entscheidung?

BK: Ich würde es im Nachhinein auf eine Formel bringen: Wenn ich noch mal vor der Entscheidung stehen würde, das Unternehmen zu verkaufen oder nicht, wäre das im Moment eine 50/50-Entscheidung. Die Prozesse nach dem Verkauf in den Griff zu bekommen, das ist nicht einfach.

MM: Wann und wie haben Sie den Unterschied so deutlich zum ersten wahrgenommen?

BK: Obwohl ich als Mitglied des Aufsichtsrats noch immer mit der Firma verbunden war, musste ich meine rapide zunehmende Bedeutungslosigkeit registrieren. Es war deutlich zu merken, was ich sagte, das interessierte niemanden mehr. Nur 12 Wochen nach meinem Ausscheiden wurde mir bereits von einem neuen Mitarbeiter beschieden: »Die Zeiten haben sich geändert. Das ist nicht mehr so wie früher, der Markt hat sich geändert.«

MM: Klingt wie eine kalte Dusche?

BK: Ich war plötzlich draußen. Früher wurde ich wegen jeder Kleinigkeit gefragt, und jetzt wollte man meinen Ratschlag überhaupt nicht mehr hören. Ich hatte nur noch eine Alibifunktion, weil die Investoren mich, wahrscheinlich auf Druck der finanzierenden Banken, in den Aufsichtsrat gedrängt hatten und ich damals tatsächlich glaubte, dass mein Rat noch jemanden interessieren würde. Aber hier prallten zwei völlig unterschiedliche Philosophien, wie ein Unternehmen zu führen ist, aufeinander. Meine etwas altväterliche Art, immer in Sorge bei meinen Entscheidungen auch die fernere Zukunft der Firma im Auge zu behalten, jeden Mitarbeiter zu kennen, kollidierte mit einer sehr effizienten Unternehmensführung, die der Erwirtschaftung hoher Renditen alles andere weitgehend unterordnet und sich gleichzeitig für omnipotent hält. Das musste ich lernen zu akzeptieren.

MM: Nun waren Sie in der neuen Situation und es gab ganz neue Entscheidungen, vor die Sie gestellt waren?

BK: Durch den Ausbruch der ersten Finanzkrise, direkt nach dem Verkauf, waren wir plötzlich in einer Welt, in der wir nie sein wollten. Unser Traum: wir zahlen brav unsere Steuern, legen unser Geld sicher an und dann können wir von den Zinsen leben – geplatzt. Es gab und gibt bis heute keine sicheren Anlagen mehr. Das Ganze entwickelte sich so turbulent, dass wir sofort nach dem Verkauf in den nächsten »Megajob«, nämlich in die Verwaltung unseres Vermögens, hineingeschlittert sind. Das ist ja bis heute der Fall.

MM: Welche Rolle übernimmt Geld in diesem neuen Leben für Sie? Was bedeutet Geld jetzt?

BK: Erhofft hatte ich mir, dass es ein Gefühl von Sicherheit vermitteln wird. Raus aus diesen brennenden Fragen, wie viel Umsatz machen wir heute? Was passiert morgen mit dem Unternehmen? Wie entwickelt sich der Markt? Können wir uns da anpassen, können wir mitgehen?

Obwohl ich als Mitglied des Aufsichtsrats noch immer mit der Firma verbunden war, musste ich meine rapide zunehmende Bedeutungslosigkeit registrieren.

Erhofft hatte ich mir, dass uns das Geld ein Gefühl von Sicherheit vermitteln wird.

Die Idee beim Verkauf war doch: Raus aus der Firma. Jetzt hast du dir sozusagen eine sichere Beamtenpension auf hohem Niveau erarbeitet und brauchst Dich um nichts mehr zu kümmern. Rückblickend war das natürlich sehr naiv. Aber das war die Erwartungshaltung.

MM: Das kam aber ganz anders?

BK: Plötzlich ist diese Erkenntnis da, dass wir unser Geld schützen, oder zumindest bewahren müssen. Denn das ist ja unsere Rente. Man bekommt plötzlich Ängste. Ob das über einen langen Zeitraum überhaupt noch möglich ist. Wie alt wird man? Meine Frau kann noch 40 Jahre leben. Wir haben ja keine anderen Geldzuläufe außer unseren Vermögenswerten und dem was wir ggf. damit machen. Und plötzlich, fange ich an mich zu fragen: Wie wichtig ist mir eigentlich das Geld?

MM: Welche Fragen zu Geld tauchten da auf?

BK: Plötzlich bin ich in einer Welt gelandet, die so nah an einem Wealthmanager dran ist, dass mir schon richtig übel wird. Wenn ich das vorher gewusst hätte, wären meinen Überlegungen zum Verkauf der Firma differenzierter gewesen. Aber das weiß man immer erst hinterher. Nein, das Geld fängt an für mich eine Bedeutung zu haben, die es eigentlich nie haben sollte.

MM: Was genau ist der Unterschied zu früher?

BK: Es fängt an bedrohlicher zu werden, als es der Druck und die Verantwortung in der Firma waren. Damals waren die Bedrohungen für mich greifbar. Da konnte ich sagen, der Umsatz holpert, dann machen wir ein neues Produkt, eine neue Verkaufsidee oder das oder das oder das. Jetzt stehe ich da, gucke in das Internet. Das ist ja auch so eine Art Katastrophe, dass man alle Entwicklungen dieser Welt sekündlich um die Ohren gehauen bekommt. Aber ich fühle mich jetzt durch dieses Geld zu einem Leben gezwungen, was ich so nicht führen wollte.

> Aber ich fühle mich jetzt durch dieses Geld zu einem Leben gezwungen, was ich so nicht führen wollte.

MM: Was bedeutet Risiko jetzt für Sie?

BK: Es ist für mich ein sehr hohes Risiko geworden, ich kann das Risiko kaum eingrenzen. Früher hatte ich das Gefühl, ich kann das Risiko, das ich mit meinem Unternehmen eingehe, begrenzen. Natürlich kamen auch früher immer Dinge, die das unmöglich gemacht hätten – Wirtschaftliche Rezession, Unfälle. Ich weiß, wo ich mit dem Unternehmen hingehe. Und das Risiko, was ich mit dem Unternehmen trage, das kann ich einschätzen. Das mag im Kern falsch gewesen sein, aber ich hatte das Gefühl. Wenn Sie mich aber heute fragen, wie groß das Risiko ist? Dann würde ich sagen, von 0 bis 100, je nachdem, wie ich gerade aufgestanden bin, ob ich meine depressive oder meine optimistische Phase habe.

> Wenn Sie mich heute fragen, wie groß das Risiko ist? Dann würde ich sagen, von 0 bis 100.

MM: Das ist eine Erfahrung von fehlender Kontrolle?

BK: Real habe ich nichts in der Hand, wie ich mein Risiko steuern soll. Und dieses Gefühl ausgeliefert zu sein, gibt mir das erste Mal in meinem Leben das Gefühl, ein großes Risiko zu tragen. Komischerweise viel mehr als mit dem Unternehmen.

> Und dieses Gefühl ausgeliefert zu sein, gibt mir das erste Mal in meinem Leben das Gefühl, ein großes Risiko zu tragen.

MM: Sie sagten, Sie sind sehr stark in die Nähe von Finanzdienstleistern, Vermögensverwaltern und Banken gekommen. Wie muss ich mir das vorstellen, wie entsteht so eine Nähe, wenn man ein Unternehmen verkauft?

BK: Nach dem Verkauf des Unternehmens, der in verschiedenen Medien veröffentlicht wurde, meldeten sich bei uns sehr viele Finanzhäuser. Dazu kamen noch Spezialisten mit Steuersparmodellen. Es ging ja nicht nur um Finanzanlagen, sondern auch um die Versteuerung des Unternehmensverkaufes.

MM: Was hat Ihnen da geholfen?

BK: Wir haben uns von Anfang an zur Regel gemacht, dass wir keine windigen Modelle akzeptieren. Bei Steuersparmodellen und bei Anlagemöglichkeiten handeln wir nur nach dem Motto: Was wir nicht verstehen oder auch nur in der Nähe der Ungesetzlichkeit liegt, das machen wir auch nicht. Deswegen kamen z. B. Anlageformen und Steuersparmodelle gar nicht in Frage. Wir haben selbstverständlich unsere Steuern bezahlt, obwohl uns einige Berater angesehen haben, als ob wir nicht ganz dicht wären. Wir haben uns auch keine Finanzprodukte andrehen lassen. Rückblickend glaube ich, dass wir ziemlich clever gehandelt haben.

MM: So haben Sie also erst mal eine wichtige Regel gehabt, reicht das?

BK: Über diesen Filter haben wir erst mal sehr viel Anstrengendes aussortiert. Natürlich haben wir sehr viele Gespräche mit Banken, Vermögensverwaltern usw. geführt. Es bleibt die Erinnerung, dass man naiver als wir es waren, kaum sein kann. Es bleibt der Trost, dass ich überzeugt davon bin, dass 95% aller Deutschen noch weniger über den Finanzmarkt wissen als wir.

MM: Wie erklären Sie sich diese Unkenntnis?

Ich kenne keinen Schullehrplan in dem Finanzwirtschaft steht.

BK: Ja, woher soll das Wissen auch kommen? Ich kenne keinen Schullehrplan, in dem Finanzwirtschaft steht.

MM: Was hat Sie abgeschreckt, denn Sie haben sich ja für keinen Finanzplan einer Bank entschieden?

BK: Ich habe mir das alles angehört. Als mir die Herren erklärten, dass ich alle 3 Monate auf schönem Pergament Papier einen Ausdruck über meinen Vermögensstand erhalten sollte, fragte ich sie: »Sie rufen mich nicht täglich an und sprechen mit mir ab, was Sie nun machen, und so weiter und sofort?« Die Antwort war: »Nein, das geht nicht, Sie geben uns Ihr Geld und eine Vollmacht und dann legen wir das an.« Das konnte ich nach fast 40 Jahren aktiver Unternehmensleitung nicht akzeptieren. Sollte ich jemanden unser ganzes Geld anvertrauen, bloß weil der eine Krawatte umhatte und mit teurem Papier wedelte? Ich konnte einfach kein Vertrauen zu den Herren entwickeln. Jeder Unternehmer, der mit seiner Firma über viele Jahre eine jährliche durchschnittliche Nettorendite von ca. 8% hat, weiß, wie anstrengend und schwierig das ist. In vielen Branchen ist es sogar unmöglich. Wenn ein Finanzstratege mir, nur weil ich mein Geld anlege, 6% als möglich verspricht, dann werde ich extrem vorsichtig, weil ich es nicht mehr verstehe. Natürlich kann derjenige auf diverse Kursschwankungen wetten, aber dann spielt er eben mit unserem Geld. Und das ist das Problem.

MM: Was blieb Ihnen da übrig?

BK: Lernen, lernen, lernen. Was sollten wir machen. Wir haben versucht, dieses alles zu verschlingen drohende, schwarze Loch, den Finanzmarkt, zu verstehen. Wir haben zunächst unser Vermögen auf eine Bank mit sehr gutem Rating überwiesen. Da lag es dann fast zinslos.

MM: Wie sind Sie weiter vorgegangen?

BK: Das war dann der Status, in dem wir in die Finanzkrise hineingerast sind. Wir haben relativ früh sehr viel Geld in Gold umgeschichtet. Nicht um damit Geld zu verdienen, sondern aus der Angst heraus, dass uns das Ganze um die Ohren fliegen könnte. Und je mehr wir uns in die Materie einarbeiteten, umso skeptischer wurde uns diese Welt, die unser Geld verwalten wollte. Im Grunde genommen bin ich an diesem Punkt mit meiner Familie stehen geblieben.

MM: Wie ist der Status quo?

BK: Wir haben versucht, ein so weit wie möglich risikofreies Portfolio zu installieren. Durch ein bisschen diversifizieren, in verschiedenen Währungen, in verschiedenen Ländern, die uns sicher erscheinen, oder wo es entsprechende Staatsbürgschaften gibt. Das ist im Prinzip das, was wir tun, und das betrachten wir als extrem konservativ.

MM: Halten Sie da die Nachrichten aus?

BK: Manchmal werde ich unruhig, wenn sehr heftige Bewegungen im Markt sind, und ich treffe auch mal eine zu voreilige Entscheidung. Ich kann dann nicht Ruhe geben. Trotzdem sind wir mit unserer eigenen Vermögensverwaltung bisher gut gefahren. Komfortabel, risikofrei und sicher fühlen wir uns aber keinesfalls.

MM: Sie haben Phasen von viel Geld und Phasen von wenig Geld erlebt. Was ist für Sie der Unterschied?

BK: Ich habe nicht nur Phasen von wenig Geld erlebt, ich habe in meiner Kindheit und Jugend auch Phasen von keinem Geld und bitterster Armut erlebt. Für mich ist Geld Freiheit, das machen zu können, was ich will. Damit habe ich schon 70% der Bedeutung des Geldes für mich abgesteckt. Ich kann das auch anders erklären: wenn es nach mir allein ginge, dann würde ich mir jetzt für den Großteil des Vermögens, in Kanada eine große Farm kaufen, und dort zwischen Landwirtschaft, Jagd, und Fischfang leben. Mehr brauche ich nicht. Dann bräuchte ich kein Geld auf der Bank, wäre wieder ein normaler Mensch und könnte den ganzen Finanzmarkt vergessen. Eigentlich arbeite ich Tag und Nacht daran, meine Familie auch davon zu überzeugen, aber das wird mir wahrscheinlich nicht gelingen.

Für mich ist Geld Freiheit, das machen zu können, was ich will.

MM: Wie hat Ihre Familie diesen Wandel mit Geld und Risiko erlebt?

BK: Das finde ich ja als Vater von Kindern in unterschiedlichsten Entwicklungsstufen und Ausbildungsstufen fast das größte Problem. Was sagt man denen, was sagt man denen nicht, was vermittelt man denen als Gefühl? Ich möchte nicht wegen meiner Kinder in eine Einzimmerwohnung ziehen, nur damit sie lernen, was Armut bedeutet. Und beim Erbe bricht dann alles zusammen, weil keiner mit einem großen Vermögen umgehen kann. Und wir sind eher geiziger geworden, als zu Zeiten der Firma.

MM: Sie haben mehr – und werden geiziger?

BK: Das ist, glaube ich, ein Prozess, da haben wir noch gar nicht darüber gesprochen. Wenn das Geld plötzlich nicht mehr aus der eigenen Arbeit kommt, sondern man es irgendwo auf der Bank hat. Dann wird man vorsichtiger, als wenn man laufend ein gutes Einkommen hat. Ich gebe es heute deutlich schwerer aus und habe schneller ein schlechtes Gewissen, wenn ich mir etwas kaufe, als früher in den Firmenzeiten.

MM: Wie erklären Sie sich das?

BK: Das muss damit zusammenhängen, dass mir dieses Gefühl fehlt, sich aus der eigenen Kraft und Potenz etwas zu erarbeiten. Ich musste mir über die Zukunft keine Gedanken machen. Mein Gedanke war: Ich bin stark und ich werde auch in Zukunft weiter Geld verdienen. Wenn ich mir jetzt etwas kaufe, dann sage ich mir, du nimmst es aus dem Bestand, und ob du morgen mehr oder weniger hast, das entscheidest ja nicht du, das entscheiden die Märkte.

MM: Diese Stärke und Kompetenz, die Ihnen das Geld in einer Unternehmersituation vermittelt hat, als Ergebnis Ihrer Handlung, das ist Ihnen verloren gegangen.

BK: Richtig, das merke ich deutlich. Eigentlich hatte ich doch das Gegenteil erwartet.

MM: Eigentlich müsste das Gefühl von Stärke und Potenz auch da sein können, wenn Sie »nur« Geld besitzen.

BK: Müsste – ja, ist es aber so nicht.

MM: Gibt es noch eine brennende Frage zu Geld, die Sie am Ende unseres Gesprächs gerne loswerden möchten?

BK: Ich frage mich seit geraumer Zeit, ob ich mich nicht wohler fühlen würde, wenn ich jetzt mein Geld wieder in einer aktiv etwas erwirtschafteten Investition binden würde. Und das kann für mich wahrscheinlich nicht der Kapitalmarkt sein. Ich kann nicht singen, und ich werde auch nie zum Banker werden.

MM: Ich bin gespannt, wie es für Sie und Ihre Familie weitergeht. Vielen Dank für das Gespräch.

Erkenntnisse und Botschaften aus den Interviews

© Springer-Verlag Berlin Heidelberg 2017
M. Müller, *Erfolgreich mit Geld und Risiko umgehen*,
DOI 10.1007/978-3-662-53165-5_3

3.1   Das Unternehmen

■   **Vom Gründer zum Unternehmer**

Der erste wichtige Rollenwechsel ist der Wechsel vom Gründer zum Unternehmer.

Das tägliche Geschehen in Unternehmen lebt von Rollen und Aufgaben, die Menschen übernehmen. Die zentralen Rollen sind Unternehmer, Manager und Fachkraft (▶ Abb. 1.2). Am Anfang des Entstehungsprozesses eines Unternehmens steht der Gründer. Oft gründet eine Fachkraft, die eine Idee bzw. eine Vision hat, ein neues Unternehmen. Die Rolle des Gründers oder der Gründerin ist damit an die Gründungsphase des Unternehmens gebunden. Der erste wichtige Rollenwechsel ist der Wechsel vom Gründer zum Unternehmer. Erst das vollständige Erfassen und Akzeptieren der Rolle des Unternehmers erlaubt es dem (bisherigen) Gründer und anderen, sich mit dem Unternehmen zu vollem Potenzial zu entfalten (Merath, 2009, S. 35). Ist der Rollenwechsel zum Unternehmer vollzogen, so bleibt man in dieser Rolle – sein Leben lang.

Ich kann nicht nicht Unternehmer sein.

Auch wenn der Unternehmer zunächst noch in Personalunion alle Rollen (▶ Abb. 1.2a) übernimmt: Er kennt die notwendigen Rollen und kann mental die Vorteile der natürlichen Zellteilung in Unternehmer, Manager und Fachkraft nutzen. Die mentale Arbeit mit den Rollen kann ein guter Ausgangspunkt für das tägliche Zeitmanagement bilden. Voraussetzung: Der Unternehmer und alle, die für das Unternehmen tätig sind, respektieren und wertschätzen die verschiedenen Rollen mit ihrem Beitrag fürs Unternehmen. Blinde Flecken hinsichtlich der Rollen und ihrer Verteilung können ein Unternehmen seiner natürlichen Kraft berauben. Frei nach Watzlawick könnte man sagen: *Ich kann nicht nicht Unternehmer sein.*

Fehlt hingegen der Manager, dann entsteht falscher Druck an der falschen Stelle.

Fehlt hingegen der Manager oder ein klares Rollenbild für diejenigen, die diese Rolle ausfüllen, dann entsteht falscher Druck an der falschen Stelle. Manche Unternehmen überlassen die Aufgaben des Managers, das heißt die Führung der Mitarbeiter, bewusst oder unbewusst dem Geld. Ein Unternehmen, das die Rolle der Fachkraft – des Spezialisten oder Umsetzers im »Hier und Jetzt« – nicht würdigt, versinkt unter einem Berg von neuen Ideen (des Unternehmers) oder unter der Bürokratie (des Managers). Wenn alle drei Rollen aktiv im Spiel sind, ist das Fundament für ein gutes Gelingen gelegt.

Die FCM-5-Lebensphasen eines Unternehmens sind in ▶ Abb. 1.4 dargestellt.

■   **Gründung**

Fehlende Kommunikation über Geld und Risiko führt oft zu Stress, Konflikten, Misserfolg oder gar zum Scheitern.

Wer bei der Gründung das Thema Geld nur aus betriebswirtschaftlicher Sicht betrachtet, läuft Gefahr, über kurz oder lang an der psychodynamischen Wirkung, die Geld hat, zu scheitern. Fehlende Kommunikation über diese Aspekte von Geld und Risiko, das zeigen auch die Fallbeispiele im nächsten Kapitel, führen in Unternehmen oft zu Stress, Konflikten, Misserfolg oder gar zum Scheitern. Wer das Glück hatte, nach einer ersten schwierigen Erfahrung ein weiteres Unternehmen zu gründen, kann diesen Fehler vermeiden. Noch besser wäre es, wenn Gründer schon in der Gründungsphase mehr bewusste Entscheidungen über Geld und Risiko treffen würden.

- **Wachstum**

Die Interviews haben gezeigt: Ein Unternehmen kann aus eigener Kraft wachsen, ohne Bank und ohne Anreizsysteme – einfach, weil die Menschen im Unternehmen ihrer Rolle und Aufgabe gewachsen sind und einer Idee dienen möchten. Natürliches Wachstum ist nachhaltig, beschleunigtes Wachstum ist in den meisten Fällen unnötiges Risiko.

> **Ein Unternehmen kann aus eigener Kraft wachsen, ohne Bank und ohne Anreizsysteme.**

- **Stabilisierung**

Wer die Bedeutung der Stabilisierungsphase versteht, wird alles daran setzen, die Signale – Umsatz stagniert, geht zurück oder steigt nur leicht – zu erkennen und im Sinne der Stabilisierung richtig zu deuten. Leonard (1998) beschreibt dies eindrucksvoll in »Der lange Atem« als die Phase, in der sich die Spreu vom Weizen trennt. Doch in vielen Unternehmen ist Stabilisierung gar nicht vorgesehen. Sie geschieht, aber sie wird selten erkannt und bewusst gesteuert. Nur wenige Vergütungssysteme berücksichtigen den natürlichen Wechsel zwischen Wachstum, Stabilisierung und Wandel. Unternehmen wie Menschen brauchen auch die Erlaubnis sich zu stabilisieren. Nachhaltig erfolgreich werden Unternehmer, die lernen, das Plateau zu lieben.

> **Unternehmen und Menschen brauchen die Erlaubnis sich zu stabilisieren.**

- **Wandel**

Der Wandel ist auch nach gelungener Wachstums- und Stabilisierungsphase die größte Herausforderung für jedes Unternehmen. Im Wandel kommt es darauf an, ohne den Verlust von Nähe und Kultur zu bestehen. Einst kleine Unternehmen können so über die Zeit zum Industriebetrieb mit Herz wachsen. In dieser Phase findet häufig auch ein Wechsel der verantwortlichen Personen statt. Dem Unternehmer kommt hier die Aufgabe zu, ganz besonders achtsam damit umzugehen, an wen und wie er Verantwortung weiter gibt. Immer spielt Geld eine entscheidende Rolle – meist, weil es knapp wird. Die Projektionen des Unternehmers und der Menschen im Unternehmen auf Geld werden noch einmal besonders offensichtlich.

> **Im Wandel kommt es darauf an, ohne den Verlust von Nähe und Kultur zu bestehen.**

3.2 Finanzentscheidungen unter Unsicherheit

>> Wenn man über Bauchgefühl oder Irrationalität im Umgang mit Geld reflektiert, sieht man sich noch sehr stark als eine Art Exot und hat vielleicht Angst, nicht ganz für voll genommen zu werden. «

Zu diesem Fazit kommt mein Interviewpartner, Herr Urs Wyssli (Name von der Redaktion geändert), in einem anschließenden Telefonat. Schade, dass dieser Gedanke immer noch so stark verbreitet ist.

> **Die Intuition rückt ins Zentrum guter Entscheidungsprozesse.**

Doch allmählich verlässt die Intuition ihr Schattendasein und rückt ins Zentrum guter Entscheidungsprozesse. In dieser Einschätzung waren sich alle Interviewpartner eindrucksvoll und erfreulich einig. Es gilt, mit noch mehr Mut seiner eigenen Entscheidungskraft auf der Basis von Intuition zu trauen, und dies auch bei allen Mitarbeitern zu fördern und zu fordern.

3.3   Finanzielle Risikobereitschaft und Risikokultur

Unternehmerische Risikobereitschaft und finanzielle Risikobereitschaft sind nicht das Gleiche!

Der bewusste Umgang mit Risiko lässt Menschen erwachsen werden und reifen. Ob risikoscheu oder risikofreudig, jeder hat die Aufgabe, mit seinem eigenen und dem Potenzial der anderen bewusst und gesund umzugehen. Nicht bei jeder Entscheidung muss ich volles Risiko gehen, selbst wenn ich grundsätzlich risikobereit bin. Aber Achtung: Unternehmerische Risikobereitschaft und finanzielle Risikobereitschaft sind nicht das Gleiche!

Bei der unternehmerischen Risikobereitschaft ist das Risiko das Risiko der Idee. Die Idee könnte abgelehnt werden, nicht umsetzbar sein oder vom Kunden nicht angenommen werden, das Timing kann nicht stimmen und vieles andere mehr. Die finanzielle Risikobereitschaft, die Bereitschaft Gewinne oder Verluste mit Geld einzugehen und auszuhalten, berührt einen ganz anderen Teil im Menschen, manchmal sogar mehrere ambivalente Themen und Projektionen.

Wer unternehmerisch risikobereit ist, muss noch lange nicht finanziell risikobereit sein und umgekehrt.

Deshalb muss, wer unternehmerisch risikobereit ist, noch lange nicht finanziell risikobereit sein und umgekehrt. Dazu kommt noch die soziale Risikobereitschaft. Dieses Persönlichkeitsmerkmal ist besonders für den Unternehmer und Mitarbeiter im Vertrieb von Bedeutung. Auch sie korreliert nicht zwingend mit der finanziellen Risikobereitschaft.

Eine Unterscheidung der verschiedenen Konzepte ist für das Risikomanagement in Unternehmen dringend nötig. Zumindest für die finanzielle Risikobereitschaft ist eine Orientierung an Vergleichszahlen auch sehr einfach möglich.

3.4   Die Rolle von Geld im Unternehmen

Die psychoaktive Wirkung von Geld in Unternehmen ist für die meisten meiner Gesprächspartner noch neu.

Geld spielt keine Rolle? Doch natürlich, versichern meine Gesprächspartner, aber sie nehmen es mehr in Form von Geldzeichen, als Zahlen auf Scheinen, Preisschildern oder Bankauszügen wahr. Die psychoaktive Wirkung von Geld in Unternehmen ist für die meisten meiner Gesprächspartner noch neu. Wenn diese Wirkung dann doch erkannt und spürbar wird – bei der Einführung von Mitarbeiterbeteiligungen, beim Verkauf des Unternehmens, beim Eintreten des Risikos, über das man so lange gesprochen hat –, dann ist man erstaunt und überrascht. Reaktionen von Mitarbeitern und Kunden werden übersehen oder durch die eigene Brille betrachtet – und fehlinterpretiert.

▪ **Der Unternehmensverkauf**

Wenn das Unternehmen geht – dann kommt das Geld. Spätestens dann stellt sich für den Unternehmer noch einmal mit voller Wucht die Frage: Wer bin ich – mit und ohne Geld? Die Erkenntnis kann überraschen, wie der von mir interviewte ehemaliger Inhaber nach dem Verkauf seines Unternehmens berichtet (▶ Kap. 2):

 » Erhofft hatte ich mir, dass es ein Gefühl von Sicherheit vermitteln wird. Raus aus diesen brennenden Fragen, wie viel Umsatz machen wir heute? Was passiert morgen mit dem Unternehmen? Wie entwickelt sich der Markt? Können wir uns da anpassen, können wir mitgehen? Die Idee war: Raus und jetzt hast du dir sozusagen eine sichere Beamtenpension auf hohem Niveau erarbeitet und kümmerst dich darum überhaupt nicht. Das war die Erwartungshaltung. «

Doch es kam anders:

 » Plötzlich ist diese Erkenntnis da, dass wir unser Geld schützen oder zumindest bewahren müssen. Denn das ist ja unsere Rente. Man bekommt plötzlich Ängste. Ob das über einen langen Zeitraum überhaupt noch möglich ist. Wie alt wird man? Meine Frau kann noch 40 Jahre leben. Wir haben ja keine anderen Geldzuläufe außer unseren Vermögenswerten und dem was wir gegebenenfalls damit machen. Und plötzlich fange ich an, mich zu fragen: Wie wichtig ist mir eigentlich das Geld? (…) Nein, das Geld fängt an, für mich eine Bedeutung zu haben, die es eigentlich nie haben sollte. «

Diese Bedeutung kann Geld nur bekommen, weil es ein Spiegel unserer Persönlichkeit geworden ist. Die Aufgabe, die sich unserem Gesprächspartner wie allen Unternehmern stellt, ist: Die Identität als Unternehmensunternehmer loslassen, vorübergehend zum Finanzunternehmer und dann zum Lebensunternehmer werden. Wenn alles gut geht, bleibt die Liebe – mit und ohne Geld!

Vom Unternehmensunternehmer zum Finanzunternehmer zum Lebensunternehmer

Finanzcoaching für bessere Entscheidungen

© Springer-Verlag Berlin Heidelberg 2017
M. Müller, *Erfolgreich mit Geld und Risiko umgehen*,
DOI 10.1007/978-3-662-53165-5_4

4.1   Was ist Finanzcoaching?

Finanzcoaching ist die individuelle, ergebnisoffene Begleitung (Coaching) von Personen (Coachees) oder einer Gruppe von Personen bei beruflichen, privaten und unternehmerischen Finanzentscheidungen. Im Finanzcoaching entwickelt der Coachee ein besseres Verständnis von sich und seiner persönlichen Beziehung zu Geld, Risiko und Finanzen. Dieses neue Bewusstsein bildet die Grundlage für bessere Entscheidungsfindung und die optimale Umsetzung seiner finanziellen Ziele. Ergebnisse der aktuellen Hirnforschung zeigen, dass sich eingefahrene Denk- und Verhaltensmuster erst durch neue emotionale Erfahrungen verändern (Hüther, 2013; Beld & Marx, 2015). Finanzcoaching bietet einen neutralen, ergebnisoffenen Rahmen, der neue, positive Lernerfahrungen zulässt. Diese gewonnenen Erkenntnisse und Einstellungen zu Geld und Risiko eröffnen dem Coachee eine größere Bandbreite von Handlungsmöglichkeiten. Bewusst wahrgenommen, sind sie der Ausgangspunkt für bessere Entscheidungen.

Beim Finanzcoaching wie auch allgemein beim Coaching gehen beide Partner davon aus, dass der Coachee über das volle natürliche Potenzial zur Lösung seiner finanziellen Probleme verfügt. Das bedeutet, dass er die Antworten auf seine eigenen Fragen unbewusst in sich trägt. Damit er dieses Potenzial für sich nutzen kann, steigert der Coachee seine Selbstbeobachtungs- und -wahrnehmungsfähigkeit (Lehmann & Korotov, 2007). Der Coach unterstützt ihn, und stößt die dazu notwendigen inneren Prozesse an. Der Coachee entdeckt, erkennt und verändert seine Denk- und Verhaltensmuster. Er nimmt die bisher unbewussten Muster wahr, erkennt ihre Wirkung und löst sie wenn nötig auf. Dadurch kann er Informationen und Erfahrungen neu bewerten und bessere finanzielle Entscheidungen treffen. Die Themen des Finanzcoachings, die Ziele, sowie das Tempo des Coachingprozesses bestimmt der Coachee selbst. Der Coach handelt und fragt aus einer neutralen Haltung des „Nicht-Wissens" und aktiviert die Ressourcen des Coachees. Außerdem hilft der Coach dem Coachee über wirkungsvolle Fragestellungen, die zum Coachee passenden Antworten auf seine Fragen oder die Lösung für seine finanziellen Herausforderungen zu entwickeln. Die finanziellen Fragestellungen und Herausforderungen entspringen den unterschiedlichsten Bereichen in Beruf und Privatleben.

Im Finanzcoaching für Unternehmen reflektieren Menschen – Unternehmer, Manager, Fachkräfte – ihren Umgang mit Geld und Risiko. In meinem Coaching habe ich viele Fälle begleitet, in denen die im Buch dargestellten Grundlagen eine Rolle spielten. Die Fallbeispiele, die ich Ihnen hier vorstelle, können Ihnen möglicherweise helfen, eigene brennende Fragen zu entdecken und Projektionen zu erkennen, vielleicht sogar aufzulösen. Doch zuvor möchte ich

Ihnen erklären, wie ich persönlich Finanzcoaching einsetze und gestalte; vor diesem Hintergrund sind die Fallbeispiele verständlicher.

Die Anlässe für das Finanzcoaching sind vielfältig:
- Unternehmensführung:
  - Geld und Risiko bei der Gründung
  - Die Rolle von Geld und das Risiko in Businessplänen analysieren
  - Konflikte wegen Geld in der Geschäftsführung, dem Vorstand, der Unternehmerfamilie und/oder in den Kontrollgremien
  - Die richtigen Personen fürs Unternehmen finden
  - Macht und Leadership
  - Unternehmen im Wandel
  - Nachfolgeplanung
  - Übergang in ein Leben nach dem Leben als Unternehmer
  - Vererben und erben
- Gehaltssystem und Mitarbeiterbeteiligung:
  - Entwicklung und Veränderungen im Gehaltssystem
  - Förderung der betrieblichen Altersvorsorge
  - Einführung einer Mitarbeiterbeteiligung
  - Gründung einer Stiftung
  - Führung und finanzielle Risikobereitschaft
- Honorare, Preise und Budgets:
  - Einführung von honorarbasierter Beratung
  - Preiskalkulation und Kommunikation über Preise
  - Nachhaltiger Umgang mit Projektmitteln
- Anlage, Portfoliomanagement und Handel:
  - Bessere Kommunikation im Anlageausschuss
  - Effizienter entscheiden im (Portfoliomanagement-)Team
  - Stressmanagement im Handelsraum

- **Warum Coaching?**

Im Coaching entwickelt sich die Persönlichkeit der Menschen und damit auch ihre Fähigkeit, in neue Rollen zu schlüpfen. Aus dem veränderten Bewusstsein der Menschen erwachsen neue Lösungen für das Unternehmen als sinnvolle, stimmige Konsequenz. Diese Menschen treffen alleine oder im Team bessere Entscheidungen.

Im Coaching entwickelt sich die Persönlichkeit der Menschen und damit auch ihre Fähigkeit, in neue Rollen zu schlüpfen.

» Coaching ist ein kreativer Prozess, der Denkanstöße gibt und Ideen fördert. Dieser Prozess regt den Coachee an und inspiriert ihn, sein persönliches und berufliches Potenzial zu erkennen und umzusetzen. Coaching basiert auf einer partnerschaftlichen Beziehung zum Kunden. Es erkennt den Kunden als den Experten in seinem Leben, seiner Arbeit und seinem Unternehmen an. Coaching findet unter der Annahme statt, dass jeder Kunde kreativ, einfallsreich und vollständig kompetent ist. (Übersetzt: Definition der International Coach Federation, ICF, 2011)

Es lohnt sich für beide, die eigenen Projektionen auf Geld zu kennen und aufzulösen.

- **Welche Rollen gibt es im Coaching?**

Im Coaching treffen Coach und Coachee (oder Coachees im Falle eines Teamcoachings) aufeinander. In vielen Fällen kommt noch ein Auftraggeber, also ein Vorgesetzter, oder die HR-Abteilung hinzu, der über das Coaching entscheidet.

Eine Klärung der Ziele und des Coachingdesigns stehen am Anfang jedes Coachingprozesses, dazu gehört auch ein bewusster Umgang mit Geld. Das Wichtigste ist zu diesem Zeitpunkt die Trennung zwischen Wert und Preis. Häufig verwechseln sowohl Coach als auch Auftraggeber diese beiden Konzepte. Wenn beide z. B. ihren Selbstwert auf das Geld projiziert haben, beginnt das Unterbewusstsein des einen mit dem Unterbewusstsein des anderen einen unhörbaren, aber spürbaren Dialog. Das führt unweigerlich zu Missverständnissen. Um diese zu vermeiden, lohnt es sich für beide, die eigenen Projektionen auf Geld zu kennen und aufzulösen. Dann werden beide Seiten mit Freude faire Honorare vereinbaren.

- **Was ist Finanzcoaching im Unterschied zu anderen Dienstleistungen?**
- ■■ **Die Abgrenzung zur Finanzberatung**

In der Finanz-, Steuer- und Unternehmensberatung stellen der Berater oder die Beraterin ihre Analysekompetenzen und ihr Wissen zur Verfügung. Der Berater erfragt Informationen, die ihm helfen, einen stimmigen Rat zu erteilen. In der Beratung gibt der Berater dann sein Wissen als Handlungsempfehlung weiter. Der Kunde nimmt dieses Wissen auf und nutzt es als Entscheidungsgrundlage. Finanzberatung ist in Deutschland gesetzlich geregelt. Es werden erlaubnisfreie (Vermögensberatung) und erlaubnispflichtige (Anlageberatung) unterschieden. Beim Finanzcoaching stellt der Coach Fragen, die Denkprozesse beim Coachee anregen. Der Coachee nähert sich einer für ihn passenden Lösung selbstständig. Er erkennt seine Bedürfnisse und Potenziale, beleuchtet verschiedene Lösungsmöglichkeiten und findet die Lösung, mit der er sein Ziel am besten erreicht. Finanzcoaching verhält sich zu Finanzberatung komplementär – beide ergänzen sich.

- ■■ **Die Abgrenzung zu Financial Therapy**

Financial Therapy (FT) ist eine relativ neue, US-amerikanische Variante von Psychotherapie mit dem Fokus finanzielle Gesundheit (Goetz & Gale, 2014). Der ganzheitliche Ansatz integriert kognitive, emotionale, ökonomische und Verhaltensaspekte und betrachtet ihre Auswirkungen auf das finanzielle Wohlergehen und damit auch auf die Lebensqualität. Im Mittelpunkt steht die finanzielle Gesundheit des Klienten. Der Financial Therapist behandelt Menschen, die z. B. aufgrund von Verschuldung traumatisiert sind oder durch Einwirkung Dritter massive Verluste erlitten haben und in der Folge unter Ängsten und Depressionen leiden. Er hilft ihnen ihre Gesundheit wiederzuerlangen und beachtet dabei neben den inter- und intrapersonalen Aspekten von Geld auch die kulturellen Unterschiede. In diesem Zusammenhang ist der Financial Therapist der Psychotherapeut einer Person, die psychotherapeutisch relevante Symptome aufgrund einer speziellen finanziellen Lebenssituation zeigt, und strebt deren Heilung an. Finanzcoaching ist kein psychotherapeutischer Ansatz und geht von einem psychisch gesunden Klienten aus. Das Ziel ist die Aktivierung bereits vorhandener Ressourcen, um bessere finanzielle Entscheidungen zu treffen.

▪▪ Die Abgrenzung zur Vermögensverwaltung

Bei der Vermögensverwaltung werden Anlageentscheidungen von dritten Personen, die als Vermögensverwalter fungieren, getroffen. Es werden also nicht nur Anlagevorschläge erteilt, sondern auch Anlageentscheidungen getroffen und vollzogen. Die Verwaltung des Anlagevermögens von Privatpersonen und Institutionen steht somit im Mittelpunkt, mit dem Ziel das Vermögensportfolio zu optimieren. Die Vermögensverwaltung ist gesetzlich geregelt. Beim Finanzcoaching dagegen trifft der Klient die Entscheidungen selbst.

▪ Coaching zu Geld und Risiko

Sobald also Geld ins Spiel kommt, ist auch beim Coaching alles anders. Die Entscheidungen über Geld und Risiko lösen intensive Gefühle und irrationale Gedanken aus, die einer sachlichen Entscheidung oft im Wege stehen. Das Fachwissen des Beraters allein genügt hier nicht, um den Kunden bei seinen Herausforderungen wirkungsvoll zu begleiten. Die Lösungen bleiben an der Oberfläche und werden im Unternehmen nicht auf breiter Basis, im schlechtesten Fall gar nicht umgesetzt. Wenn die Umsetzung dennoch scheinbar gelingt, trifft man oft noch nach Jahren auf schwelende Konflikte oder inneren Rückzug. Viele Unternehmen geraten dadurch ohne Not an die Grenze ihrer Existenz; sie scheitern, schlingern oder werden aufgekauft.

> Sobald Geld ins Spiel kommt, ist alles anders.

Das kann sich ändern, wenn in Veränderungsprozessen und bei wichtigen Entscheidungen im Unternehmen die Menschen, insbesondere ihre Beziehung zu Geld und Risiko, konsequent berücksichtigt werden. Mehr Unternehmen überleben die Gründung, und bestehende Unternehmen finden Wege, sich nachhaltig zu erneuern.

Das Besondere beim Finanzcoaching ist der Einstieg. Wenn die Coachingthemen, die Fragen zu Geld und Risiko und das Ziel ausgearbeitet und das Honorar vereinbart sind, geht es um die Frage: Was ist Geld und Risiko für Sie, Ihr Team, Ihre Mitarbeiter, Ihr Unternehmen?

Wichtig ist die Wahl des Settings beim Finanzcoaching. Coaching findet häufig im Gespräch unter vier Augen statt, und das Thema Geld – immer noch ein Tabu – legt diese Arbeitsform besonders nahe. Meine Erfahrung zeigt: Die Effizienz eines Einzelcoaching kann gesteigert werden, wenn man diese Arbeit in einer Gruppe tut.

> Die Effizienz eines Einzelcoaching kann gesteigert werden, wenn man diese Arbeit in einer Gruppe tut.

Es gibt zwei Formen: Einzelcoaching in einer offenen Gruppe von Menschen, die sich vorher nicht kannten, und Einzelcoaching in der Gruppe mit Menschen einer Organisation, die in der Gruppe einen Veränderungsprozess gemeinsam angehen möchten. In beiden Fällen lösen diese Coachees in Einzelcoachings in der Gruppe ihre eigenen brennenden Fragen zu Geld. Ich coache also mehrere Menschen einzeln, während andere dabei sind. Kommen die Menschen aus einer Organisation, einem Unternehmen, einem Familienunternehmen, in der Gruppe zusammen, dann arbeiten sie zuerst einzeln an den eigenen und dann erst gemeinsam an den Themen des Unternehmens. Das ist ein sehr wirkungsvoller Prozess.

Wenn in einer Coachinggruppe erst mal das Eis gebrochen ist, entsteht eine Atmosphäre von Intimität und Offenheit.

Warum ist das so effizient? Die Erfahrung zeigt, dass die Reflexion über Geld einen sehr intensiven Prozess des Nachdenkens bei jedem Einzelnen auslöst. Im Einzelcoaching wird immer abwechselnd gesprochen und zugehört. Man nutzt die Zeit nur selten, um ausgedehnt nachzudenken, Erkenntnisse sacken zu lassen, und sie geistig zu drehen und zu wenden. Gerade diese Zeit hat der Coachee in der Gruppe, wenn es um die Themen der anderen Gruppenmitglieder geht. In „meiner eigenen Coaching-Session" bin ich vor allem auf den Coach und mich selbst fokussiert; während der Sessions der anderen bin ich sowohl bei ihren als auch bei meinen Themen. Dabei erhält der Coachee quasi nebenbei durch die Reflexionen der anderen vielfältige Anregungen, die seine Kreativität anstoßen und Fülle schaffen. Wenn in einer Coachinggruppe erst mal das Eis gebrochen ist, entsteht eine Atmosphäre von Intimität und Offenheit, die auch eingefleischte Teams noch überrascht.

So kommt es, dass gerade die Führung eines Unternehmens – das lesen Sie in den Fallbeispielen – in kurzer Zeit ein wertvolles Fundament für die gewünschten Veränderungen erhält. Ein gewisses Maß an Vertrauen zwischen den Personen ist bei unternehmensinternen Prozessen natürlich Voraussetzung für den gemeinsamen Einstieg. Kommt ein Seminar nicht in Frage, kann als Alternative auch ein Einzelcoaching oder die Teilnahme an einer offenen Gruppe außerhalb des Unternehmens ein wertvoller Ansatz sein.

Für den gerade beschriebenen Einstieg habe ich das Seminar „Persönliches Wachstum, Erfolg und Geld" entwickelt. Es baut auf der Grundidee der Projektion und der Projektionsarbeit auf, wie ich sie in meinen Therapie- und Coachingausbildungen und speziell von Peter Koenig lernen durfte. In diesem Seminar erhalten die Teilnehmer einerseits grundlegende Informationen über Geld und Risiko, andererseits haben sie die Möglichkeit, in intensiven Reflexionsprozessen – einzeln und in Gruppenübungen – eigene blinde Flecken zu Geld durch die Unterstützung eines neutralen Coachs aufzulösen.

Im Finanzcoaching, wie ich es verstehe, kommen zwei Faktoren zusammen, die das Tempo der Veränderung erklären:

Finanzcoaching setzt an den Ressourcen der Coachees an.

Erstens – Finanzcoaching setzt an den *Ressourcen der Coachees* an. Im Coachee wird das Bewusstsein für seine Ressourcen aktiviert und sie werden weiterentwickelt. Die Ressourcen, das Wissen, Können und auch Weisheit, sind tief verwurzelt, also schon längst da,

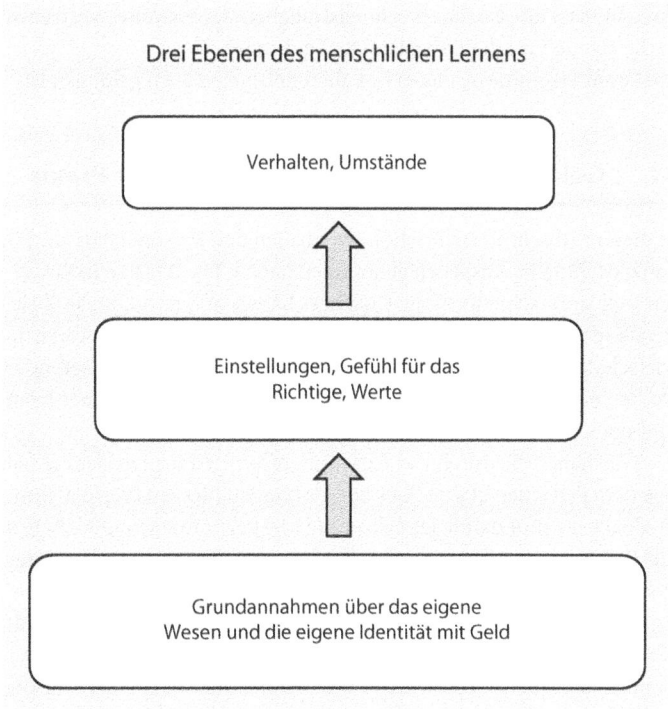

Drei Ebenen des menschlichen Lernens

Verhalten, Umstände

Einstellungen, Gefühl für das Richtige, Werte

Grundannahmen über das eigene Wesen und die eigene Identität mit Geld

◘ **Abb. 4.1**   Drei Ebenen menschlichen Lernens

und können sofort für Lösungsansätze genutzt werden. Auch die vorhandenen blinden Flecken sind Ansatzpunkte für Veränderung. Die Kunst ist es, im richtigen Moment einen Spiegel bereitzuhalten, in dem der Coachee sich sieht. Und das, was er dort wahrnimmt, die Erkenntnis, wirkt sofort.

Zweitens – Mit der Konzentration auf die Themen „Geld und Risiko" als Spiegel für die *Grundannahmen und die zentralen Bedürfnisse* eines Menschen und eines Unternehmens setzt das Finanzcoaching an der effizientesten Ebene menschlichen Lernens an (◘ Abb. 4.1; mod. nach Wikipedia, Stichwort: Organisationskultur 1995, angelehnt an Edgar Schein).

Finanzcoaching setzt an der effizientesten Ebene menschlichen Lernens an.

Meine Erfahrung im Coaching von Menschen, die Entscheidungen über Geld treffen, zeigt: Setzt die Coachingintervention auf den Ebenen von Verhalten oder Einstellungen an, ist die Veränderung möglich, zeigt sich kurzfristig, und verliert dann aber sehr schnell wieder an Kraft. Der Einstieg auf der dritten Ebene – der Ebene der Identität - setzt Vertrauen auf beiden Seiten und ein gutes Maß an Erfahrung beim Coach voraus. Gelingt dieser Einstieg, sind die Ergebnisse tiefgreifender und nachhaltiger. Das Gefühl für das Richtige stellt sich von alleine wieder intuitiv ein, das neue und angemessene Verhalten ist dann einfach eine logische Konsequenz. Was ist die eigene Identität, wer bin ich? Die Aufgabe von Coaching ist es, die Coachees wieder mit diesem vollen Potenzial zu verbinden. Dann ist auch ein übergeordnetes Ziel von Finanzcoaching, so wie ich es verstehe,

Coachees sollen schnellstmöglich wieder volles Vertrauen in die eigene Entscheidungsfähigkeit gewinnen.

erreicht, dass alle Coachees schnellstmöglich wieder volles Vertrauen in die eigene Entscheidungsfähigkeit gewinnen.

Lesen Sie nun, wie das in fast allen Beispielen auch gelungen ist.

4.2   Geld und Risiko – Fallbeispiele aus der Praxis

In diesem Abschnitt stelle ich Ihnen Firmen und Personen vor, die Finanzcoaching in Anspruch genommen haben. Die Anlässe dafür waren sehr unterschiedlich, die Coachees hatten unterschiedliche Ziele, sie standen vor unterschiedlichen Herausforderungen. Sie waren in wirtschaftlichen, unternehmerischen, persönlichen Sackgassen oder wollten einfach noch besser werden. Sie alle wollten aus eigener Kraft und doch nicht alleine einen neuen Weg gehen.

Was haben sie durch das Coaching erreicht? Finanzcoaching hat in jedem Fall einen klaren Blick auf die blinden Flecken eröffnet. Einige Coachees sind damit schnell an ihr Ziel gekommen; andere haben die Richtung und ihren Weg gefunden und sind unterwegs; einige stehen noch am Anfang der Suche.

Manche Geschichten werden Ihnen womöglich bekannt vorkommen. Sie werden sich gut in die Protagonisten einfühlen können. Das ist normal. Andere Geschichten werden Ihnen fremd und merkwürdig erscheinen. Dafür sind die blinden Flecken verantwortlich, die, wie ich schon gezeigt habe, jeder Mensch hat. Doch wir sehen nur die blinden Flecken anderer Menschen ganz klar und fragen uns, wo denn überhaupt das Problem ist. Dann denken wir im Stillen: »Mensch! Der müsste doch nur dieses und jenes tun, und dann wird alles bestens.«

Es gibt viele Wege, den blinden Flecken zu begegnen.

Für unsere eigenen blinden Flecken sind wir hingegen, wie der Name schon sagt, blind. Dadurch verpassen wir so manche Chance. Es gibt viele Wege, den blinden Flecken zu begegnen. Einer davon ist ein Coaching. Ein anderer ist das Lesen von Geschichten, die andere erlebt haben. Diese Geschichten können, wie ich eingangs bereits betont habe, dabei helfen, eigene Projektionen zu erkennen und diese vielleicht sogar aufzulösen.

Ich habe die Unternehmen, Personen und Geschichten so verändert, dass die Betroffenen nicht identifiziert werden können. Die Herausforderung ist jedoch in jedem Fall erhalten geblieben; keine einzige Fallstudie ist in der Sache erfunden.

Der Anfang könnte lauten wie in diesem Musterbrief.

Musterbrief

Sehr geehrter Herr Mustermann,
herzlichen Dank für das Interesse und das Gespräch.
Gerne fasse ich noch einmal meine Gedanken zur Identität eines Unternehmens und den verschiedenen Ebenen der Veränderungen zusammen:
Menschen und Unternehmen können Veränderungen auf drei Ebenen gestalten:

1. Umstände: Verhalten, Systeme, Räume
2. Einstellungen: Gedanken, Glaube, Werte, Überzeugungen, Strategie
3. Identität: Wer bin ich? – bewusste und unbewusste Muster

Die stärkste Kraft in einem Unternehmen ist seine Identität. Sie wird gespeist aus der Quelle/Idee, die dieses Unternehmen gegründet hat und begründet. Klaffen Identität und Verhalten auseinander, entstehen Stress, Verluste, Konflikte und das Unternehmen bringt nicht sein volles Potenzial zum Kunden. Meistens beginnt ein Unternehmen in seiner vollen Kraft (Identität und Handeln stimmen überein). Wenn Geld ins Spiel kommt, ob Vermögen oder Verluste spielt eigentlich keine Rolle, dann beginnen das Unternehmen bzw. seine handelnden Personen vermehrt reine »Geldentscheidungen« zu treffen. Diese Entscheidungen führen dazu, dass das Unternehmen mit der Zeit seine Identität unbewusst verändert, leugnet oder seine ursprüngliche Identität ganz verliert.

Die Nr. 1 beim Kunden kann auf Dauer sein, wer alle Ebenen in Einklang hält. Das ist ein andauernder, spannender Prozess, der wenn möglich von allen Mitarbeitern im Unternehmen gelebt wird. Der größte Hebel besteht darin, sich seiner Identität mit Geld bewusst zu sein. Dabei stellt sich die Frage: Wer bin ich – mit und ohne Geld? Die Beantwortung der Frage, führt zu dem transparenten Umgang mit Risiko und einem klaren Bewusstsein für die psychoaktive Wirkung von Geld in mir, meinem Unternehmen und bei meinen Kunden.

Es würde mich freuen, wenn wir diese Themen als Gesprächsgrundlage für den Austausch mit dem Vorstand Ihres Hauses aufgreifen könnten.

Ich freue mich auf Ihre Rückmeldung.

Viele Grüße aus Wiesbaden,

Monika Müller

> **Die stärkste Kraft in einem Unternehmen ist seine Identität.**

> **Die Nr. 1 beim Kunden kann auf Dauer sein, wer alle Ebenen in Einklang hält.**

4.2.1 Vom Kollektiv zum Unternehmen

Die Strukturen von Unternehmensberatungen, ihre Geschichten und ihre Ziele sind vielgestaltig: Vom Einzelunternehmer bis zum multinationalen Konzern finden wir auf dem Markt alles. Jede Unternehmensberatung hat ihr spezifisches Fachgebiet, ihre Arbeitsweise, ihre Kunden und ihre Herausforderungen.

Die Unternehmensberatung, von der diese Geschichte handelt, hat einen ganzheitlichen Ansatz aus Beratung und Coaching für die Arbeit mit ihren Kunden entwickelt. Die Berater kommen aus verschiedenen Fachgebieten. Neben der Weiterentwicklung des beratenen Unternehmens spielt auch die Weiterentwicklung der mitarbeitenden Partner eine entscheidende Rolle im Konzept: Fachlich und menschlich wird höchstes Niveau angestrebt.

Immer stärkere Konflikte entzündeten sich – nicht nur, aber auch – am Thema Geld.

Die Gründer, von denen einer gleichzeitig als Geschäftsführer fungierte, hatten ein komplexes Lizenzsystem aufgebaut, bei dem die Lizenznehmer gleichzeitig Funktionen im Unternehmen übernahmen und als Unternehmer und Partner tätig waren. In diesem Quasi-Kollektiv von Einzelunternehmern herrschte menschlich eine sehr enge Bindung, gleichzeitig waren die Geldflüsse auch aufgrund des Lizenzsystems sehr verstrickt. Immer stärkere Konflikte entzündeten sich – nicht nur, aber auch – am Thema Geld.

Das ursprüngliche Ziel der Gründer und der Berater der ersten Stunde war, gemeinsam zu arbeiten, damit jedem Einzelnen mehr Gestaltungsraum und mehr Geld zur Verfügung steht. Doch dies schien sich mit der vorhandenen Vergütungsstruktur nicht verwirklichen zu lassen. Man wollte daher das Lizenzsystem optimieren und ein neues, gerechteres Gehaltssystem einführen. Die Hypothese: Die Lösung liegt im Geld! Dass die Gründer auf ihrer Suche nach einer passenden Gehaltsstruktur ausgerechnet in einem meiner Vorträge landeten, war eher Zufall. Für sie war dies jedoch der erste Schritt auf dem Weg zu einer kompletten Neudefinition des Unternehmens und der Zusammenarbeit.

■   **Der bewusste Umgang mit Geld, Macht und Risiko**

Beim Thema Geld lernten sie sich selbst und ihre Kollegen ganz neu kennen.

Der erste Schritt im Coachingprozess war die Teilnahme am FCM-Seminar »Erfolg mit Geld« für die Führungskräfte der Unternehmensberatung. In diesem Seminar geht es darum zu verstehen, wie Geld wirkt und was Geld bedeutet – für jeden Einzelnen und für das Unternehmen als System. Die ersten Erkenntnisse überraschten: Viele kannten einander schon seit Jahren. Doch beim Thema Geld lernten sie sich selbst und ihre Kollegen ganz neu kennen. Trotz der generellen Bereitschaft und der grundsätzlich vorhandenen Fähigkeit, Menschen, Gruppen und Unternehmen ganzheitlich zu betrachten, wurden den Beratern ihre eigenen blinden Flecken mit Geld erst jetzt schmerzhaft bewusst. Bis zu diesem Zeitpunkt war niemandem aufgefallen, dass ihr System z. B. alte Schuldgefühle auf das Geld übertrug. Für andere stand Geld für Grenzen – Grenzen, die man selbst nicht überschreiten darf, und Grenzen, die man ohne es zu merken, anderen setzt. Wieder andere sahen ihren Selbstwert eng an das vorhandene, das wieder verlorene oder eben noch nicht verdiente Geld geknüpft.

Immer wenn Geld in den Raum kommt, bewegt sich etwas in den Menschen.

Das gilt nicht nur für dieses Unternehmen, sondern generell. Im Seminar haben wir die Impulsgeber für diese Bewegungen aufgespürt; es sind Projektionen, unbewusste Bilder von ungelösten Konflikten und unerfüllten Wünschen im Innern, die auf Personen oder Gegenstände im Außen übertragen werden. Es dauerte eine ganze Weile, bis die Teilnehmer auch in der Lage waren, die Projektionen als solche anzunehmen und dann ganz aufzulösen. Als Coach unterstütze ich die Coachees, indem ich als Außenstehende – wie ein Spiegel – die Projektionsmuster reflektierte, die ich wahrgenommen hatte. Den Coachees stand ihr Verstand dabei oft hartnäckig im Weg, denn die zentralen Projektionen wie »Sicherheit« sind immer lang gehegte und oft auch von der Umgebung als »normal« erachtete Denkmuster. In diesem Fall gelang jedoch der Start in einen nachhaltigen Coachingprozess.

Der nächste Schritt: Ich betreute den Führungskreis, der damals aus sechs Personen bestand, zwei Jahre lang als Coach. Wir haben uns in größeren Abständen zu Finanzcoachingtagen getroffen. Einzelcoachings wurden, wenn zwischen den Terminen notwendig, dazugebucht. Von Termin zu Termin konnten wir immer intensiver an den verschiedenen brennenden Fragen zu Geld, Gehalt und Lizenzsystem arbeiten.

Eine wichtige Rolle spielten dabei maßgeschneiderte Coachingübungen mit Geld: Was bedeutet Geld für den Einzelnen im Zusammenhang mit Macht, Unabhängigkeit und Sicherheit? Die Gruppe konnte z. B. in einer Übung erleben, wie es ist, wenn man die Macht hat, Geld willkürlich an alle zu verteilen – oder sich alles zu nehmen. Man konnte sehen, wer zögerte, wer überraschend mutig war und auch, wer kaum die Hand nach dem Geld ausstrecken konnte. Anhand der intensiven Gefühle und der neuen – zuvor undenkbaren – Gedanken, die während des Coachings beim Umgang mit Geld auftraten, konnten die Teilnehmer Schuldgefühle abbauen, ihren Selbstwert stärken und lernen, im Unternehmen klare Grenzen zu setzen. Das Geld gab Antwort auf noch nicht aufgelöste Lebensthemen des Unternehmens und der Unternehmer. Der Geschäftsführung gelang es zunehmend, den Partnern die nötige Selbstverantwortung abzuverlangen.

> **Was bedeutet Geld für den Einzelnen im Zusammenhang mit Macht, Unabhängigkeit und Sicherheit?**

Im Laufe der Zeit standen immer wieder risikoreiche Entscheidungen an. Sie wurden getroffen ohne ein Bewusstsein für die eigene Risikobereitschaft. Das gab Anlass zu dem Vorschlag, ein Profil über die finanzielle Risikobereitschaft des Führungsteams zu erstellen. Das Ergebnis war eindeutig und für alle überraschend: Die gesamte Führungsriege zeigte eine sehr hohe Risikobereitschaft, gemessen an der Vergleichsgruppe des FinaMetrica Riskprofilers (http://www.riskprofiling.com). Jeder war grundsätzlich bereit, viel mehr Risiko einzugehen, als gut und nötig gewesen wäre. Das Ergebnis machte die Führungskräfte wachsamer. Sie entwickelten Maßnahmen, die es ihnen erlaubten, das Risiko bei einzelnen Entscheidungen besser abzuschätzen und nur noch das eben nötige Maß an Risiko einzugehen. Risiko wurde so zu einem wichtigen Thema, das während des Coachings immer wieder zu bedeutenden Veränderungen führte.

> **Das Ergebnis machte die Führungskräfte wachsamer.**

Im Verlauf dieses Prozesses geschah, was beim Coaching häufig passiert: Dinge auf anderen Ebenen begannen sich zu verändern. In diesem Fall war zunächst zu beobachten, dass sich Doppel- und Dreifachrollen auflösten. Wo sich anfangs die Rollen des Unternehmers, des Managers und der Fachkraft in einer Person vereinigten, kam es nun zu einer Entflechtung. Es bildeten sich Unternehmerpersönlichkeiten heraus, die die Unternehmerverantwortung übernehmen und aus dieser Position (auch) über Kennzahlen, Geld, Kredite usw.

> **Risiko wird bewusst zurückgefahren.**

sprechen. Zwölf Monate nach dem Beginn der Zusammenarbeit wurde die Position eines Managers, der führt und kontrolliert, neu besetzt. Daneben gibt es die Fachkräfte, die als Berater und Coaches vor Ort mit den Kunden arbeiten. Eine Person hat durch diesen Prozess schließlich erkannt, dass ihr Platz eben nicht in dieser Konstellation ist, und hat unterdessen ihr eigenes Unternehmen gegründet.

Die Unternehmensberatung hat durch die Auseinandersetzung mit den Projektionen auf Geld und Risiko deutlich mehr gewonnen als nur ein neues Gehaltssystem. Risiko wird bewusst zurückgefahren; Kennzahlen des Unternehmens werden heute auch unter Risikoaspekten analysiert. Gleichzeitig präsentiert sich das Unternehmen am Markt klarer und fokussierter. Auf eine Phase des Schrumpfens folgte eine gesunde Wachstums- und Stabilisierungsphase. Heute folgen alle Dienstleistungen einem Thema, der Marktauftritt ist deutlich und eindeutig, die Kunden fühlen sich ebenso wie die Mitarbeitenden »zu Hause« und zugehörig.

4.2.2   Von Intimität und Autonomie

Warum gründet ein Mensch eine Bank oder ein Finanzdienstleistungsunternehmen (FDL)? Will er gute Beratung oder »gute« Finanzprodukte verkaufen? Kann man wirklich einfach wissen, was für den Kunden gut ist? Noch nie war es schwieriger, aber auch chancenreicher, ein FDL zu gründen als in den letzten Jahren. Zahlreiche Kunden suchen nach neuen Anbietern, denen sie vertrauen können, die objektive Beratung und sichere Lösungen bei stabilem Vermögensaufbau versprechen. Doch gibt es das? Und wenn ja, warum rennen die Kunden diesen FDL nicht die Türe ein? Kann Geld den Kunden sicher machen und sein Leben stabilisieren?

- **Finanzdienstleister binden Menschen stärker, als allen lieb sein kann**

Warum ist Geld so intim? Ob Bank oder »freie, unabhängige« Finanzdienstleiter – wo das Geld im Mittelpunkt steht, ist Schein und Sein eine Frage, die alle Seiten berührt. Warum ist Geld so intim? Und was brauchen Menschen – Berater wie Kunden –, um autonome, vertrauensvolle Partner und nachhaltig erfolgreiche Finanzentscheider zu sein?

Diese Geschichte enthält viele kleine Coachingeinheiten, schon abgeschlossene und längerfristige, noch anhaltende Prozesse. Da die brennenden Fragen zu Geld und Finanzentscheidungen sich bei vielen Finanzdienstleistern ähneln, stehen hier die wesentlichen Fragen meiner Coachees vorab:

- Wie können wir wieder das tun, wofür wir einmal gestartet sind?
- Warum stellt sich keine echte Befriedigung ein, wenn wir ein wichtiges Umsatz- oder Vermögensziel erreichen?
- Wie kann ich als Topführungskraft meinen Vorstand überzeugen, dass gute Beratung die Zukunft ist?

- Wie kann ich mit meinen Kunden über Risiko sprechen, so dass er oder sie es versteht?
- Wie können wir das Vertrauen unserer Kunden wieder gewinnen?
- Wie können wir wirklich finanziell unabhängig werden und gleichzeitig Kunden gut beraten?
- Wie können wir die Leichtigkeit wiedergewinnen, die wir vor der Krise hatten?
- Wie können wir transparent beraten, ohne Angst vor dem Kunden zu haben?

Seit ich als Finanzcoach arbeite, begegnen mir Menschen in der FDL-Branche, die es besser machen möchten. Aber ich höre auch Geschichten von Vertrauensmissbrauch, Verletzungen und traumatischen Erfahrungen mit Geld bei Kunden und Beratern. Und ich bin immer wieder über das Ausmaß und die Tiefe der Geschichten erstaunt. Zum Glück ist Staunen eine gute Voraussetzung für einen Coach. Denn beim Coaching sind nicht das Wissen, sondern Interesse und Neugier Motor, und Erfahrung und Intuition für die Arbeitsqualität ausschlaggebend.

Die Gründer des Finanzdienstleisters in diesem Coachingprozess hatten das Ziel, Menschen Zugang zu guten Finanzprodukten und bester Beratung auch außerhalb von Banken und Versicherungen zu verschaffen. Die Kunden und natürlich auch die Mitarbeiter sollten bald sicher, unabhängig und finanziell frei sein.

Nach einer langen, anstrengenden Gründungsphase stellte sich der Erfolg in Form von Geld ein. Doch mit dem Geld kamen auch die ersten Konflikte. Strategische Entscheidungen mussten getroffen werden. Verträge untereinander wurden plötzlich zum Problem. Erste Verletzungen mit Geld fanden statt. Irgendwann nahm der Stress überhand und immer häufiger blieb der Erfolg aus. Sobald die Finanzprodukte weniger Gewinn abwarfen, kündigten die Partner/Kunden ihre Verträge. Die Performance, so schien es, war das Problem. Die sollte durch das Coaching gesteigert werden.

> Verträge untereinander wurden plötzlich zum Problem.

Als das Coaching begann, war das Managementteam bereit, mit mir in die Geldarbeit einzusteigen. Wie bei fast allen Coachingprozessen zu diesem Thema war meine Bedingung: Wer beim Geld etwas verändern möchte, der muss zuallererst verstehen, was Geld ist, wie es in uns wirkt, und vor allem, welche eigenen blinden Flecken zu Geld ihn oder sie unbewusst steuern. Gesagt, getan. Das Seminar »Erfolg mit Geld« brachte wie immer unglaubliche Geschichten zu Tage, traurige, kraftvolle und stets sehr persönliche. Das Fundament für den Umbau des Unternehmens war auch hier in nur zwei Tagen gelegt. Jetzt konnte die Feinarbeit beginnen. In vielen kleinen Schritten, in Team- und Einzelcoachings begannen die Coachees, individuelle und unternehmensweite Projektionen aufzulösen.

Die wichtigste Projektion des Unternehmens war: Geld macht frei und unabhängig. Bei genauerem Hinsehen war genau diese Rechnung nicht aufgegangen. Mit den Jahren waren tiefe, weit verzweigte

> Mit den Jahren waren tiefe, weit verzweigte Abhängigkeiten entstanden.

Abhängigkeiten entstanden. Geld wurde verliehen – und manchmal nicht zurückgezahlt. Vertrauliche Informationen wurden unter der Hand weitergereicht. Und natürlich hatten sich einzelne Berater auch unbedacht von größeren Kunden abhängig gemacht. Es ging darum, einen wichtigen inneren Veränderungsprozess auf der Ebene der eigenen Identität durch Projektionsrücknahme (▸ Kap. 5) zu meistern: Sich frei und unabhängig fühlen mit und ohne Geld, und gleichzeitig dort, wo es Sinn macht, sich in eine Abhängigkeit – z. B. einem Kunden – zu begeben.

▪ **Ein neues Beratungsmodell als Ergebnis des Coachingprozesses**

Die Mitarbeiter und Partner in unserer Geschichte entwickelten im Lauf des Coachings einen ganz neuen Zugang – erst zu sich, dann zum Kunden. Die Gesprächsstrategie mit dem Kunden veränderte sich. Am Beginn standen jetzt das Risiko und die Risikobereitschaft des Kunden – vorher ein blinder Fleck. Das brachte dem Beratungsprozess ein stabiles Fundament, auf dem eine lebenslange Beziehung zum Kunden aufgebaut werden kann.

Als nächstes kam die Arbeit mit der persönlichen Geldlandkarte des Kunden hinzu. Die Geldlandkarte – Was ist Geld für Sie? – zeigt, was der Kunde emotional mit dem Betrag oder dem Asset, über das entschieden werden soll, verbindet. Bevor es an die nackten Zahlen geht, kann es jetzt vorkommen, dass der Finanzberater für einige Minuten zum Finanzcoach des Kunden wird: Die Kundin hat kurz den Raum, ihre Trauer um den verstorbenen Ehemann zu zeigen, die an das Aktienpaket gebunden war, das er jahrelang betreut hat. Danach ist das Paket frei für neue Entscheidungen. Oder ein Paar erkennt, dass ihm die fehlende Sicherheit (bisher projiziert auf Geld) in der Beziehung immer wieder den nötigen Mut für Entscheidungen über Finanzanlagen entzieht. Dabei kann das »Paar« auch aus zwei Geschäftsführern bestehen. Besonders in der Arbeit mit Unternehmern und Firmenkunden, die für viele hundert Menschen Verantwortung tragen, lohnt es sich, den Fokus auf die Beziehung zu Geld und Risiko zu lenken, bevor die Kredite und Vermögensanlagen aus dem Ruder laufen können.

Aus der ungewollten Abhängigkeit entsteht eine intime Beziehung autonomer Partner.

So beraten, werden auch die Kunden erkennen, dass sie von ihrem Finanzdienstleister das Beste bekommen und profitieren können, wenn beide mit und ohne Geld sicher, frei, mächtig, wertvoll usw. sind. Das ist ein Weg zu mehr honorarbasierter Finanzberatung oder zu offenerem Umgang mit Provisionen. Nur so können die Kunden Schritt für Schritt die Haltung in die Beratung mitbringen, die nötig ist, um zum echten Partner der Bank oder eines Finanzdienstleisters zu werden. Aus der ungewollten Abhängigkeit entsteht dann eine intime Beziehung autonomer Partner.

▪ **Eine neue Marke**

Die Führung des gecoachten Unternehmens hat einen spannenden Prozess erlebt. Nach mehreren Jahren der – ungeplanten – Stagnation leitete sie den notwendigen Wandel auf allen Ebenen ein: Der

Gründer übergab den Stab an einen Nachfolger im Unternehmen. Aus der Jagd nach dem Kunden entstand eine gefühlte Partnerschaft, und bei der Auswahl neuer Geschäftspartner ist man wachsam für die Projektionen der Kandidaten. Das Unternehmen kann sich jetzt wieder auf den Kunden konzentrieren und erlebt Geld – die Performance – jetzt als natürliche Folge guter Finanzdienstleistung. Aus dem Unternehmen wird langsam eine starke Marke.

Der Weg dorthin war eine echte Transformation. Wenn »Geld« oder »mehr Geld« nicht mehr das Ziel meiner Handlungen ist, was ist es dann? Für jeden Einzelnen stand die Frage im Raum: Was will ich wirklich, welches sind meine Lebensziele? Und für alle: Was ist jetzt der Sinn und das Lebensziel unseres Unternehmens? Das Unternehmen schaffte den Schritt zurück zum Ursprung – vom Geldweg zum Lebensweg. An die Stelle von verdeckter Manipulation und Abhängigkeit trat eine kraftvolle, bewusste Bindung zu den Kollegen und den Kunden, die den gemeinsamen Erfolg tatsächlich weiter möglich macht.

Zurück auf den Lebensweg.

Dieser Coachingprozess, wie auch Coachingprozesse mit anderen Klienten aus dem Finanzdienstleistungsbereich, führte zu zahlreichen wichtigen Erkenntnissen:

> **Erkenntnisse**
> 1. Geld und Risiko sind ein Tabu: Sprache, Klarheit und finanz-psychologisches Basiswissen, die eigentlich nötig wären für gute Finanzberatung, fehlen bei vielen handelnden Personen.
> 2. Weil Geld eine Projektionsfläche für unsere innerpsychischen Konflikte ist, berührt jeder Finanzdienstleister automatisch – aber vollkommen unbewusst – die Projektionen seiner Kunden auf Geld. Sowohl für ihn selbst als auch für seine Kunden steht Geld unbewusst für etwas ganz anderes – etwas sehr Persönliches, das häufig eine zentrale Bedeutung im Leben dieses Menschen hat. Das ist die Quelle für viele irrationale Entscheidungen.
> 3. Menschen, die die Angebote eines Finanzdienstleisters in Anspruch nehmen, erwarten vordergründig, dass er ihnen einfach hilft, Geld zu leihen, Geld zu sichern oder zu vermehren. In Wirklichkeit erwartet der Kunde tatsächlich für sein Leben umfassende Sicherheit, Freiheit, Zukunft und vieles mehr. Doch über diese Leistung verhandeln die Geschäftspartner nie offen. Diese Ansprüche und unbewussten Versprechen hinterlassen jedoch ihre Wirkung. Spätestens wenn das Risiko eintritt, kommen sie auf den Tisch.
> 4. Wenn es zu einem Geschäft kommt, verschafft auch ein steigender Geldbetrag dem Kunden nicht die erhoffte Sicherheit. Er will mehr und wird auf diese Weise vom Finanzmarkt und vom Finanzdienstleister abhängig, fast wie ein Junkie von seinem Dealer. Doch er merkt es nicht. Sobald der Betrag auf dem Depotauszug kleiner wird, gerät der Kunde in Zweifel

und manchmal auch in Panik. In jedem Fall verliert er zuerst das Vertrauen in sich selbst, denn unbewusst weiß er: Ich habe mir diesen Berater, diesen Finanzdienstleister selbst ausgesucht. Da man sich selbst misstraut, klammert man sich noch eine Weile an das Vertrauen in den anderen – ein Strohhalm, der nicht vor dem Ertrinken rettet.

5. Diese Abhängigkeit gilt jedoch nicht nur für den Kunden. Das ganze System (Politik, Bank, Finanzdienstleister) beruht auf der Abhängigkeit der handelnden Personen untereinander. Dies spiegelt sich in zahllosen finanziellen Verflechtungen der Akteure. Nur wenn Abhängigkeit bewusst gelebt wird, ist sie gut, jede Beziehung baut darauf.

6. Verdeckte, unbewusste Abhängigkeit – ein Beispiel dafür sind schwarze Konten in anderen Ländern – führt zu Stress und irrationalen Entscheidungen.

7. Selbst bei langjährigen Führungskräften und (hinsichtlich ihrer Verkaufszahlen) erfolgreichen Beratern sind Freiheit und Sicherheit immer in Gefahr. Denn Schein und Sein sind auch über die Jahre nicht zusammengewachsen. Es gilt: Nur wer schon bei Beginn der Verbindung zu Partnern, Kunden oder dem Berater (emotional) finanziell unabhängig und in sich geschützt und sicher war, ist es auch heute noch, mit und ohne Geld.

Welche Schlüsse kann man aus diesen Erkenntnissen ziehen? Und wie kann man diese in adäquates Handeln umsetzen?

Der wichtigste Schritt ist, das Bewusstsein für die eigenen Muster zu erlangen. Ein Blick auf diese Muster erhellt das eigene Tun, als würde man bei einem Auto in der Dunkelheit plötzlich das Licht einschalten. Alles wird geordnet, macht Sinn und man kann mit seinem nächsten Schritt wirklich das Ziel erreichen.

4.2.3 Von Mut und Risiko

In diesem Beispiel ging es um die Herausforderung, wie Portfoliomanager auch unter Druck und Anspannung gut entscheiden können. Die Protagonisten dieser Studie sind acht Männer und eine Frau, Manager internationaler Portfolios bei einer Bank. Das Team ist erfolgreich, doch gemessen an seinen eigenen Ansprüchen nicht erfolgreich genug. »Wir haben alles gemacht und gelernt, was man fachlich machen und lernen kann. Wenn wir besser werden wollen, können wir ›nur noch‹ an uns selbst arbeiten«, lautete die Aussage. Das Team wollte seine Freiräume besser nutzen, Risiko bewusster eingehen und schneller und konsequenter entscheiden.

Der erste Schritt in unserer Zusammenarbeit war ein sogenannter Schattentag, an dem ich das Team als Ganzes und jedes einzelne

Teammitglied kennen lernte, beobachtete und befragte. Ich eruierte, wie und woher das Team Informationen beschaffte, beobachtete die einzelnen Schritte im Investmentprozess und erkundigte mich nach den Regeln. Danach konnte ich ein maßgeschneidertes Vorgehen aus weiteren Assessments, Infoworkshops, Teamcoaching und Einzelcoachings entwickeln.

Jede Einzelmaßnahme war auf das gemeinsame Ziel hin konzipiert. So stand auch bei den 1:1-Coachings die Frage im Mittelpunkt: »Was kann ich beitragen, damit das Team optimal funktioniert?« Aus diesem Blickwinkel erkannten und nutzten wir die individuellen Ressourcen und Potenziale der Portfoliomanager.

Was kann ich beitragen, damit das Team optimal funktioniert?

- **Teammeetings für Individualisten**

Portfoliomanager sind häufig Individualisten mit einer hohen Affinität zur Eigenverantwortung, was ihrer Aufgabe auch gerecht wird. Doch Tatsache ist, dass dieser Job viel Austausch von Information mit sich bringt. Weil man, wie Watzlawick sagt, »nicht nicht kommunizieren« kann, besteht für Portfoliomanager die Herausforderung, die passende Balance zu finden zwischen eigener Meinung und dem konstruktiven Austausch und Feedback im Team. Wie dieses Verhältnis aussieht, wird auch von der Unternehmenskultur des Fondsmanagers, der Pensionskasse oder der Bank mitbestimmt, für die das Team arbeitet.

Meine Arbeit mit diesem Team begann damit, anstelle gelegentlicher Ad-hoc-Sitzungen wieder regelmäßige und klar strukturierte Meetings abzuhalten. Nur dann konnte die Beobachtung der Interaktion Muster zu Tage fördern, die dem Team genaue Rückschlüsse über seine Stärken und Schwächen erlaubten. Ähnlich wie ein Markt auch nur dann »sichtbar« wird, wenn der Portfoliomanager im Wesentlichen immer wieder die gleichen Quellen zur Informationsaufnahme nutzt.

Meine Beobachtungen zeigten schon bald: Damit die Ziele erreicht werden konnten, musste das Team seine Kommunikationskultur verändern. Durch Übung und Selbstbeobachtung stieg die Bereitschaft für klare Regeln für Meetings und Asset-Allocation-Ausschüsse.

Das Team musste seine Kommunikationskultur verändern.

Zwei Interventionen halfen, die Kommunikationskultur zu verbessern. Die erste war die 30-Sekunden-Regel. Jedes Teammitglied durfte also maximal eine halbe Minute pro Beitrag reden. Die Folge: Man muss erst denken, bevor man spricht. Dies war ein entscheidender Schritt zu rasant ansteigendem Informationsfluss bei stets hoher Qualität der Beiträge.

Die zweite Intervention war die Regel, dass jeder Beitrag unmittelbar auf den vorangegangenen Bezug nehmen muss. Damit war der nächste Level von Wachsamkeit bei allen erreicht. Wir stellten noch einige weitere Regeln auf, die das Team gewissenhaft einhielt. Erstaunt kommentierten einige Teammitglieder ihre Erfahrungen: »Wir haben innerhalb von einer Stunde gelernt zu kommunizieren, wie es zuvor in fünf Jahren nicht möglich war.«

Nun ging es darum, diesen recht typischen Erstlerngewinn aufrecht zu erhalten. Anhand von eher einfachen organisatorischen Entscheidungen wurden die neuen Besprechungsregeln und der Entscheidungsweg – Entscheidungen müssen einstimmig getroffen werden – geprobt. Das Team befand z. B. über Maßnahmen, um den Lärmpegel im Raum zu verringern, und kommunizierte diese an andere Kollegen. So erhielt ein Drucker einen neuen, für alle gesünderen Standort. Auch die Besprechungen mit Personen aus anderen Teams, die diese Regeln gar nicht kannten, wurden so in kürzester Zeit effektiver. Jeder Einzelne zählt. Das bedeutet, wenn ich mich diszipliniere, steckt das unbewusst auch andere an.

Die Fähigkeit, Spannung auszuhalten, ist für klare Entscheidungen unabdingbar.

In den Workshops befassten wir uns u. a. mit finanzpsychologischen Aspekten von Entscheidungsprozessen, Risiko und Stress; und in den Teamcoachings arbeiteten wir unmittelbar an den gewählten Zielen. Die Teammitglieder lernten, wie Fakten, Emotionen und Intuition ihre Entscheidungen beeinflussen. Insbesondere ging es darum, die Emotionen, vor allem die steigende Spannung vor einer Entscheidung, wahrzunehmen und anzuerkennen. Die Fähigkeit, diese Spannung auszuhalten, Mut zu fassen und dann das nötige Risiko einzugehen, ist für klare schnelle Entscheidungen unabdingbar.

Das Thema Risiko bekam einen ganz besonderen Stellenwert: Vorübergehend etablierte das Team die Rolle eines TRO, eines Team Risk Officers. Die Rolle wurde rollierend eingenommen. Der TRO sorgte dafür, dass Risikokennzahlen kontinuierlich und zuverlässiger in die Meetings einbezogen wurden. Auch beobachtete er, wie das Team über Risiko kommunizierte und wie es auf steigendes Risiko reagierte. Sein Feedback ersetzte sehr schnell das Erstfeedback vom Coach. Das Team begann, bis zu einem gewissen Grad gemeinsam das Risiko zu managen und zu kontrollieren. Gute Selbstführung ergänzte die Führung.

Wenn es schwierig wird, sind es selten die Ereignisse im Markt, sondern die Szenen auf der inneren Bühne, die den Blick auf klare Entscheidungen verstellen.

Ergänzend zum Teamcoaching fanden die Einzelcoachings immer am gleichen Tag statt. Die Ergebnisse aus dem Hogan Persönlichkeitsassessment (2007, http://www.hoganassessments.com) lieferten objektive und klare Hinweise auf Stärken und Schwächen. Coachings in kleinen, handlichen Zeitfenstern – 20 Minuten für jeden Portfoliomanager – reichten, um wesentliche Anstöße zu geben. Das Spektrum der Themen war groß, doch wir arbeiteten immer zielbezogen: Konzentrationsprobleme in einer bestimmten Phase des Tages, Abgrenzung gegenüber internen Kunden am Telefon, depressive Gedanken in der Scheidungsphase, der Kampf mit einer schweren Erkrankung, das psychische Trauma durch die beschämenden Fragen vor einem großen Plenum von Kunden. Wenn es schwierig wird, sind es selten die Ereignisse im Markt, sondern die Szenen auf der inneren Bühne, die den Blick auf klare Entscheidungen verstellen. Auf den Portfoliomanagern lastete in den letzten 10 Jahren ein enormer Druck, doch wenige haben bewusste Strategien, um damit umzugehen. Allerdings besitzen viele Ressourcen, die es gilt, anzuzapfen und für das mentale Spiel umzuwandeln.

Innerhalb von 6 Monaten war das Ziel erreicht: Das Team hat heute seine eigene Kommunikation im Griff. Die Portfoliomanager kennen ihre Kommunikationsmuster und spüren genau, wenn alte Verhaltensweisen ungewollt die nötige Spannung auflösen. Gleichzeitig besitzen sie Werkzeuge, um solche Muster sofort zu verändern, sie können die Spannung aufrechterhalten und mutig so viel Risiko eingehen, wie für die anstehende Entscheidung nötig ist.

Das Wir-Gefühl ist noch stärker geworden: Jeder kennt seine Rolle und weiß, was vor und nach der Entscheidung zu tun ist. Die Umsetzungsgeschwindigkeit – alleine und im Team – hat sich spürbar erhöht.

> Die Umsetzungsgeschwindigkeit von Entscheidungen hat sich spürbar erhöht.

4.2.4 Vom Start ins eigene Unternehmen

Dass man sich gerade vor und während der Gründung eines Unternehmens intensiv mit Geld befassen muss, habe ich in diesem Buch schon mehrfach thematisiert. Wer ein Unternehmen gründen möchte, egal mit welchem Ziel, egal in welcher Branche, muss über Geld nachdenken und vor allem auch darüber sprechen. Es sind zahllose Entscheidungen zu fällen: von zu Hause aus arbeiten, ein Büro mieten, den alten Computer weiterhin benutzen, einen neuen oder gleich ein komplettes Netzwerk anschaffen, alles alleine stemmen, Mitarbeiter einstellen, Produktionsmittel kaufen oder Kundenadressen, Art und Umfang des Unternehmensauftritts bestimmen und vieles mehr.

Wer seine Projektionen auf Geld nicht kennt, wer seinen eigenen Wert und den Wert seiner Arbeit unabhängig von Geld nicht gründlich überdacht hat, wer sich nicht bewegt oder zu hohe Risiken eingeht, ist schneller vom Markt verschwunden, als ihm lieb ist – meist mit erheblichen Verlusten.

Lesen Sie hier von zwei Unternehmern, die schon ganz zu Beginn ihrer selbstständigen Arbeit mit mir zusammengearbeitet haben. Die beiden Beispiele mögen zeigen, dass auch Finanzcoaching bei maximaler Selbstüberschätzung keine Erfolgsgarantie ist. Der eine Protagonist steht heute auf eigenen Beinen – zwar manchmal noch wacklig, aber sicher bezüglich seiner nächsten Schritte. Der andere hat das »Experiment Unternehmer« wieder aufgegeben.

Vom Wackeln ohne umzufallen

Wer eine Karriere im Finanzwesen anstrebt, hat ganz verschiedene Möglichkeiten – auch hinsichtlich der Auswahl des Arbeitgebers. Und in der Tat ist es ein Unterschied, ob ich mich für die Sparkasse, für eine Privatbank oder einen freien Finanzdienstleister entscheide. Man trifft völlig andere Umfelder, Mentalitäten, unterschiedliche »Produkte« und unterschiedliche Kunden an. In der Regel weisen Mitarbeitende in genossenschaftlich organisierten Banken eine eher geringe Risikobereitschaft auf. Wenn ihr Gehalt überhaupt in einen variablen und einen fixen Anteil gesplittet ist, so ist der Fixanteil überproportional hoch. Mitarbeitende bei Privatbanken haben in der Regel einen moderaten variablen Gehaltsanteil und zeigen oft auch eine mittlere Risikobereitschaft. Freie Finanzdienstleister haben einen hohen Anteil von Risiko beim Einkommen – sie sind in der Rolle eines Unternehmers – und auch die eigene finanzielle Risikobereitschaft ist oftmals überdurchschnittlich hoch.

Unsere Protagonistin in dieser Geschichte spürte schon lange ein unpassendes Korsett: Sie war Vermögensmanagerin bei einer Sparkasse, doch zeigte ihr Risikoprofil deutlich erhöhte Werte. Obwohl sie in ihrem Unternehmen gute Karrierechancen hatte, war ihr Wunsch ein eigenes Unternehmen, in dem sie viele Dinge anders machen wollte und konnte als in der Rolle der Angestellten.

Sie hatte das Seminar »Erfolg mit Geld« schon vor einigen Jahren besucht, und so entschied sie sich, auch bei der Planung ihres eigenen Unternehmens ein Finanzcoaching in Anspruch zu nehmen.

Ein zentrales Thema waren ihre Anforderungen an das Gehaltssystem: Fair und gerecht sollte es sein, und es sollte die Mitarbeiter motivieren, sich für das Unternehmen einzusetzen. Eins war ihr klar: Nicht nur sie hatte viele unbewusste Muster zu Geld, auch ihre zukünftigen Mitarbeiter würden einige Altlasten mitbringen. So stellte sie sich die Frage, wie sie genau vorgehen sollte.

Die finanzielle Risikobereitschaft und das Gehalt sollten zusammenpassen.

Es wurde klar, dass kein Geld der Welt ihr die Aufgabe abnimmt, für ihre Mitarbeiter eine motivierende Umgebung zu schaffen. Was als fair, gerecht, motivierend, ja, sogar als angemessen erlebt wird, hat – wie wir jetzt unzählige Male gelesen haben – mit Geld direkt nichts zu tun. Und Gerechtigkeit? Ist es gerecht, wenn alle die gleiche Gehaltsstruktur haben? Eine aktuelle Studie (Reinhardt, 2011) zeigt deutlich: Die finanzielle Risikobereitschaft und das Gehalt sollten zusammenpassen. Erst dann fühlt sich der Mitarbeiter wohl und wird sein volles Potenzial ausschöpfen. Gerade Finanzdienstleister – aber auch alle anderen Unternehmer – sollten wissen: Finanzielle und soziale Risikobereitschaft müssen bei einem Menschen nicht gleich ausgeprägt sein. Der gute Kontakter, der sich fünfmal einen Korb bei einem potenziellen Kunden abholt (hohe soziale Risikobereitschaft), bis es dann beim sechsten Kunden klappt, muss nicht unbedingt eine ebenso hohe finanzielle Risikobereitschaft haben. Im Extremfall heißt das: Ein moderates Fixgehalt bietet so manchem Mitarbeiter den Rahmen, den er braucht, um genügend Motivation zu spüren und damit sein volles Potenzial beim Kontakt zu Interessenten im Sinne des Unternehmenserfolgs auszuschöpfen.

- **Ein wohlgeplanter, umsichtiger Start**

Für meine Klientin blieb dies nicht nur trockenes Wissen. Es gelang ihr auch, für ihr Unternehmen die richtigen Schlüsse zu ziehen. Wie hat sie das geschafft? Folgende Überlegungen ergaben sich im Coaching:

Wenn der Bonus ausbleibt, dann fühlen sie sich bedroht und verteidigen ihre Sicherheit.

Wenn Arbeitgeber und Mitarbeiter dem Gehaltssystem die Rolle übertragen, fair, gerecht und motivierend zu sein, tappen sie schnell in eine Falle. Sobald nämlich ein natürlicher Abschwung zu

Gehaltskürzungen und dem Wegfall von Boni führt, wird sich zumindest ein Teil der Mitarbeiter unfair, ungerecht und unmotiviert behandelt fühlen oder verhalten. Warum? Sie teilen die Projektionen des Unternehmers nicht. Sie haben ihre eigenen Projektionen – unbewusst: Sie verbinden Geld mit Sicherheit, Macht oder Anerkennung. Wenn der Bonus ausbleibt, dann fühlen sie sich bedroht und verteidigen ihre Sicherheit oder fühlen sich ohnmächtig und abgewertet.

Ein Unternehmen braucht jedoch in knappen wie in prosperierenden Zeiten Menschen, die mit und ohne Geld fair sind, Gerechtigkeit anstreben und sich selbst und den Kollegen motivieren können. Doch viele Unternehmen haben in den letzten Jahren vorschnell dem Geld eine Rolle als Motivator zugewiesen, die echte Führung nicht ersetzen kann. Fairness und eine Annäherung an Gerechtigkeit können Unternehmen nur durch Transparenz, gute Kommunikation und weitgehenden Einbezug der Mitarbeiter in die Entscheidungen über Geld erreichen. Wenn Unternehmer und Mitarbeiter sich ihre Projektionen auf Geld bewusst machen und sie auflösen, dann gehen sie den Königsweg. Ist das nicht möglich, können zumindest der Unternehmer oder die Personalleitung Projektionen und Risikobereitschaft der Mitarbeiter beim Gehaltssystem berücksichtigen, um Überraschungen, Demotivation und Missverständnisse zu vermeiden.

In unserem Fall blieb es spannend und ging – zunächst einmal – nicht reibungslos weiter:

Ein ehemaliger Kollege schlug vor, als Partner ins Unternehmen einzusteigen. Das von ihm eingebrachte Kapital hätte für die junge Firma mit einem Schlag ein sicheres Fundament gebracht. Etliche Geldfragen wären gelöst gewesen, man hätte beruhigt loslegen können. Doch die beim Entscheiden so wichtigen Gefühle ließen sich nicht ignorieren. Die Intuition der Gründerin sagte klar »nein«, sie fand das Angebot sogar (lebens)bedrohlich. Im Coaching deckten wir die Angst vor Abhängigkeit auf. Das Thema ist nicht neu und besonders typisch für Unternehmer. Ihre Stärke ist die Bereitschaft, auf eigenen Füßen zu stehen – ihr blinder Fleck ist, notwendige Abhängigkeiten zu vermeiden oder sie blind einzugehen und sich mit Menschen zu umgeben, die dem Unternehmen schweren Schaden zufügen können.

Die Frage war nicht: Will ich mich abhängig machen? Sondern: Von wem will ich mich abhängig machen? Mit wem will ich eine geschäftliche Partnerschaft eingehen? In diesem Fall konnte die Coachee nach wenigen Minuten die Frage differenzierter beantworten: Mit dem nicht! Doch sie konnte nun angstfrei und mit klarem Bewusstsein nach anderen, geeigneten Kandidaten suchen.

Angstfrei und mit klarem Bewusstsein nach geeigneten Kandidaten suchen.

Das Unternehmen wurde zwar mit geringerer Kapitaldecke, aber dafür mit einem gesunden Selbstbewusstsein gegründet und ist jetzt auf dem Weg zum Wachstum.

Vom Scheitern

Nicht immer ist Erfolg als Angestellter auch schon eine gute Voraussetzung für erfolgreiches Unternehmerdasein. Mein Klient hatte mehrere Jahre im Vertrieb eines großen Finanzdienstleisters gearbeitet. Er war erfolgreich, kreativ, kommunikationsfreudig, und es drängte ihn in die Selbstständigkeit. Er besaß das Fachwissen, das ihn befähigte, Kunden gut zu beraten; sein Beziehungsnetz war groß. Und so bereitete er sich auf seinen großen Start als Unternehmer vor. Die Mietverträge über repräsentative Räumlichkeiten an guter Lage waren schon unterzeichnet; das Konzept, um mit mehreren Gleichgesinnten aufzutreten, stand; das private wie das berufliche Umfeld kannten die Pläne. Mein Klient war voller Stolz und Vorfreude. Nur noch wenige Monate – dann würde es endlich losgehen.

Natürlich waren noch einige Fragen offen. Der angehende Finanzdienstleister merkte, dass ihm beim Thema Geld und Unternehmertum noch Wissen fehlt. Auch seine Frau und die Kinder, an Sicherheit und Luxus gewöhnt, stellten einige kritische Fragen. So kam es, dass er eines Tages in meinem Seminar »Erfolg mit Geld« saß.

- **Wenn die Kommunikation über Geld gleich am Anfang misslingt**

Die Übung in Geldgesprächen fehlt.

Ich erlebte im Gespräch und in den Übungen Dinge, die mir schon häufig bei Finanzdienstleistern aufgefallen waren: Wenn es um Geld geht, fehlen auch den kommunikativsten Beratern die Worte. Natürlich spricht man über die Pläne und Ziele der Kunden, über Vermögen und Renditen, manchmal sogar über Risiko. Doch das Geld des Beraters, insbesondere das Geld, das er für seine Beratung erhält, wird nur selten zum Thema. Geld in der Beziehung zwischen Finanzdienstleister und Kunde ist ein blinder Fleck. Die Übung in Geldgesprächen fehlt.

Als Unternehmer kann man sich dieses Verstummen jedoch nicht leisten: Provisionen, Honorare, Gehälter, Kredite usw. müssen verhandelt werden. Man muss Erwartungen klären, Preise fest- und vor allem durchsetzen, man muss mit Geschäftspartnern und Kunden klare Absprachen treffen, welche Leistungen man für sie erbringt und welchen Preis sie dafür bezahlen.

Ohne es zu merken, verhielt er sich gierig, selbstüberschätzend und unverbindlich.

Mein Coachee zeigte deutlich, dass er in diesem Bereich enormen Handlungsbedarf hatte. Allerdings merkte er selbst es zunächst nicht. Dafür nutzte er die Gelegenheit, seine interaktiven Fähigkeiten, die für seinen Unternehmensstart so wichtig waren, in dem geschützten Rahmen der Seminargruppe zu testen. Durch seine unbewussten Muster blockierte er bei einer Übung den Geldfluss in der gesamten Gruppe. Das Scheitern schob er den anderen am Tisch in die Schuhe. Die Gruppe war erstaunt, der Kandidat berührt, doch in dem Moment unfähig, darüber zu sprechen. Eine Woche nach dem Seminar suchte er noch einmal das Gespräch. Jetzt war es Zeit für direkte

Kommunikation. Ich konfrontierte ihn und erklärte, warum ich mit ihm zum damaligen Zeitpunkt keine Geschäftsbeziehung eingehen würde: Er war noch nicht in der Lage, seine Bedürfnisse offen einzufordern, sich auf Beziehungen einzulassen und dabei anderen klare Grenzen zu setzen. Ohne es zu merken, verhielt er sich gierig, selbstüberschätzend und unverbindlich.

Meine Worte machten Eindruck – doch der Zug in Richtung Geschäftseröffnung war abgefahren und hatte schon so viel Geschwindigkeit aufgenommen, dass er sich nur noch mit einer Notbremsung hätte stoppen lassen. Doch Notbremsungen verursachen Chaos: Umherfliegende Gepäckstücke, möglicherweise verletzte Passagiere, Verspätungen, Durcheinander auf den Geleisen und beim Fahrplan. Im Fall des neuen Unternehmens hätte die Notbremse bedeutet: Mietverträge müssen aufgelöst werden, die Kündigung beim Arbeitgeber ist zurückzunehmen, Aufträge bei Lieferanten wie Werbeagenturen, Druckereien, Webdesignern sind zu stornieren – und vor allem hätte mein Klient Kollegen, Freunde, Ehefrau und Familie über die Verzögerung informieren müssen. Ein Gesichtsverlust, den er nicht in Kauf nehmen wollte.

So entschied sich mein Klient dafür, im fahrenden Zug zu bleiben. Wenige Monate nach dem Seminar wurde das neue Unternehmen feierlich eröffnet. Die Probleme blieben – wie vorhergesehen – nicht aus. Die ersten schwierigen Verhandlungen scheiterten. Der Konkurs folgte schon nach kurzer Zeit. Mein Klient arbeitet heute wieder in seinem angestammten Fachgebiet als äußerst erfolgreicher Vertriebsmann. Der Traum vom eigenen Unternehmen ist noch wach, und die ersten Schritte in einen besseren Start macht er schon wieder – in Gedanken.

> Der Traum vom eigenen Unternehmen ist noch wach.

4.2.5 Liebe, Leistung und Geld verbinden

Die Biografien von Menschen, die sich für die Laufbahn als oder bei einem Finanzdienstleister entscheiden, weisen häufig Gemeinsamkeiten auf, die erschrecken oder Mitgefühl auslösen. Eine schwierige Kindheit, problematische Beziehungen in der Familie, traumatisierende Erlebnisse mit anderen Menschen sind keine Ausnahme. Nicht verwunderlich, dass bei diesen Menschen oft auch die Beziehung zu Geld belastet ist: Aus Erfahrungen mit anderen Menschen entstehen Projektionen. Der Umgang mit Geld wird zum Spiegel der eigenen Beziehungen. Damit macht man sich nicht nur selbst das Leben schwer, sondern in der Rolle des Finanzdienstleisters auch den eigenen Kunden.

Was der Protagonist in dieser Geschichte erlebt hat, ist so oder so ähnlich auch anderen Menschen passiert. Mit Hilfe des Finanzcoachings ist es gelungen, die Projektionen des Protagonisten aufzulösen. Die gesündere Beziehung zu Geld ermöglicht am Ende auch gesündere Beziehungen zu anderen Menschen.

> Der Umgang mit Geld wird zum Spiegel der eigenen Beziehungen.

■ **Wenn Geld in Beziehungen das Steuer übernimmt**

In unserem Fall stand der Protagonist als Achtjähriger plötzlich allein da: Die Mutter starb, es gab keine weiteren Verwandten, das Jugendamt kümmerte sich. Dem Kind wurde nichts erklärt, es fand sich nach kurzer Autofahrt als Adoptivkind bei einer wildfremden Familie wieder. Der dort herrschende Wohlstand schien den Verantwortlichen beim Jugendamt offenbar sicherzustellen, dass der kleine Junge gut versorgt und betreut wurde.

Die Familie versuchte, das Kind mit Geld still zu halten.

Tatsächlich war das Kind wohl eher ein Statussymbol, und seine neuen Eltern hatten ganz eigene Vorstellungen von Erziehung. Gute schulische Leistungen, angemessenes Betragen, Hilfen im Haushalt, ja sogar Zuneigung und später auch sexuelle »Dienste« wurden einfach mit Geld bezahlt. Das Kind wurde in jeder Hinsicht missbraucht und ausgebeutet; die Familie versuchte, das Kind mit Geld still zu halten und sich von der Verantwortung freizukaufen. Das Kind war und blieb einsam, auch wenn ihm »genug« Geld zur Verfügung stand. Äußerlich war von der Einsamkeit nicht viel zu merken: Ein hochintelligenter, sensibler junger Mensch wuchs heran, der Ausbildung und Studium mit Bravour abschloss und auch später, als seine Adoptiveltern ihn enterbten, seinen Weg zielstrebig weiterging. Die Karriere als Finanzdienstleister begann erfolgreich.

Doch die Schlussfolgerung »wenn ich von jemandem Geld bekomme, macht diese Person mich einsam« hatte sich festgesetzt, ohne dass der Mann sich darüber klar war. Partnerbeziehungen scheiterten wieder und wieder am Geld. Und schließlich schienen sich die Ereignisse auch im Beruf zu wiederholen. Vorgesetzte erwarteten unmögliche Leistungen; Kunden erklärten, die erhaltenen Dienstleistungen stimmten nicht mit Erwartungen oder Versprechungen überein, und verweigerten die Zahlung. Er konnte keine Grenzen setzen – der Missbrauch setzte sich fort.

Endlich selbstständig führten die Projektionen meines Klienten zu einem gefährlichen Trugschluss: Er versuchte, sich zu entziehen, indem er für seine Leistungen lächerlich wenig Honorar einforderte. Dass er damit seine Kunden geradezu einlud, ihn auch weiterhin auszunehmen, war ihm nicht klar. Eine ungesund große Bereitschaft, auch in der Missbrauchssituation alles zu tun, um die Bedürfnisse des Kunden zu befriedigen, sowie viel zu niedrige Preise führten den Klienten fast an den Abgrund.

Geld und Missbrauch vermischten sich unbemerkt.

Im Seminar gelang es, die Projektionen Schritt für Schritt aufzulösen. Geld und Liebe waren die Schlüsselthemen. Doch wie sollte er das auflösen können? Sich für eine Beziehung bezahlen zu lassen, war unbewusst fast unmöglich – sogar bei einer professionellen Beziehung. Das merkte der Coachee besonders, als er sich selbstständig machte. Zuvor war der Arbeitgeber der Moderator zwischen Geld und Kunde gewesen, und das Geld für gute Beratungsarbeit konnte in der angestellten Situation leicht fließen. Doch mit der Selbstständigkeit fiel der Vorhang, und Berater und Kunde standen einander direkt, mit dem Geld in der Hand gegenüber. Das löste unbewusst ganz alte

Muster aus. Geld und Missbrauch vermischten sich unbemerkt. Der Berater vereinbarte zwar ein Honorar, vermittelte aber unterschwellig eine Ambivalenz. Die Kunden reagierten darauf, indem viele die Preise drückten. Einer schickte gar die Rechnung, die zu vereinbarten Konditionen ausgestellt war, einfach mit dem Vermerk zurück: »Ich zahle das nicht«.

Erst die innere Erlaubnis, sich mit Geld für eine Dienstleistung, die mit Freude und Liebe geleistet wurde, bezahlen zu lassen, löste den Gordischen Knoten. Damit verlor das Geld die Funktion als Regler für Nähe und Distanz in Beziehungen. Mein Klient übernahm diese Aufgabe fortan selbst. Er kann heute gut einschätzen, was eine faire Bezahlung für seine Leistung ist, und dies auch als Forderung durchsetzen. Liebe, Leistung und Geld – diese Verbindung bewusst zu leben, das bedeutet für ihn: Ein wichtiger Meilenstein seiner persönlichen Entwicklung ist erreicht.

> Liebe, Leistung und Geld auf gute Weise verbinden.

4.2.6   Vom richtigen Platz im Leben

Was für eine Verlockung! Die Fesseln des langweiligen Berufs abstreifen, das Ersparte investieren, mit Aktien und Wertpapieren handeln, mit den Gewinnen den Lebensunterhalt bestreiten und das Vermögen vermehren. Mit Internet und Telefon ist dieser Schritt viel einfacher als früher: Mit ein paar Mausklicks wird gekauft und verkauft, Kursverläufe lassen sich auf Knopfdruck verfolgen, die Performance verschiedener Papiere lässt sich einfach darstellen und vergleichen, und die Informationen über Markt und Marktteilnehmer sind für jeden ganz schnell und einfach zu haben.

- **Trading als Prozess der Selbsterfahrung**
Kein Wunder, dass mehr Menschen als noch vor 15 oder 20 Jahren an irgendeinem Punkt ihres Lebens zum Trading kommen. Für manche ist und bleibt das Trading ein Spiel, andere betreiben es als Nebenberuf, doch etliche haben zumindest die Absicht, das Traden zu ihrem Hauptberuf zu machen. Von dieser dritten Gruppe bleiben wiederum wenige am Ball. Die Mehrheit beginnt euphorisch, »verbrennt« viel Geld und hört nach geraumer Zeit mehr oder minder frustriert wieder auf.

Diejenigen, die dabei bleiben, lassen sich ebenfalls wieder unterscheiden: Da gibt es Trader, die Spaß an ihrer neuen Tätigkeit haben, und solche, die (auch) diese Tätigkeit mit viel Unlust ausüben, jedoch einfach hängen bleiben – so, wie sie schon bei anderen Dingen im Leben hängen geblieben sind.

Tatsächlich bietet das Trading nicht nur die Möglichkeit, Geld zu verdienen, sondern man wird auch viel über sich selbst lernen – ob man will oder nicht!

Die drei Klienten, über die ich jetzt berichte, sind aus unterschiedlichen Gründen zum Trading gekommen und haben es durch den

Coachingprozess geschafft, das Lernpotenzial des Handels an der Börse für ihre persönliche Entwicklung zu nutzen. Sie sind erfolgreicher beim Trading, fanden zurück zu ihren Wurzel und – ganz besonders wichtig: Sie führen jetzt ein Leben mit Freude an sich und an dem, was sie tun.

Gründen ist nicht schwer, leiten umso mehr

Da ist zunächst der Kleinunternehmer, der Anfang des Jahrtausends sein Unternehmen verkaufte, um sich ganz dem Aktienhandel widmen zu können. Er fühlte sich befreit von der Verantwortung für das Unternehmen und seine Mitarbeiter, doch die erhoffte Befriedigung stellte sich bei der neuen Tätigkeit nicht ein. Er klebte am PC, beobachtete Kursentwicklungen, kaufte, verkaufte … und fühlte sich auch in dieser Rolle bald gestresst.

Was war geschehen? Wie so oft, wenn jemand etwas Neues beginnt, gab es Anfangserfolge. Die Freude über das leicht verdiente Geld verflog schnell, die spannenden Gespräche über Märkte und Trades verloren ihren Reiz. Stattdessen musste unser Trader bald erkennen: wie gewonnen, so zerronnen. Die Idee, mit Trading einen aufwändigen Lebensstandard zu halten, ließ sich nicht verwirklichen.

Er befand sich in einem Dauerverlust-Szenario. Und das noch nicht einmal, weil er keine Gewinne machte, sondern weil er sich viel mehr erhofft hatte. Als er sich eingestehen musste, dass Trading ein knochenharter Job sein kann, schien es ihm zu spät zum Ausstieg. Er fühlte sich in einer Sackgasse.

Auch im Coaching blieb er zunächst in der Falle stecken. Er mochte sich nicht eingestehen, dass etwas ganz falsch läuft. Das Gesicht verlieren vor Frau und Freunden? Nein, dazu war der Schmerz noch nicht groß genug. Das erste Jahr unseres Coachings stand also im Zeichen der mentalen Arbeit. Entscheidungsmuster analysieren, Denkmuster verändern, lockerer werden. Das war das Vorspiel für eine tiefergehende Wandlung. In einigen Gesprächen konnte der Coachee entdecken, dass er immer seltener das tat, was er wirklich wollte. Das Trading hatte ihn vom Markt und damit vom Platz vor dem Bildschirm abhängig gemacht. Pausen standen nicht auf dem Tagesplan. Das Leben genießen – schon lange nicht mehr. Ehefrau und Kinder wahrnehmen? Fehlanzeige. Die Familienkrise baute sich langsam im Untergrund auf. Seine Tage erlebte er immer eintöniger. Mein hochintelligenter Kunde war in seinem geistigen Potenzial total unterfordert – auch das ist Stress.

Doch im tiefsten Inneren erinnerte er sich noch an das, was ihm im Leben Spaß machen konnte: Bewegung, Begegnung mit Menschen, Anerkennung. Er begriff, dass er sich zwar finanzielle Freiheit erhoffte durch das Trading, dafür aber tagtäglich auf diese Freiheit verzichtete. Wirklich frei sein hieß aber doch, frei sein mit und ohne Geld. Er setzte sich Ziele und begann, seinen neuen Wochenplan umzusetzen: Tennis, Englischkurs, Treffen unter Unternehmern. Der erste Schritt

Die Idee, mit Trading einen aufwändigen Lebensstandard zu halten, ließ sich nicht verwirklichen.

Denkmuster verändern, lockerer werden. Das war das Vorspiel für eine tiefergehende Wandlung.

war gemacht. Die Botschaft an das Unterbewusstsein – vielleicht auch an den eigenen Vater – lautete: Ich genieße mit und ohne Geld!

Es zog ihn wieder zu anderen Menschen, und er schaffte es, diesen Weg langsam, Schritt für Schritt weiterzugehen. Auf dem Tennisplatz begann er, Kontakte zu knüpfen, zeigte sich wieder bei Veranstaltungen und hielt vor kleinem, ausgewähltem Publikum Vorträge, z. B. über sein Leben als Trader. Alles schien sich zu verbessern.

Alles schien sich zu verbessern.

Dann der Rückschlag: Seine Frau hatte einen Freund und kündigte an, in wenigen Tagen auszuziehen. Damit ließ sich eine wichtige Fassade nicht mehr aufrechterhalten. Die Not war groß, und damit wuchs die Bereitschaft, tiefer in sich hineinzuhören. Was hielt ihn eigentlich davon ab, ein lebensfroher Mensch und Partner für Frau und Kinder zu sein?

Mein Klient nahm kurz darauf am Seminar »Erfolg mit Geld« teil und nutzte die Gruppe als Anregung und gleichzeitig als einen geschützten Rahmen, um die Rolle von Geld in seinem Leben zu reflektieren. Dass es eine Verbindung gibt zwischen Geld, Liebe und Abhängigkeit war, hatte er in seinen bisherigen Überlegungen nicht auf dem Schirm gehabt. Im Gegenteil, das Bedürfnis, von allen Menschen in seiner direkten Umgebung geliebt zu werden – mit und ohne Geld – war ihm entgangen. Stattdessen hieß das Motto: Ich bin der treusorgende Ehemann und verdiene für meine Familie Geld. Dafür darf ich auch dauerhaft Liebe erwarten. Geld als Ersatz für kommunizierte Zuneigung und Liebe, wer kennt keine Familie, in der das gelebt wird? Das Muster ist so typisch, dass auch junge Paare es nur selten hinterfragen.

Geld als Ersatz für kommunizierte Zuneigung und Liebe, wer kennt keine Familie, in der das gelebt wird?

Das Gespräch mit der Ehefrau zeigte überraschend schnell, dass die Ehe noch nicht ganz am Ende war. Wenige Monate später war die Verbindung wieder lebendig wie früher. Und noch etwas passierte: Die Gespräche mit anderen Unternehmern regten meinen Coachee an, mehr tun zu wollen, als den ganzen Tag vor dem Bildschirm zu sitzen. Er nutze die Gunst der Stunde, als sein altes Unternehmen den Chef wieder brauchte.

Wir analysierten, was damals vor seinem Ausscheiden schief gelaufen war. Und wir erkannten, dass er zwar eine exzellente Fachkraft, aber kein richtiger Unternehmer gewesen war. Den Sprung vom Gründer zum Unternehmer hatte er nie richtig vollzogen. Die Unterscheidung der Rollen – Unternehmer, Manager, Fachkraft – gab ihm ein gutes Modell, seinen Wiedereinstieg sorgsam zu planen. Es gelang ihm schnell, sein Potenzial als Unternehmer wieder zu spüren. Er hatte auch eine Vision für sein Unternehmen. Die war nur ein wenig verschüttet unter den alltäglichen kleinen und großen Aufgaben.

Vom Gründer zum Unternehmer

Inzwischen hat er sein altes Unternehmen zurückgekauft, hält das Ruder fest in der Hand und ist in seiner Unternehmerrolle glücklich.

Sie fragen, ob er noch tradet? Ja, von Zeit zu Zeit, um zu spüren, ob seine Entscheidung die richtige war. Doch im letzten Coaching erwähnte er beiläufig, dass seine Firma den Tradingraum jetzt brauche: Sie wächst!

Trading als Endstation oder Platz für Heilung?

In diesem Fall treffen Coaching und Psychotherapie aufeinander. Und obwohl meine Rolle bei diesem Kunden immer klar die des Coachs blieb, war es doch hilfreich, als Psychotherapeutin ausgebildet zu sein und jahrelange Erfahrung mitzubringen.

Für diesen Kunden begann das Geldseminar lange vor dem eigentlichen Termin. Ich saß im Taxi vom Flughafen in die Stadt. Da rief er an und fragte, was das Seminar koste. Wie immer beschrieb ich die Formel zur Berechnung seiner individuellen Investition. – Schweigen am anderen Ende der Leitung; da überlegte jemand, was er noch fragen könne. Dann die Frage: Ob das Seminar auch wirklich für Trader geeignet sei, wo es doch mehr um Ein- und Ausstiege als um Geld gehe. Er als Trader komme nicht in den Markt, und wenn er doch einmal drin sei, komme er nicht rechtzeitig heraus. Ich merkte sein Zögern, er suchte nach Halt und nach positiver Bestärkung. Wir blieben in Kontakt. Ich bekam Einblick in sein gewaltiges Päckchen an Lebensthemen, und mein Anrufer kam zum nächsten Seminar.

Wohin mit den Aggressionen und der Suche nach Anerkennung?

Dort erkannte er, was eigentlich passierte, wenn er in den Markt geht: Er versucht, seinen Eltern zu beweisen, dass er in der Lage ist, sein Leben zu meistern. Denn für diese Eltern war er als Baby nicht erwünscht, sie haben ihn nicht willkommen geheißen. Ganz im Gegenteil: Er musste im Schweinestall schlafen und durfte nicht mit am Tisch sitzen. Ein Berg von Aggressionen, die er nie in den Kontakt brachte aus Angst vor dem kompletten Beziehungsabbruch durch die Eltern, baute sich auf. Seine Hoffnung, doch noch einmal die Anerkennung seiner Eltern zu bekommen, überwog. Doch wohin mit den Aggressionen und der Suche nach Anerkennung?

Im eigentlichen Berufsumfeld und in der Familie wollte er keinen Schaden anrichten, da kam das Trading als »Lösung« ins Spiel. Mit dem Trading schuf er sich einen Rahmen, in dem das alte Drama immer wieder ablief: Anstrengung, Anfangserfolg, narzisstische Täuschung, keine Bestätigung, Wertlosigkeit, Absturz und unbändige Aggression, die der PC zu spüren und die Umgebung manchmal durch die Tür zu hören bekamen.

Auch negative Projektionen auf Geld beinhalten Ressourcen, die wir fürs Leben brauchen.

Er kam ins Seminar und ließ sich den Spiegel vorhalten. Und er begriff, dass er Geld und das Trading als Projektionsfläche für Ängste und Aggressionen benutze, die an anderer Stelle entstanden waren. Der erste Schritt war geschafft. Negative Projektionen auf Geld beinhalten Ressourcen, die wir fürs Leben brauchen. Dazu gehören auch Aggression und Angst im richtigen Moment. Liebe kommt nicht vom Geld, sondern den Menschen, die unsere Liebe verdienen. Wer das Geld mehr liebt als sich selbst, der scheitert beim Trading unweigerlich. Nur eine gesunde Balance aus Liebe und Aggression macht uns überlebensfähig, im Job, in der Familie und beim Trading.

Mein Coachee kämpft noch. Seine Geschichte lässt sich nicht in zwei Tagen überwinden, deshalb kommt er in großen Abständen ins Coaching, hat eine Psychotherapie in seinem Heimatort begonnen und weiß, wenn er in den Tradingraum geht, dann erwartet ihn seine

Familie. Er lernt, ihr bewusst zu begegnen, und die Verwechslung zwischen Markt und Mutter löst sich jetzt langsam auf.

Eine Spinne zeigt den Weg aus der Tradingfalle

Für den dritten Coachee in dieser Reihe, eine private Traderin, erwies sich der Handel mit Aktien und Wertpapieren gar als Spiegel für den Verlauf ihres ganzen Lebens. Während sie beim Papertrading, also dem Trockentraining ohne Geld, stets erfolgreich war, konnte sie diese Erfolge nicht erreichen, wenn wirklich Geld im Spiel war.

Im Coachingprozess kamen wir ersten wichtigen Themen auf die Spur: Trading bedeutet loslassen. In dem Moment, wo sie das Geld investiert, ist es erst einmal weg. Ob es zurückkommt, ist nicht gesagt. Was geschieht, liegt nur begrenzt im Einflussbereich des Traders. Sie sitzt derweil jedoch vor dem PC wie das Kaninchen vor der Schlange, unfähig, sich zu rühren, unfähig, die Dinge zu tun, die ihr am Herzen liegen. Diese Klientin konnte in ihrem Leben viele Situationen ausmachen, in denen es ihr ähnlich ging. Das betraf vor allem Partnerschaften: Einem Partner den Freiraum zu lassen, den er beanspruchte, war ihr kaum möglich. Jeder Abschied warf in ihr die Frage auf: Würde er wiederkommen?

Ein weiteres Thema war die Entscheidungsschwäche. Auf die Frage, ob ihr ein Bild für ihre Situation beim Trading auf dem Papier und am Bildschirm einfalle, kam die Antwort überraschend spontan. Sie sah eine Spinne, die in eine leere Badewanne gerutscht ist und nun wieder und wieder versucht, die steile Seitenwand hinaufzulaufen. Wenn sie es endlich geschafft hat, droht neues Ungemach. Sie muss sich entscheiden, auf der anderen, ebenso steilen Seite mutig hinunterzulaufen, um dann ihren Weg fortzusetzen.

Meine Klientin traf die Erkenntnis wie ein Blitz. Sie – und nur sie allein – ist für ihre Entscheidung verantwortlich: Will sie sich zurückfallen lassen in die unangenehme, aber bekannte Situation? Oder will sie den Badewannenrand verlassen und so, wie sie es plötzlich sonnenklar bei der Spinne vor sich gesehen hatte, endlich schnurstracks dorthin gehen, wo sie hingehört: in die Natur?

Warum weiß die Spinne, wo sie hingehört? Und warum verlassen wir unseren Lebensweg so oft und landen auf dem Geldweg?

Die Metapher der Spinne öffnete meiner Coachee eine Tür, die sie vor vielen Jahren zugeschlagen und fest verschlossen hatte. Das Coaching dauert an, sie sucht noch nach dem Platz wo sie hingehört, aber der Weg ist schon klarer. Sie weiß jetzt, dass sie immer bewusst entscheiden kann: Will ich zurück in die Badewanne oder den Badewannenrand runter, über den Boden, durch den Schlitz unter der Tür – dorthin, wo ich hingehöre? Klarheit und Mut der Spinne sind jetzt zu ihrer Metapher geworden, fürs Trading und im Leben.

Trading bedeutet loslassen.

Das Workbook zum Selbstcoaching

Mehr über sich, Geld und Risiko erfahren

© Springer-Verlag Berlin Heidelberg 2017
M. Müller, *Erfolgreich mit Geld und Risiko umgehen,*
DOI 10.1007/978-3-662-53165-5_5

Das Workbook ist eine Sammlung der wichtigsten Fragen aus dem gesamten Buch, die Ihnen hier gebündelt und ergänzt noch einmal zur Verfügung gestellt werden. Als Unternehmer, Manager oder Fachkraft können Ihnen diese Fragen als Selbstcoachingprogramm dienen. Berater oder Coaches lade ich ein, passend zu den Fragestellungen Ihrer Kunden einzelne Aspekte auszuwählen. Wir, das Buch und seine Experten, freuen uns darauf – als Quelle für Ihre Aktivitäten – genannt zu werden.

5.1 Unternehmen, Geld und Risiko

5.1.1 Die Rollen in Ihrem Unternehmen

- **Die Quelle**

Wer ist die Quelle im Sinne von Peter Koenig (▶ Kap. 1) in Ihrem Unternehmen?

_____

_____

_____

- **Ihre Rolle heute**

Welche Rolle nehmen Sie in Ihrem Unternehmen ein (▶ Kap. 1)? Sind Sie der Unternehmer, die Unternehmerin, sind Sie Manager oder Managerin oder sind Sie Fachkraft?

_____

_____

_____

Nehmen Sie diese Rolle voller Überzeugung ein? Wenn ja, was trägt dazu bei?

_____

Wenn nein, was hält Sie davon ab, Ihre Rolle mit voller Überzeugung auszufüllen oder in eine andere Rolle zu wechseln, die Ihnen mehr entspricht?

_____

_____

_____

- **Die Rollenverteilung in Ihrem Unternehmen**

Wer übernimmt die anderen Rollen? Ist die Verteilung der Rollen in Ihrem Unternehmen klar?

_____

_____

_____

_____

Dieses Kapitel finden Sie als Workbook zum Download auf
▶ http://extras.springer.com.

■ **Ihr Nachfolger**

Die grundlegende Aufgabe des Unternehmers ist es, bleibende Werte zu schaffen. Der Unternehmer braucht einen Nachfolger. Schon früh sollten Sie sich mit dem Gedanken befassen: Wer könnte mein Nachfolger bzw. meine Nachfolgerin werden? Wenn Sie diese Person noch nicht kennen, versuchen Sie eine Beschreibung aus der Phantasie:

_____

Was verändert sich in Ihrem Alltag, wenn Sie sich auf Ihren Nachfolger konzentrieren?

_____
_____
_____

5.1.2 Entwicklungsphasen, Geld und Risiko

■ **Gründung und Geld**

Welche Personen waren an der Gründung Ihres Unternehmens mit Geld beteiligt (Bank, Partner, Familie, Investoren)?

_____
_____
_____

Wie ist Ihre Beziehung zu diesen Personen heute? Welche Rolle spielt das Geld?

_____
_____
_____

Welche Herausforderungen begegnen Ihnen in der Beziehung zu diesen Personen heute?

_____
_____
_____

■ **Vom Lebensweg zum Geldweg – die erste Falle mit Geld**

Ein Unternehmer startet sein Unternehmen mit einer Idee, einer Vision. Im Laufe der Entwicklung wächst das Unternehmen, die Mitarbeiterzahl und die Ausgaben steigen. Jetzt verhandelt er mit einem neuen Kunden. Dieser verlangt von ihm Produkte oder Dienstleistungen, die das Unternehmen eigentlich gar nicht erbringen kann. Der Unternehmer will das Geschäft nicht annehmen, er fühlt sich unwohl, er riecht Gefahr. Sein Verstand sagt ihm aber, dass er den neuen Mitarbeiter vielleicht nicht halten kann, wenn er das Geschäft verliert. Was tut er?

Auch wenn Sie diese Situation noch nicht erlebt haben – was würden Sie tun? Wenn Sie schon einmal in dieser Situation waren – erinnern Sie sich an damals. Welche Gedanken und Gefühle kamen auf? Wie haben Sie den inneren Dialog gemeistert? Welche Lösung haben Sie gefunden? Welche Rolle spielte Geld für Sie in der Situation?

_____

_____

_____

- **Heutige Entwicklungsphase Ihres Unternehmens**

FCM-5-Phasen der Unternehmensentwicklung: Idee – Gründung – Wachstum – Stabilisierung – Wandel: In welcher Phase/welchen Phasen befindet sich Ihr Unternehmen aktuell? Welche charakteristischen Beobachtungen können Sie festhalten? Welche Fragen zu Ihrem Unternehmen bewegen Sie derzeit am stärksten? Was sagen Außenstehende?

_____

_____

_____

- **Risiko in Ihrem Unternehmen**

Wie wird in Ihrem Unternehmen Risiko definiert?

_____

_____

_____

Wie nehmen Sie und Ihre Mitarbeiter Risiko wahr?

_____

_____

_____

- **Gehaltssystem, Mitarbeiterbeteiligung und Honorare**
Für Unternehmer, Manager und Fachkräfte:

Welches Gehalts- und Mitarbeiterbeteiligungssystem hat Ihr Unternehmen gewählt?

_____

_____

_____

Wie wird das Risiko, das Ihr Unternehmen mit seinem Gehaltssystem eingegangen ist (und jedes Gehaltssystem birgt Risiken!), mit allen Entscheidern und Mitarbeitern diskutiert?

_____

_____

_____

Für Coaches, Berater und andere Dienstleister:

Kennen Sie das Gehaltssystem des Unternehmens, mit dem Sie gerade arbeiten? Welchen Einfluss hat es auf das Coaching oder Ihre Beratung? Wie reflektiert sich Ihr Honorarmodell in diesem Gehaltssystem? Sind Sie als langjähriger Partner Ihres Kunden in das System sogar eingebunden?

_____

_____

_____

5.2 Ihre Beziehung zu Risiko

- **Risiko und Risikobereitschaft**

Sie haben in den vorangegangenen Kapiteln viel über Risiko und Risikobereitschaft gelesen. Nun können Sie Ihre Gedanken dazu noch einmal sammeln. Beginnen Sie mit Ihrer persönlichen Definition von Risiko.

Was ist Risiko für Sie?

_____

_____

_____

Analysieren Sie Ihre Definition nach mindestens zwei Merkmalen:

Die Einflussnahme:
1. Ist Ihre Definition geprägt von der Überzeugung: »Risiko ist Schicksal, ich kann nichts tun.«?
2. Ist Ihre Definition geprägt von dem Gedanken: »Risiko ist ein Wagnis, bei dem ich die Klippen umschiffen muss, so gut es geht.«?

Die Ausprägung:
1. Einseitige Definition – Risiko ist Schaden oder Gefahr
2. Zweiseitige Definition – Risiko ist die Abweichung von einem erwarteten Ergebnis nach oben und unten (Gewinn und Verlust)

Keine Definition ist per se richtig oder falsch, gut oder schlecht. Schwierig wird es, wenn wir uns der unterschiedlichen Definitionen, ihrer Passung zur Situation oder der Auswirkung auf Entscheidungen nicht ausreichend bewusst sind.

- **Finanzielle Risikobereitschaft**

Die finanzielle Risikobereitschaft ist ein Persönlichkeitsmerkmal. Sie ist wie andere Persönlichkeitsmerkmale, z. B. Introversion oder Extraversion, im Erwachsenenalter relativ stabil, solange keine extremen Lebensereignisse eintreten. Durch die Reflexion und Auflösung Ihrer Projektionen auf Geld kann sich auch Ihre Risikobereitschaft ändern, sie muss es aber nicht. Wichtig für Ihre Entscheidungen, alleine oder im Team, ist es, die eigene finanzielle Risikobereitschaft und die der anderen genau zu kennen. Dann können Sie das Risiko einer Entscheidung bewusst unter Einbezug Ihrer persönlichen Neigung wahrnehmen, einschätzen und eingehen. Das Wissen um die Risikobereitschaft aller handelnden Personen im Unternehmen trägt zu verantwortungsvollen, nachhaltigen Entscheidungen bei.

Wann lohnt es sich besonders, die eigene finanzielle Risikobereitschaft zu kennen?

- Sie gründen eine Firma und wollen frühzeitig Missverständnisse im Team vermeiden.
- Sie übernehmen eine neue Firma, und Sie wollen besser einschätzen können, welche Risikobereitschaft(en) in den beiden Risikokulturen aufeinandertreffen.
- Sie führen ein neues Gehaltssystem ein und wollen die finanzielle Risikobereitschaft Ihrer Mitarbeiter dabei berücksichtigen.
- Sie stehen vor einer wichtigen Entscheidung im Unternehmen und wollen sicher sein, dass alle Führungskräfte das Risiko dieser Entscheidung mental und emotional bis zum Ende mittragen können.
- Sie wollen bei der Personalauswahl die finanzielle Risikobereitschaft Ihrer Kandidaten besser einschätzen können.
- Sie sind Berater oder Coach und wollen als Berater ein weitgehend neutrales, fachliches Urteil geben oder als Coach Ihre Fragen möglichst aus einer geklärten, neutralen Haltung stellen können.

Wie können Sie vorgehen, um die Risikobereitschaft zu erfassen?

- Sie können Ihre Risikobereitschaft selbst einschätzen – oder Ihre Kollegen nach einem Fremdbild fragen.

Wie risikobereit bin ich bei Finanzentscheidungen
(0 = sehr risikoscheu, 10 = sehr risikofreudig)?

0 _____ 10

Damit haben Sie eine erste Grundlage für weitere Exploration und Einordnung geschaffen.

- Sie verwenden ein psychometrisch standardisiertes Verfahren, um Ihre Risikobereitschaft zu messen.

Erstellen Sie für sich ein Profil Ihrer finanziellen Risikobereitschaft. Für dieses Buch wurde eine Vereinbarung mit der Firma FinaMetrica getroffen, die Ihnen als Leser für einen bestimmten Zeitraum Ihren Riskprofiler zur Verfügung stellt. Geben Sie den Link http://www.riskprofiling.com/finanzcoaching in Ihren Browser ein. So gelangen Sie zum Fragebogen von FinaMetrica. Diesen Fragebogen können Sie dort ausfüllen und erhalten Ihr Risikoprofil umgehend als PDF zum Download. Der Bericht enthält einen Richtwert, der Ihnen als Vergleichsbasis dient. Die Nutzung ist für Leser bis zum 31. Dezember 2017 kostenfrei und unverbindlich. Wenn Sie den Link nach diesem Datum aufrufen, erscheint ein aktueller Hinweis, wie Sie diesen Service weiter nutzen können. Weitere Informationen über die Entwicklung des Profilers finden Sie offen zugänglich auf der Website: http://www.riskprofiling.com.

Mit beiden Schritten haben Sie eine gute Grundlage für den Austausch im Unternehmen zur finanziellen Risikobereitschaft und Risikokultur Ihres Unternehmens geschaffen.

5.3   Ihre Beziehung zu Geld

Wenn Sie das Buch bis zu dieser Seite gelesen haben, dann ist Ihr Weltbild zu Geld wahrscheinlich schon in Bewegung geraten. Wollen Sie noch weitergehen? Die kommenden Übungen können den neutralen Spiegel eines Coachings oder gar ein Seminar nicht ersetzen, doch erste Erkenntnisse, die Sie beim Lesen gewonnen haben, können Sie auf diesem Wege wesentlich vertiefen. Mit den folgenden Übungen können Sie Projektionen erkennen, analysieren und auflösen.

Jedes gute (Selbst)-Coaching beginnt mit den Themen/Fragen und den Zielen des Coachees. Damit Sie die Übungen gut nutzen können, verwenden Sie in Ihren Sätzen immer das Wort Geld oder ein Äquivalent, z. B. Euro. Schreiben Sie also besser »Wie werde ich reich an Geld?« statt nur »Wie werde ich reich?«

Sie können die Fragen einzeln beantworten, oder auch anhand der Fragen eine kleine Geschichte schreiben.

Was sind Ihre brennenden Fragen zu Geld?
Frage 1) _____?
Frage 2) _____?
Frage 3) _____?

Was sind Ihre wichtigsten Ziele mit Geld?
Falls es Ihnen schwer fällt, ein Ziel zu formulieren, verwenden Sie folgende Hilfe: Ein Ziel ist ein Zustand in der Zukunft, der konkret, messbar und im Präsens formuliert ist, z. B. mein Unternehmen ABC erwirtschaftet einen Jahresumsatz von 1,5 Mio. Euro.
Ziel 1) _____
Ziel 2) _____
Ziel 3) _____

Ersetzen Sie Geld durch ICH
Präzisieren Sie nun Ihre Fragen, indem Sie das Wort Geld oder dessen Äquivalente durch das Wort ICH – und wirklich nur dieses Wort – ersetzen. Manchmal verschafft Ihnen schon diese kleine Übung wichtige Aha-Erlebnisse.

Am besten Sie schreiben Ihre Fragen hier noch einmal auf und ersetzen dabei das Wort Geld durch das Wort ICH:
Frage 1) _____?
Frage 2) _____?

Frage 3) _____?

Gehen Sie einen Schritt weiter und machen Sie dasselbe bitte mit Ihren Zielen. Schreiben Sie hier Ihre Ziele zu Geld noch einmal auf und ersetzen Sie Geld durch ICH:

Ziel 1) _____

Ziel 2) _____

Ziel 3) _____

»Ich besitze eine Million Euro« ist ein Ziel – konkret und messbar. Dass der Zeitpunkt fehlt, können wir hier außer Acht lassen. Doch was passiert, wenn Sie das Wort Euro durch das Wort ICH ersetzen? »Ich besitze eine Million ICH.« Das Ziel schien klar, doch was heißt es genau: eine Million ICH zu haben? Einen Hinweis liefert Ihnen möglicherweise der nächste Schritt in der Analyse Ihrer Projektionen.

Ihre Beziehung zu sich und anderen und Projektionen auf Geld:

1. Was ist Geld für Sie?

_____
_____
_____

2. Was war Geld für Ihre Eltern?

_____
_____
_____

3. Was ist Geld für Ihr Unternehmen?

_____
_____
_____

4. Was ist Geld für Ihre Kunden?

_____
_____
_____

5. Was bedeutet das Geld Ihrer Kunden für Sie und Ihr Unternehmen?

_____
_____
_____

Vorschlag: Schreiben Sie jetzt die exakt gleichen Stichworte, die Ihnen zu den Fragen oben eingefallen sind, noch einmal in diese Zeilen, entdecken Sie, wie Ihre Projektionen auf Geld wirken:

1. ICH bin_____
2. ICH bin für meine Eltern_____
3. ICH bin für mein Unternehmen_____
4. ICH bin für meine Kunden_____

5.   Das ICH meiner Kunden ist für mich und mein
     Unternehmen _____

Wie denken Sie jetzt über Entscheidungen zu Geld?

Am Anfang des Buches habe ich Ihnen diese Fragen schon einmal
gestellt. Sie können jede Frage einzeln beantworten oder eine kleine,
zusammenhängende Geschichte schreiben.

Was fällt Ihnen als erstes zu »Entscheidungen über Geld« ein?
_____

Welche Entscheidungen zu Geld liegen Ihnen und warum?
_____

Welche Entscheidungen zu Geld scheuen Sie und warum?
_____

Welche Entscheidungen zu Geld liegen gerade vor Ihnen?
_____

Mit wem besprechen Sie Ihre Finanzentscheidungen?
_____

Was sagt diese Person über Sie und Ihr Geld?
_____

Was war die größte Summe Geld, die Sie in Ihrem Leben verloren
haben?
_____

Was erinnert Sie heute noch an diese Situation?
_____

Was war die größte Summe Geld, die Sie in Ihrem Leben verdient
oder gewonnen haben?
_____

Was verbinden Sie mit diesem Geld-Betrag?
_____

Jetzt könnten Sie sich fragen, was aus den Antworten wird, wenn Sie
auch hier das Wort Geld durch das Wort ICH ersetzen? Lassen Sie
sich von den Ergebnissen beim Lesen überraschen.

■ **Positive und negative Projektionen auflösen**

Nachdem Ihr Denken über Geld sicher schon ins Wanken geraten
ist, beginnen Sie mit dieser letzten Übung, Ihre Projektionen ganz
aufzulösen.

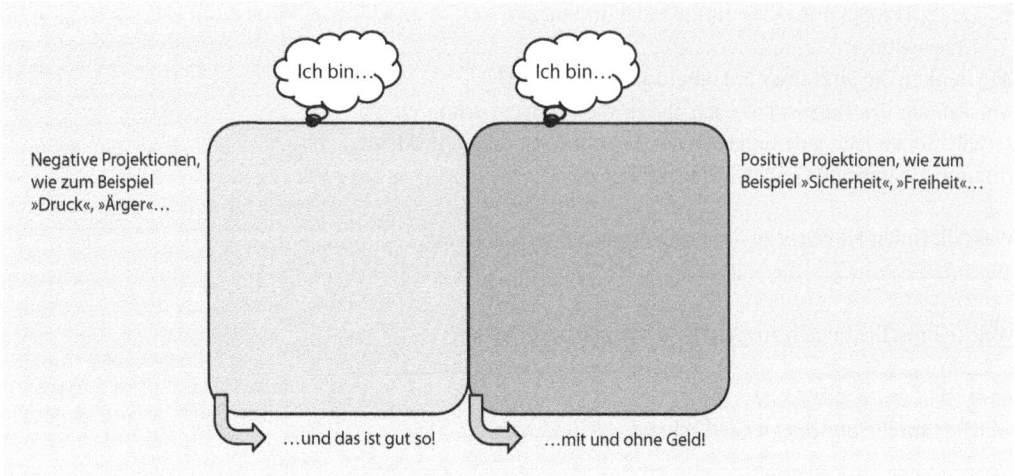

□ **Abb. 5.1** Positive und negative Projektionen auflösen

Schreiben Sie auf die rechte Tafel alle positiven Assoziationen zu Geld und auf die linke alle negativen Projektionen zu Geld (□ Abb. 5.1). Verbinden Sie jetzt die Satzteile in dieser Weise:

Der linke Satz lautet: »Ich bin _____
und das ist gut so!«

Der rechte Satz lautet: »Ich bin _____
mit und ohne Geld!«

Wenn Sie Ihre Identität mit Geld und Ihr Bewusstsein auf diese Weise verändern, nehmen Sie dem Geld die Bedeutung, die Sie ihm einmal zugewiesen haben. Sie schaffen Platz in Ihrem Denken für neue Lösungen – mit und ohne Geld!

Mut steht am Anfang und Glück am Ende

© Springer-Verlag Berlin Heidelberg 2017
M. Müller, *Erfolgreich mit Geld und Risiko umgehen*,
DOI 10.1007/978-3-662-53165-5

Monika Müller, FCM Finanzcoaching

» Mut steht am Anfang des Handelns und Glück am Ende
(Demokrit) «

Liebe Leserin und lieber Leser,

für ein paar Stunden war dieses Buch Ihr Coach. Wenn Sie wollen,
geht es weiter: Lassen Sie das Gelesene auf sich wirken. Nehmen Sie
in ein paar Tagen das kleine »Workbook« (▶ Kap. 5) zur Hand, beantworten Sie alle Fragen und beobachten Sie, welche Antworten sich in
Ihnen bilden. Sprechen Sie mit Ihren Geschäftspartnern, Freunden,
Familie über das, was Sie über sich, Geld und Risiko gelernt haben
und was sie bewegt.

> **Aktuelle Informationen**
> Auf unserer Website http://www.fcm-coaching.de finden Sie die
> Kommentare der Leser sowie Hinweise auf Lesungen, Seminare
> und Vorträge zum Buch.

Je mehr Menschen in Ihrem Umfeld bewusst mit Geld und Risiko
umgehen, umso stärker werden Ihre Beziehungen und damit Ihr gemeinsamer Erfolg.

Schreiben Sie uns Ihre Erfahrungen, die wir gerne auf der Website anonym oder mit Namen veröffentlichen werden. Menschen, die
noch zögern und sich fragen, ob das Thema für sie von Bedeutung ist,
können durch Ihre Erfahrungen eine bessere Entscheidung treffen.

Nehmen Sie mit uns Kontakt auf: Wir freuen uns, wenn Sie unserem Netzwerk auf Xing beitreten, uns auf Twitter folgen oder auch
gerne direkt bei uns anrufen und Ihre Visionen und Ziele mit uns als
Ihrem Coach weiterverfolgen.

Von ganzem Herzen wünsche ich Ihnen alles Gute, Glück und Erfolg
– mit und ohne Geld!

Monika Müller

Literatur

© Springer-Verlag Berlin Heidelberg 2017
M. Müller, *Erfolgreich mit Geld und Risiko umgehen*,
DOI 10.1007/978-3-662-53165-5

Arbeitsgemeinschaft Partnerschaft in der Wirtschaft, AGP (2011) Mitarbeiter Beteiligung. Führungskonzept für den Mittelstand. Herausgegeben von Arbeitsgemeinschaft Partnerschaft in der Wirtschaft e.V. Arbeitsgemeinschaft Partnerschaft in der Wirtschaft. Online verfügbar unter http://www.agpev.de/assets/agpbroschuerefinalincymkkleinedatei.pdf

Argentarius (2011) Vom Gelde. Briefe eines Bankdirektors an seinen Sohn. Nikol, Hamburg

Back M-L (2011) Was uns Geld bedeutet. Eine empirische Untersuchung der symbolischen Bedeutung des Geldes. Diplomarbeit. Betreut von Karsten Müller und Rupert Hölzl. Universität Mannheim

Bauer J (2005) Warum ich fühle, was du fühlst. Intuitive Kommunikation und das Geheimnis der Spiegelneurone. 1. Aufl. Heyne, München

Belf T, Marx M (2015) From the Toolbox: Do you give advice to your Clients? Herausgegeben von International Coach Federation. Online verfügbar unter: http://coachfederation.org/blog/index.php/5424/

Belitz W (2011) (Hg.) HOPPMANN Eine unternehmerische Alternative. Mit demokratischer Beteiligung und sozialer Gerechtigkeit zum wirtschaftlichen Erfolg. Pabst Science Publishers, Lengerich

Bellmann L, Leber U (2007) Materielle Mitarbeiterbeteiligung. Geringe Verbreitung, aber hohe Intensität. In: IAB Kurzbericht, H. 13, S. 1–6

Booth A, Nolen P (2009) Gender differences in risk behaviour. Does nurture matter? Herausgegeben von Centre for Economic Policy Research. (CEPR Discussion Paper, 7198). Online verfügbar unter http://www.cepr.org/pubs/dps/DP7198.asp.asp

Bosbach G, Korff JJ (2011) Lügen mit Zahlen. Wie wir mit Statistiken manipuliert Damásio AR: scobel extra – ein Gespräch mit António Damásio. Eine neue, spannende Theorie zum Bewusstsein. Ausgestrahlt am 22.11. 2011,23.55 Uhr. 3satwerden. 1. Aufl. Heyne, München

Bundesministerium für Arbeit und Soziales (2011) Beschäftigte zu Partnern machen. Herausgegeben von Bundesministerium für Arbeit und Soziales. In: Mitarbeiter Kapital Beteiligung, S. 12–15

Damásio AR (2002) Ich fühle, also bin ich. Die Entschlüsselung des Bewusstseins. Band 60164. 1. Aufl. List, München

Davey G, Resnik P (2011) Investment Risiko- und Rendite- Leitfaden. Wie man FinaMetrica verwendet, um Kunden über Risiken und Renditen aufzuklären und um ihre Erwartungen zu handhaben. Herausgegeben von FinaMetrica. Online verfügbar unter http://riskprofiling.com/Downloads/Risk_and_Return_Guide_and_Charts_Deutsch.pdf

Davey G, Resnik P (2009) Die Grundlagen eines flexiblen, maßgeschneiderten Finanzplans. In: Everling O, Müller M (Hg.) Risikoprofiling von Anlegern. Bank-Verlag Medien, Köln. S. 85–112

DeBecker G (1999) Mut zur Angst. Wie Intuition uns vor Gewalt schützt. Krüger, Frankfurt am Main

Dijksterhuis A, Höhr H, Roth G (2010) Das kluge Unbewusste. Denken mit Gefühl und Intuition. 2. Aufl. Klett-Cotta, Stuttgart

DIN-Normenausschuss Dienstleistungen NADL (2005) Private Finanzplanung - Anforderungen an private Finanzplaner (ISO 22222:2005). Online verfügbar unter http://www.din.de/de/mitwirken/normenausschuesse/nadl/normen/wdc-beuth:din21:89363920, zuletzt aktualisiert am 14.10.2016

Dohmen Th, Falk A (2006) Performance pay and multi-dimensional sorting. Productivity, preferences and gender. Herausgegeben von Forschungsinstitut zur Zukunft der Arbeit. (Discussion Paper Series, 2001). Online verfügbar unter http://ftp.iza.org/dp2001.pdf

Egeln J, Falk U, Heger D, Höwer D, Metzger G (2010) Ursachen für das Scheitern junger Unternehmer in den ersten fünf Jahren ihres Bestehens. Neuss, Mannheim

Everling O, Müller M (Hg.) (2009) Risikoprofiling von Anlegern. Bank-Verlag Medien, Köln

Gerber M (2001) Das Geheimnis erfolgreicher Firmen. Warum die meisten kleinen und mittleren Unternehmen nicht funktionieren und was sie dagegen tun können. Accord Unternehmensentwicklungs GmbH, Obersiebenbrunn

Gigerenzer G (2007) Bauchentscheidungen. Die Intelligenz des Unbewussten und die Macht der Intuition. 8. Aufl. Bertelsmann, München

Goetz J, Gale J (2014) Debiasing and client behavior. In: Baker HK, Ricciardi V (Hg.) Investor behavior: The psychology of financial planning and investing. John Wiley & Sons Inc, New Jersey. S. 227–237

Hack A (2011) Monetäre Anreizgestaltung in Gründungsunternehmen. Online verfügbar unter http://dx.doi.org/10.1007/978-3-8349-6223-2

Hack A, Faghfouri P, Preen A von (2011) Sinn und Unsinn von Kapitalbeteiligungen für Fremdmanager in Familienunternehmen. (Controlling & Management, 3)

Haisley E, Kaufmann Ch, Weber M (2010) The role of experience sampling and graphical displays on one's investment risk appetite and comprehension. Online verfügbar unter https://ub-madoc.bib.uni-mannheim.de/2982/1/SSRN_id1616186_wp170.pdf

Heckhausen J, Heckhausen H (2010) Motivation und Handeln. Springer, Heidelberg

Hogan R, Hogan J (2007) Hogan Personality Inventory Manual. Hogan Assessment Systems, Inc. Online verfügbar unter http://www.hoganassessments.de/

Hönekopp J (2000) Die Gewichtung von Wahrscheinlichkeitsinformation in Abhängigkeit von deren Genauigkeit bei Entscheidungen unter Unsicherheit. Dissertation. Universität-Gesamthochschule Paderborn

Höner O (2003b). Individualtaktisches Entscheidungshandeln im Fußball: »Denken lähmt, und Handeln macht gewissenlos!«. In: Neumann G (Hg.) Fußball vor der WM 2006 – Spannungsbogen zwischen Wissenschaft und Organisation. Sport und Buch Strauß, Köln. S. 91–105

Hüther G (2013) Kognitive Appelle im Rahmen von Beratungen kommen nicht gegen die Macht der Erfahrungen an. Online verfügbar unter http://www.finanzen.net/nachricht/aktien/Das-grosse-euro-Interview-Hirnforscher-Geld-ist-eine-wunderbare-Erfindung-2245675, abgerufen am 04.07.2016

International Coaching Federation (2011) Online verfügbar unter http://www.coachfederation.org/clients/coaching-faqs/

Jonen A (2007) Semantische Analyse des Risikobegriffs. Strukturierung der betriebswirtschaftlichen Risikodefinitionen und literaturempirische Auswertung. Herausgegeben von Volker Lingnau. Lehrstuhl für Unternehmensrechnung und Controlling. (Beiträge zur Controlling-Forschung, 11). Online verfügbar unter http://www.Controlling-Forschung.de

Kinkel M (2015) Job & Money für jüngere Arbeitnehmer. Kinkel Martin, Ludwigshafen am Rhein

Klein S (2010) Corporate Governance, family business complexity and succession. Vallendar. WHU Otto Beisheim School of Management

Knapp N (2011) Der Quantensprung des Denkens. Was wir von der modernen Physik lernen können. Rowohlt, Reinbek

Koenig P (2004) 30 dreiste Lügen über Geld. Befreie dein Leben, rette dein Geld. 2. Aufl. Conzett bei Oesch, Zürich

Lehman R, Korotov K (2007) Reflections on teaching leaders to coach: using the self as a tool in developing others. In: Kets de Vries MFR, Korotov K, Florent-Treacy E (Hg.) Coach and Couch. The psychology of making better leaders. Palgrave Macmillan, New York. S. 265

Leonard G (1998) Der längere Atem. Die fünf Prinzipien für langfristigen Erfolg im Leben. Integral, Bern, München, Wien

Mamis J (ed.) (1999) The nature of risk. Stock market survival & the meaning of life. 2. Auflage. Fraser Publishing Company, Virginia, USA

Merath St (2010) Der Weg zum erfolgreichen Unternehmer. Wie Sie und Ihr Unternehmen neue Dynamik gewinnen. 4. Aufl. GABAL, Offenbach

Müller M, Pirovino M (2016) Kooperative Finanzberatung. Das Dilemma zwischen Risiko und Ertrag lösen. Springer Fachmedien, Wiesbaden

N.N. (2011) Entscheidungstheorie. Wikipedia. Online verfügbar unter http://de.wikipedia.org/wiki/Entscheidungstheorie, zuletzt aktualisiert am 10.12.2011

N.N. (2011) Organisationskultur. Wikipedia. Online verfügbar unter http://de.wikipedia.org/wiki/Organisationskultur, zuletzt aktualisiert am 31.12.2011

N.N. (2011) Projektion. Wikipedia. Online verfügbar unter http://de.wikipedia.org/wiki/Projektion_Psychoanalyse, zuletzt aktualisiert am 11.07.2011

N.N. (2011) Spiral dynamics. Wikipedia. Online verfügbar unter http://de.wikipedia.org/wiki/Spiral_Dynamics, zuletzt aktualisiert am 18.03.2011

N.N. (2012) Falsifikationismus. Wikipedia. Online verfügbar unter http://de.wikipedia.org/wiki/Falsifikationismus, zuletzt aktualisiert am 06.01.2012

N.N. (2012) Theorie der wirtschaftlichen Entwicklung. Wikipedia. Online verfügbar unter http://de.wikipedia.org/wiki/Theorie_der_wirtschaftlichen_Entwicklung, zuletzt aktualisiert am 06.01.2012

Pfläging N (2011) Führen mit flexiblen Zielen. Praxisbuch für mehr Erfolg im Wettbewerb. 2. 2. (Business 2011) Campus, Frankfurt am Main

Reinhardt J (2011) Finanzielle Risikobereitschaft als Basis für Vergütungssysteme. Welche Kombination aus festem und leistungsbezogenem Gehalt passt zum Arbeitnehmer? Bachelorarbeit. Betreut von Claudia Salowski und Andreas Homburg. Hochschule Fresenius, Idstein

Schmölders G (1966) Psychologie des Geldes. Rowohlt, Hamburg

Seitz E (2006) Den Staub aus den Bankgebäuden kehren. In: bankmagazin 8/2006, S. 30–31

Slovic P (2000) The perception of risk. Earthscan, London [reprint]

Sprenger R (2010) Geld darf nicht verführen. Persönliches Interview, geführt von Svenja Gloger. In: managerSeminare, H. 153, S. 18–22

Stier M, Becker W (2010) Motivations- und Erfolgsfaktoren des Unternehmers. [Zweiter Sonderband des Wirtschaftsmagazins]. Stier Communications, Weiningen

Veder J, Förschler D (2011) HR – Risk. Ein branchenübergreifendes Schlüsselrisiko. In: Risk, Compliance & Audit, H. 3, S. 28–33

Wahrig-Burfeind R, Krome S (Hg.) (2011) Brockhaus, Wahrig, Deutsches Wörterbuch. Mit einem Lexikon der Sprachlehre. 9. Aufl. Wissenmedia in der Inmedia-ONE-GmbH, Gütersloh

Ware J (2010) Crisis lessons from thrivers, survivors & divers. Research on investment leadership & culture. Herausgegeben von Focus Consulting Group INC

Zeuch A (2010) Feel it! So viel Intuition verträgt Ihr Unternehmen. 1. Aufl. Wiley-VCH, Weinheim

Stichwortverzeichnis

© Springer-Verlag Berlin Heidelberg 2017
M. Müller, *Erfolgreich mit Geld und Risiko umgehen*,
DOI 10.1007/978-3-662-53165-5

.

The manufacturer's authorised representative in the EU is Springer
Nature Customer Service Centre GmbH, Europaplatz 3, 69115 Heidelberg,
Germany. If you have any concerns regarding our products, please
contact ProductSafety@springernature.com

Printed and bound by CPI Group (UK) Ltd, Croydon, CR0 4YY
27/04/2026
02097655-0011